中央编译局文库编辑委员会

主　　任：贾高建
副 主 任：魏海生　柴方国　季正聚　崔友平
委　　员（按姓氏笔画排序）：
　　　　　冯　雷　牟建君　杨雪冬　沈红文　张凤宝
　　　　　陈家刚　胡长栓　郝卫东　葛海彦

马克思主义经典著作研究读本

主　编　杨金海　李惠斌

马克思《詹姆斯·穆勒〈政治经济学原理〉一书摘要》研究读本

吕梁山　潘　瑞

《马克思主义经典著作研究读本》顾问委员会

贾高建　俞可平　顾锦屏　庄福龄　陈先达　赵家祥　詹汝琮
李洙泗　张钟朴　冯文光　安启念　韩庆祥　李小兵　张曙光

《马克思主义经典著作研究读本》编委会

主　编　杨金海　李惠斌
副主编　薛晓源　林进平
编　委　（按姓氏拼音排序）
　　　　　曹典顺　韩立新　江　洋　李百玲　吕梁山
　　　　　苗永姝　聂锦芳　闫月梅　杨学功　姚　颖
　　　　　张　盾　张云飞　郑　锦

总　序

呈献给读者的这套"马克思主义经典著作研究读本"丛书，旨在立足于21世纪中国和世界发展的现实，对马克思、恩格斯、列宁重要著作以及有关专题思想重新进行较为深入的研究和解读，供广大读者特别是致力于深入研究马克思主义经典作家原著的读者阅读使用。计划出版40种，三年内陆续完成编写和出版工作。

马克思主义经典著作是学习和研究马克思主义理论的基础文本，历来为人们所重视。在我国学术史上，曾编写和出版过不少关于经典著作的读本，包括各种注释性读本和导读性读本，对学习和研究马克思主义理论发挥过重要作用。然而，随着时代的发展，这些读本也越来越显出历史局限性。比如，以往对经典著作的解读视角较旧，对马克思主义理解不够全面；解读的经典著作范围较小，视野有限；解读所依据的文献不足，深度不够等。进入新世纪以来，特别是自2004年中央实施马克思主义理论研究和建设工程以来，马克思主义经典著作的教学、研究以及普及工作不断加强，这就迫切要求对经典著作重新进行解读。

同时，这些年我国学界有关经典著作的翻译和研究成果不断推出，为更好地解读经典著作提供了可能。改革开放以来，特别是进入新世纪以来，随着我国社会主义现代化建设以及人类文明的深入推进，我们对马克思主义的理解以及对经典著作的研究不断深化，解读视角发生重大转变，对马克思主义的理解更加全面。例如，以往由于受革命实践的影响，我们较多地从社会主义"革命"视角去解读，而较少从社会主义"建设"视角去解读，因此，较多地注重研究其中的阶级斗争、无产阶级革命和无产阶级专政等理论，而较少研究社会和谐发展、人的全面发展等思想。革命胜利后,仍然沿袭了这种解读模式。这就造成了对马克思主义理解的片面性。实际上,马克思主义经典著作中有丰富的新社会建设思想,恰恰是这些长期被忽视的思想对我们今天的社会主义建设实践来说更有意义。近些年来,我国学者自觉地从"建设"视角研究经典著作基本观点,取得了一系列可喜成就。又如,过去对经典著作的解读主要限于对若干重要经典著作的解读,如对《共产党宣言》等五六部名著有较为详细的解读,对其他著作的解读不多。即使有收文较多的导读性读本,但常常由于篇幅所限,也只能对这些著作进行简要介绍,不可能对每一部著作展开研究。近些年来,这种情况在逐步发生变化。研究经典著作的专题成果越来越多。再如,近年来新的经典著作编译成果和相关研究成果不断推出,大大拓宽了人们对经典著作基本观点的理解。加之这些年我国学界一大批优秀的中青年学者成长起来,他们的外语水平较高,知识储备较多,研究方法较新等,对经典著作的研究和理解也更有新意。这些都为更好地解读经典著作提供了新的时代条件。

为了继承前人研究的成果,弥补以往研究的不足,总结这些年我国学界编译、研究经典著作的成果和经验,比较全面系统地解读和阐释经典著作的基本观点,中央编译局专门成立了"马克思主义经典著作及其重大理论问题研究"课题组,并对该项研究提供了基金资助。课题组不仅在局内组织力量进行研究,而且向社会公开招标,争取到社会力量的支持,一批有造诣的中青年专家参与到课题研究中来。经过课题组同仁两年多努力,已经形成一批研究成果,并将继续补充、完善并陆续推出。这套"马克思主义经典著作研究读本"丛书就是这些成果的集中体现。

本丛书力求体现如下特点,这也是丛书编著工作所力求遵循的原则:第一,体现全面性和系统性。本丛书不仅对经典作家的名著进行解读,也对其他重要著作进行解读,还要对经典作家的一些重要思想,如马克思的人类学思想、列宁的新经济政策理论等,进行专题梳理和解读。不仅从"革命"视角,而且从"建设"视角,全面、系统地梳理经典作家的思想观点。力求使这套丛书成为收文最全面、解读最系统、最能够反映经典作家著作全貌的学术成果。第二，突出文献性和考证性。每一研究读本的写作，力求充分反映国内外有关研究成果，特别是要充分反映我国新时期在经典著作翻译和研究方面所发现的新文献、取得的新成果。在此基础上，要对经典著作形成的历史背景、国内外传播、原著重要思想观点及其流变，以及后人对这些观点的理解等，进行考证研究。如果说过去的解读主要是"注"的话，那么，这套读本则要进一步体现"疏"的特点。通过这种"注疏"性考据研究，不仅使读者知其然，也知其所以然。这样，也能够为学界进一步研究提供尽可能丰富的文献资料。第三，力求权威性和准确性。一方面，研究读本所依据的经典著作文本力求具有权威性和准确性。主要依据中央编译局所编译的最新译本，如《马克思恩格斯全集》第二版、《马克思恩格斯文集》、《列宁全集》第二版、《列宁专题文集》等。对还没有新译文的文本，可以采用旧译文。同时，适当参照外文版本，进行比较研究。另一方面，所依据的其他文献资料，也力求具有权威性和准确性。要选择国内外在该研究领域最具权威性的专家学者的最具代表性的观点和最有影响力的文章。

基于上述考虑，本丛书采取大致统一的研究和写作框架。除导论外，各个读本均有五个部分组成。一是历史考证部分，其中包括写作背景、国内外主要版本和传播考证等；二是研究状况部分，包括对国内外已有的研究情况进行梳理；三是当代解读部分，包括对经典著作的内容简介，对已有研究观点的疏正，对重要理论观点及其当代意义的阐述；四是原著选编部分，根据经典著作的不同情况，或采取全选的形式，或采取节选的形式，均采用中央编译局的最新译本，个别读本同时选编原著的旧文本，以方便比较研读；五是附录部分，包括3到5篇关于本著作的国内外有一定权威性的研究文章，以及进一步研究需要参考和阅读的文献资料。

需要说明的是，对于经典著作的研究，往往会有仁者见仁、智者见智的情况。所以，尽管我们在组织编写工作中努力体现上述原则，但这些读本的观点不一定都具有代表性，更不可能与每一位读者的观点完全一致。加之作者研究角度不同,水平各异,每一读本的结构、篇章、内容、观点都不尽相同,其权威性程度也不尽一致。其中很可能有疏漏和错误之处,谨请读者批评指正。

该丛书在编写和出版过程中,得到了各个方面的大力支持。中央编译局对此项工作高度重视,始终给予鼎力支持。国家出版基金将该丛书列入 2012 年资助项目。中央编译出版社为该丛书申报国家出版基金项目并最终立项,以及为丛书出版做了大量工作。本丛书中收入的译著和文章的译者、作者和出版者同意我们使用相关的著作版权。该项目顾问委员会的专家对丛书的编写工作给予热情指导,编委会成员和课题组同仁为丛书的编写付出了辛勤劳动。在此一并致以衷心的谢意!

《马克思主义经典著作研究读本》

编辑委员会

2013 年 6 月 16 日

目 录

导 论 1

第一部分 历史考证 9
第一章 写作背景 11
一 詹姆斯·穆勒及其《政治经济学原理》 11
二 马克思对詹姆斯·穆勒的评价 14
三 马克思写作《穆勒评注》的历史背景 17
第二章 国内外主要版本和传播情况 30
一 国外主要版本和传播情况 30
二 国内主要版本和传播情况 36

第二部分 研究状况 41
第三章 国内外学者对马克思《穆勒评注》的研究状况 43
一 关于《穆勒评注》与《1844年经济学哲学手稿》在《巴黎手稿》中的写作顺序 43
二 关于《穆勒评注》的研究领域和研究方法 62
三 关于《穆勒评注》中的异化思想 70
四 关于《穆勒评注》在马克思思想史中的地位 75

第三部分 当代解读 79
第四章 马克思《穆勒评注》的文本解读 81

一　"论交换"内容解读 ………………………………… 82
　　二　"论消费"内容解读 ………………………………… 92
　第五章　《穆勒评注》中异化思想与《1844年经济学哲学手稿》
　　　　　中异化思想的比较研究 ……………………………… 99

第四部分　经典著作选编 …………………………………… 109
　卡·马克思　詹姆斯·穆勒《政治经济学原理》一书摘要 …… 111
　卡·马克思　1844年经济学哲学手稿（节选）……………… 145

第五部分　附　录 …………………………………………… 195
　附录Ⅰ　研究文献精选 ………………………………………… 197
　　一　〔日〕望月清司：《社会交往的理论和历史认识》……… 197
　　二　〔苏〕尼·拉宾：《共产主义的经济学哲学论证》（节选）
　　　　………………………………………………………… 231
　　三　关于《巴黎笔记》 ………………………………………… 244
　　四　金隆德：《〈詹姆斯·穆勒《政治经济学原理》一书
　　　　摘要〉中的哲学思想》 …………………………………… 255
　　五　韩立新：《〈穆勒评注〉中的交往异化：马克思的转折点》
　　　　………………………………………………………… 268
　附录Ⅱ　延伸阅读书目 ………………………………………… 298
　　一　中文参考文献 …………………………………………… 298
　　二　译文参考文献 …………………………………………… 302
　　三　外文参考文献 …………………………………………… 306

后　记 ………………………………………………………… 307

导　论

　　《詹姆斯·穆勒〈政治经济学原理〉一书摘要》（以下简称《穆勒评注》）是 1844 年马克思在巴黎时期所作大量摘录笔记之一。虽然与其他笔记一同构成了《巴黎笔记》，但《穆勒评注》可谓是其中比较特殊且重要的。因为马克思刚开始接触政治经济学，所以在绝大部分笔记里并没有作出自己观点的阐述而仅有几句评论或批注，但在《穆勒评注》这一摘录笔记中马克思却阐发了大量的个人议论，这在整个《巴黎笔记》中是最多且最集中的。因此，我们应该重视《穆勒评注》在《巴黎笔记》中的特殊性。《穆勒评注》第一次发表于《马克思恩格斯全集》1932 年历史考证版第 1 部分第 3 卷，中文译本收在《马克思恩格斯全集》第 1 版第 42 卷。从《穆勒评注》第一次发表以来，国内外学界对它的重视相对于同为《巴黎笔记》重要内容的《1844 年经济学哲学手稿》来说是少之又少，相当一段时期学界忽略了对《穆勒评注》的研究。巴黎时期是马克思从哲学研究转向对政治经济学研究的转折时期，而《穆勒评注》在马克思思想的转折和研究方向的转变过程中有着不可忽视的地位与作用。因此，研究《穆勒评注》对于进一步理清马克思早期思想脉络的变化发展及其在马克思早期理论思想发展中的历史地位、渊源有着重要的作用。

　　本书以马克思早期思想的发展为研究线索，以马克思《穆勒评注》为研究中心，将其放在具体的时代背景下加以解读，系统梳理其写作、出版、编译、传播及现时代各种解读的情况等。根据研究的逻辑需要，本书主要由五部分内容构成：历史考证——研究状况——当代解读——经典著作选编——附录。

第一部分是对《穆勒评注》所作的历史考证。主要分两章来进行考证：第一章首先是对詹姆斯·穆勒其人及其著作《政治经济学原理》进行简要介绍，并综合论述了马克思对詹姆斯·穆勒的评价，其次是对《穆勒评注》的写作背景进行的详细介绍，并对其基本内容加以简介。《穆勒评注》写作于大工业大力发展起来的工业革命时期。当时任职于《莱茵报》的马克思在接触了现实的物质利益问题之后意识到，只有研究政治经济学才能解决现实的斗争。在巴黎时期马克思研读并摘录了大量政治经济学家的著作，这对其研究方向的转变产生了重大的影响。在这过程中，马克思利用黑格尔哲学的方法来对政治经济学进行研究，不仅在吸收其他经济学家思想的基础上提出了自己的经济学观点与理论，也开创了将哲学方法与政治经济学方法相结合的研究方法。《穆勒评注》这个文本就成功体现了马克思的这一研究方法，也见证了马克思思想的重要转变。第二章对《穆勒评注》问世以来在国内外的主要版本及传播情况进行了全面的介绍。国外流传的版本主要有德文、俄文、日文、英文版，其中包括：第一次发表于《马克思恩格斯全集》1932年历史考证版第1版第1部分第3卷的《穆勒评注》；首次被翻译成英文并被收录在1975年版的《马克思恩格斯文集》（Karl Marx/Frederick Engels Collected Works）第1部分第3卷的《穆勒评注》；由苏联马克思、恩格斯和列宁主义研究所编著的《哲学问题》1966年第2期第113页发表的俄译本的《穆勒评注》；日本学者细见英1961年最早将《穆勒评注》翻译成日文等。国内的版本主要是根据国外的版本翻译过来的。流传最普遍的应该算是《马克思恩格斯全集》中文第1版第42卷与2000年发行的《1844年经济学哲学手稿》单行本里所收录的《穆勒评注》了，其他的版本都对《穆勒评注》有所删减。由于对《穆勒评注》文本不够重视，所以流传的版本较少，且传播范围也是极有限的。

第二部分是对《穆勒评注》研究状况的介绍：第三章概述国内外学者对《穆勒评注》的研究状况，主要包括：第一，关于《穆勒评注》与《1844年经济学哲学手稿》的写作顺序，本书主要介绍了三种不同的观点。从上个世纪70年代开始，大部分国内外学者对"《第一手稿》

先行说",即《穆勒评注》写于《第一手稿》之后《第二手稿》之前、与《1844年经济学哲学手稿》是交叉写作而成的这一观点,持肯定的意见。本书并未对其中哪一种观点得出肯定或否定的结论,只是力图全面展示各种观点的文本依据和论证逻辑,以期为进一步深入研究提供线索。第二,关于《穆勒评注》的研究领域和研究方法,主要介绍国内外学者通过不同的角度、运用不同的研究方法对《穆勒评注》时期的马克思与黑格尔、费尔巴哈、大卫·李嘉图、赫斯和恩格斯之间的关系进行的研究。第三,介绍关于《穆勒评注》中异化理论的不同研究,学者通过对《1844年经济学哲学手稿》中"异化劳动"概念和《穆勒评注》中"交往异化"概念的对比分析,研究二者在马克思学术思想发展中的地位和价值;除了"中介说"与"转折说"之外,国内的学者还从《巴黎手稿》时期马克思异化观发展的不同角度来进行研究,得出《1844年经济学哲学手稿》与《穆勒评注》中异化理论有所不同的结论。第四,主要介绍关于《穆勒评注》在马克思思想史中地位的不同看法。需要强调的是,长期以来学界在对马克思文本的研究中大多忽视了对《穆勒评注》地位的研究和评价,关于它的研究专著或文章也很少。近些年来,一些专家学者呼吁学界应该对《穆勒评注》进行重新定位,重新来审视它在马克思思想史中的地位,并有学者发表和出版了一些针对《穆勒评注》的论文和专著。本书认为,鉴于《穆勒评注》在马克思《巴黎手稿》中的特殊地位,进一步开展对它的研究无疑将深化我们对马克思的理论特别是他早期思想的准确把握。

第三部分通过文本解读与比较研究的方法来探讨《穆勒评注》与马克思早期思想的关系,分析马克思在《穆勒评注》中所提出的思想观点与马克思在《1844年经济学哲学手稿》中异化理论方面的承接关系,剖析马克思早期思想的特点以及对《穆勒评注》在马克思早期思想史上的地位与作用作出总体评价。第四章是对《穆勒评注》进行的文本解读,主要对其结构和基本观点进行了介绍和解读。由于马克思此文主要是在研读了穆勒的著作之后的有感而发,尽管这些评论充满了思想的灵光,但由于马克思并不是为了著述而进行的写作,因此较少顾及写作的系统性，本书的解读也只是力图概括出马克思此文中的核心思想，挖掘出其中的主要观点。尽管在文本解读的过程中参阅了马克思其他著作的相关表述及学界的理解和评述，本书严格依据《穆勒评注》的文本内容进行解读，力图准确把握其中的思想脉络，避免由于过度诠释而造成对文本整体的误读。第五章主要是对《穆勒评注》中异化思想与《1844年经济学哲学手稿》中异化思想的比较研究。在相当一段时期，人们只要提及马克思的异化理论，最先想到的通常是他在《1844年经济学哲学手稿》中创造性提出的异化劳动理论。在《穆勒评注》中，马克思从经济学与哲学相结合的视角出发提出了交往异化理论，并通过这一理论进一步阐明了在《1844年经济学哲学手稿》的《第一手稿》中"异化劳动与私有财产"片断里没有解释清楚的第四条规定即"人与人相异化"。通过分析表明，《穆勒评注》中的交往异化理论不仅是异化理论的重要内容，对它的探讨和研究也将为更深入研究马克思的异化理论提供新的路径。

第四部分是对经典著作原文的摘录，使读者对本书所要研究的文本内容具有直观的了解。本书主要摘录了马克思《穆勒评注》全文，以及节选了与《穆勒评注》密切相关的马克思的《1844年经济学哲学手稿》中的《第一手稿》。在《穆勒评注》中所涉及的主要内容就是马克思的异化理论，而在《第一手稿》中马克思也对异化劳动理论进行了介绍与规定，所以在这里摘录了这两个经典著作文本。

第五部分是附录。附录Ⅰ主要是将国内外学者对《穆勒评注》所作的研究权威文献进行摘选。由于《穆勒评注》篇幅较小且只是马克思在巴黎时期所作大量笔记之一，而且《穆勒评注》在写作时间与内容上又与《1844年经济学哲学手稿》关系密切，加之其思想内容与所涉及理论不如《1844年经济学哲学手稿》影响大，所以大部分专家学者只是在研究《1844年经济学哲学手稿》或其他相关著作的时候对《穆勒评注》有所提及，因此针对《穆勒评注》的研究专著很少。在现有的对《穆勒评注》研究较全面的作品中，本书精选了五部作品：第一，节选了由日本学者望月清司所著、国内学者韩立新翻译的《马克思历史理论的研究》①中"社会交往的理论和历史认识"这一部分。在这部分,望月清司对《穆勒评注》的分析,是他在对《1844年经济学哲学手稿》的视野和辐射范围及其中"异化劳动"的前两个规定"自然的异化"和"劳动者的自我异化"含义解读的基础上来进行的。可以看出,望月清司在对《穆勒评注》文本进行详细分析的过程中一直是与《1844年经济学哲学手稿》相联系的,表明了《穆勒评注》与《1844年经济学哲学手稿》之间内在的逻辑联系。望月清司在《穆勒评注》里发现了分工这一理论视角,并将它与《第三手稿》结合起来说明分工和市民社会的理论,因此,他极力将《穆勒评注》与《第一手稿》和《第三手稿》统一起来理解,他对《穆勒评注》与《1844年经济学哲学手稿》写作顺序所持的观点是《第一手稿》——《穆勒评注》——《第二手稿》——《第三手稿》。望月清司认为,《第一手稿》讨论的主要是劳动异化,而《穆勒评注》讨论的主要是交往异化,或者说是社会关系的异化,将"劳动异化"与"交往异化"结合起来,这样不仅能得到一个完整的异化理论,还可以获得一个属于马克思的市民社会范畴,看到马克思在《第三手稿》中所提出的"社会"范畴的意义。第二,节选了由苏联的早期马克思研究专家尼·拉宾所著的《马克思的青年时代》中"共产主义的经济学哲学论证"里的部分内容。拉宾在这部分内容中首先提出了马克思在巴黎时期的经济学研究分为两个阶段,由此他不仅确定了《巴黎笔记》与《1844年经济学哲学手稿》是交叉写作的,而且还确定了《穆勒评注》写于《第一手稿》之后、《第二手稿》和《第三手稿》之前。随后他对《1844年经济学哲学手稿》中异化劳动的实质及其范畴进行了阐述,认为马克思在结束了第一阶段的经济学研究之后开始了第二阶段的经济学研究,研究成果就包括《穆勒评注》在内。最后拉宾将马克思对穆勒著作的摘录情况进行了分析与介绍。第三,节选了MEGA² 第4部分第2卷导言《关于巴黎笔记》

---

① 〔日〕望月清司著:《马克思历史理论的研究》,韩立新译,北京:北京师范大学出版社2009年版。

中的内容。这一导言主要是按照时间顺序来对马克思1843—1844年的思想活动及研究领域进行介绍的，主要介绍了马克思在《穆勒评注》中将《第一手稿》中所阐述的异化劳动思想进行了精辟的阐述与发展，包括《穆勒评注》中的"谋生劳动"，马克思对交换和货币理论的批判等。最终得出了马克思在巴黎时期开始"迈出创立他自己经济学说的第一步"的结论。第四，对金隆德的《〈詹姆斯·穆勒《政治经济学原理》一书摘要〉中的哲学思想》一文进行全文录入。金隆德在这里主要分析了《穆勒评注》中的"异化理论问题"和"关于人的本质问题"。通过对《穆勒评注》的文本解读，金隆德认为马克思在这时不管是对异化理论还是对人的本质问题的研究，虽然都或多或少地有着黑格尔与费尔巴哈的痕迹，但马克思绝不是对这二人思想的简单沿用。马克思是在广泛深入地研究这二人思想的基础上，对他们的理论进行批判与改造并形成了属于自己的理论，这时候的马克思已经开始要摆脱这二人的影响了。第五，对韩立新《〈穆勒评注〉中的交往异化：马克思的转折点——马克思〈詹姆斯·穆勒《政治经济学原理》一书摘要〉研究》一文的全文录入。通过研究，韩立新得出结论：《穆勒评注》是马克思思想发展史中的一次重大飞跃，其实质不仅在于马克思从人本主义异化劳动逻辑的脱退，开始用交往异化来说明社会历史的真实结构，而且在于马克思的基本视角开始从孤立人转向了社会关系。在这一意义上，《穆勒评注》中的交往异化理论是马克思思想的一个转折点。在文章的最后，韩立新还对《穆勒评注》与赫斯之间的关系进行了研究。这五位学者对《穆勒评注》的研究各具特点，在研究的过程中都对《穆勒评注》进行了不同程度的文本解读，并且将其与《巴黎手稿》在不同程度上进行了联系。

　　附录Ⅱ为延伸阅读书目。为了使读者和研究者能对本书有一个更为清晰、准确的把握，制作了关于马克思《穆勒评注》的延伸阅读书目。

　　本书主要采用三种研究方法：一是文本考察方法，重视文本研究与史学研究。通过对《马克思恩格斯全集》德文版、俄文版、日文版、英文版和中文版的考察，对马克思《巴黎手稿》影印版等资料的文本考据以及对《穆勒评注》中相关内容的深入考察，结合经典文本特定的历史环境，以文本视角解读马克思在《穆勒评注》中思想和研究方法的转变，正确认识马克思早期思想发展的历史进程。二是比较研究的方法。从横向角度出发，考察国内外学者对《穆勒评注》研究的不同视角从而得出的不同结果进行比较；从纵向角度剖析《巴黎手稿》时期的《1844年经济学哲学手稿》与《穆勒评注》中马克思在异化理论的逻辑、方法和体系。三是坚持逻辑分析方法。通过分析《穆勒评注》与马克思其他经典著作的逻辑关联，梳理学界在马克思早期思想脉络变化发展问题上的各种观点，以期对《穆勒评注》在马克思早期理论思想发展中的历史地位作出实事求是的评价。

本书尝试在三个方面有所创见：一是研究对象，本书突破以往对《穆勒评注》研究中拘泥于《穆勒评注》本身文本写作顺序、历史地位等理论分析，站在"大《穆勒评注》"的高度来分析马克思早期《巴黎手稿》、《马克思恩格斯全集》历史考证版等相关权威资料，结合以往学者考据成果，对其著作的历史背景和时代特色进行深入解读，力图厘清著作的历史逻辑和时代价值；二是研究视角，将穆勒的著作进行全面的梳理和深入解读，通过对穆勒《政治经济学原理》等代表著作的分析，再现穆勒对马克思思想发展的影响，理顺马克思思想成熟发展的路径，同时透过分析穆勒思想的局限性来揭示马克思理论的时代超越性；三是研究方法，通过以穆勒的《政治经济学原理》和马克思的《1844年经济学哲学手稿》为文本个体，比较它们与马克思《穆勒评注》的文本关系，探讨其中思想与《穆勒评注》中思想的传承关系。

第一部分 历史考证

第一章　写作背景

一　詹姆斯·穆勒及其《政治经济学原理》

詹姆斯·穆勒（James Mill，又译詹姆斯·密尔，1773—1836）是19世纪英国资产阶级庸俗政治经济学家。

詹姆斯·穆勒于1773年4月6日出生在苏格兰蒙特罗斯市附近的一个小村庄，是一个手工业者（鞋匠）兼小自耕农的儿子。在苏格兰财务署理事官约翰·斯图亚特爵士的资助下，穆勒得以进入蒙特罗斯学院和爱丁堡大学学习，并取得了传教士的凭证。但不久，他就放弃了僧侣的职务，于1799年离开爱丁堡，在苏格兰做了一段时间的巡回传教士和家庭教师，但都不是很成功，随后便移居伦敦。在伦敦，穆勒除了从事各种自由职业外，还在1803年至1806年编辑出版了

詹姆斯·穆勒（1773—1836）

《人文杂志》，在该杂志上他发表的大多数文章都是论述政治和经济问题的。与此同时，他也开始着手撰写《英属印度史》这部耗费了他11年心血的巨著。在这期间，他基本上靠写作来维持生计，也从耶利米·

边沁①那里得到一些资助。从1808年起，穆勒成了边沁的信徒和代言人，这缘于他经常借为新发行的辉格党人的杂志《爱丁堡评论》撰稿的机会来宣扬边沁的思想。通过这些工作，尤其是通过为《不列颠百科全书》（1815—1824年）第四、五、六版的补篇撰述文章，穆勒成了所谓"哲学激进主义运动"的领袖人物。该运动力图根据有关"良好政府"的功利主义准则，来巩固议会和其他政治制度的改革。不仅如此，穆勒还对教育方法有所研究，他对其长子约翰·斯图亚特·穆勒进行的一种特殊的教育就为他赢得了良好的名声。1817年，穆勒呕心沥血写作的《英属印度史》终于出版，并且取得了很大的成功。1819年5月，在朋友的帮助下，他在东印度公司通讯部任稽核官助理，1830年升任首席稽核官，直到1836年6月23日去世之前，他一直担任着这一职务。

穆勒的经济著作不仅包括大量的评论性文章，还包括两本分别题为《论发放谷物出口奖励金的失策》（1804年）和《为商业辩护》（1808年）的小册子，但他主要的经济著作还是在认识李嘉图之后于1821年出版的《政治经济学原理》（Elements of Political Economy）。

其实，在1811年认识李嘉图之后，穆勒就对政治经济学的兴趣大增，两人很快成为好朋友。不仅如此，穆勒还与麦克库洛赫一起组建了李嘉图学会，经常聚会讨论经济学问题。穆勒还劝说李嘉图尽快将他自己的理论写成著作出版，在其鼓励下，1817年李嘉图的《政治经济学和赋税原理》终于得以问世。而穆勒当时写作《政治经济学原理》的目的，就是为了写一部能够具体介绍《政治经济学和赋税原理》的具有指导性的、适合初学者学习的经济学普通读物。穆勒《政治经济学原理》的写作过程十分独特，对此，穆勒的儿子约翰·斯图亚特·穆勒在其自传中就对这一过程进行了真实的描述：当时李嘉图的杰作已经出

---

① 耶利米·边沁（Jereny Bentham，1748—1825），英国的法理学家、功利主义哲学家、经济学家和社会改革者。是一个政治上的激进分子，亦是英国法律改革运动的先驱和领袖，并以功利主义哲学的创立者、一位动物权利的创立者及自然权利的反对者而闻名于世。他还对社会福利制度的发展有重大的贡献。

第一部分　历史考证

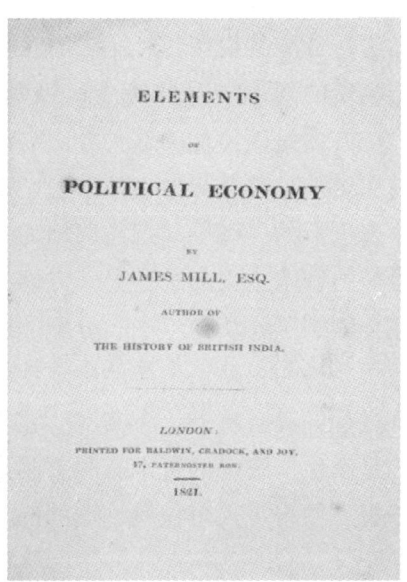

詹姆斯·穆勒的《政治经济学原理》，1821年在伦敦出版

版，"所以父亲开始教我（此时的约翰·穆勒年仅13岁）这门学科时，采取这样一种讲授方法，在散步中进行教授。他每天详尽地讲解一部分，第二天我交给他笔录的讲稿，他让我一遍一遍的重新改写，一直到文稿清楚、明确和达到一定程度的完整才算了事。这门学科的全部内容我就是在这种方式下学完的，而我每天笔录的书面概要，后来成为他写《政治经济学原理》的材料"①。穆勒用这些材料写成的《政治经济学原理》，以最为简单明了和抽象的形式复述了李嘉图的理论，但是他却依照萨伊在1803年出版的《政治经济学概论》的模式，划分了政治经济学的内容。萨伊采用了所谓"三分法"，将交换列入了生产范围内，从而把政治经济学划分为生产、分配和消费三个部分。穆勒却在《政治经济学原理》一书中提出应该把经济学划分为生产、分配、交换和消费，也就是所谓的"四分法"。穆勒的原话是："政治经济学有四大问题需

---

① 〔英〕约翰·斯图亚特·穆勒著：《约翰·穆勒自传》，郑晓岚等译，北京：华夏出版社2007年版，第25页。

要探究：1. 什么是决定商品生产的规律；2. 什么是社会劳动所生产的商品进行分配的规律；3. 什么是商品彼此进行交换的规律；4. 什么是决定消费的规律。"① 实际上，穆勒的这种四分法却庸俗化了政治经济学。一方面是因为他的这种方法去掉了生产、分配、交换和消费的特殊性与历史性，将其当做一般形态。事实上，生产一直是在一定的社会关系下来进行的，穆勒却把它归结为一般的物质资料生产过程，从而抹杀了生产的资本主义形式；另一方面，这种划分方法把经济过程的内在联系完全割裂了，认为生产、分配、交换与消费这四部分处于同等与并列的地位，进而忽略了生产的决定性作用，无视生产的社会性质决定其他经济过程的社会特点。事实上，在资本主义的生产方式下生产的分配特点，是由生产资料的资本家所有制来决定的，而资本家对剩余价值的无偿占有，使得工人对他所创造的部分产品以预付工资的形式来获得。

二 马克思对詹姆斯·穆勒的评价

马克思对穆勒的评价主要体现在这部《穆勒评注》及后来的《资本论》第四卷中。应该说，穆勒是马克思早期进行经济学研究并展开对古典政治经济学的全面批判和超越过程中所探讨的人物之一。

我们知道，马克思转向经济学最初所研究的人物是亚当·斯密和大卫·李嘉图。特别是李嘉图，作为劳动价值理论的创始人之一，他赋予这一理论以资产阶级经济学家所能提出的最完整的形式。围绕李嘉图出版的《政治经济学和赋税原理》，李嘉图学派同它的反对者展开论战，穆勒作为李嘉图学说的维护者参与其中的论战。马克思曾说："从 1820 年到 1830 年，在英国，政治经济学方面的科学活动极为活跃。这是李嘉图的理论庸俗化和传播的时期，同时也是他的理论同旧的学派进行斗争的时期。"②

---

① 〔英〕詹姆斯·穆勒著：《政治经济学要义》，吴良健译，北京：商务印书馆 2010 年版，第 4 页。
② 《马克思恩格斯文集》第 5 卷，北京：人民出版社 2009 年版，第 16 页。

1821年，穆勒在其出版的《政治经济学原理》中系统地阐述了李嘉图的经济理论，并且和李嘉图一样公开表明自己反对土地所有制、维护工业资本利益的立场，毫不掩饰劳动与资本之间的对立。但是，穆勒作为李嘉图学派的代表人物，并没有对李嘉图的理论作出根本上的发展和突破。特别是，穆勒同李嘉图一样对生产的供给与需求的规律作了抽象化的、僵硬固定的理解，只看到生产费用决定产品的价格或价值，而看不到由于需求和供给的不相适应而导致生产费用与价值没有必然联系的问题。对此，马克思曾评论道："在谈到货币和金属价值的这种平衡并把生产费用作为决定价值的唯一因素来描述时，穆勒——完全和李嘉图学派一样——犯了这样的错误：在表述**抽象规律**的时候忽视了这种规律的变化或不断扬弃，而抽象规律正是通过变化和不断扬弃才得以实现的。如果说，例如生产费用最终——或更准确些说，在需求和供给不是经常地即偶然地相适应的情况下——决定价格（价值），是个**不变的规律**，那么，需求和供给的不相适应，从而价值和生产费用没有必然的相互关系，也同样是个**不变的规律**。的确，由于需求和供给的波动，由于生产费用和交换价值之间的不相适应，需求和供给只是暂时地相适应，而紧接着暂时的相适应又开始波动和不相适应。……在国民经济学中，规律由它的对立面，由无规律性来决定。国民经济学的真正规律是**偶然性**，我们这些学者可以从这种偶然性的运动中任意地把某些因素固定在规律的形式中。"①

马克思后来在《剩余价值理论》（《资本论》第四卷）第三册中，进一步认为詹姆斯·穆勒是对"解决李嘉图体系的矛盾的不成功的尝试"②。李嘉图的学说存在着两大矛盾：一是等量资本得到等量利润规律与价值规律的矛盾，二是资本和劳动的交换与价值规律的矛盾。而穆勒像李嘉图本人一样，"看不到**剩余价值**和**利润**的区别"③。在解决剩余价值和利润的关系、利润率平均化的问题时，穆勒企图用"根据某一个

---

① 《马克思恩格斯全集》第42卷，北京：人民出版社1979年版，第18页。
② 《马克思恩格斯全集》第26卷第3册，北京：人民出版社1974年版，第87页。
③ 同上书，第88页。

别行业的个别资本所生产的商品中包含的剩余价值即**无酬劳动**（也就是根据直接物化在这些商品本身中的劳动）来解释这一资本所取得的利润"① 这一直接的形式来解决问题，但"这里实质上不可能解决问题，而只能口头上诡辩地把困难辩解掉，就是说，只能是**烦琐哲学**。穆勒开了这个头"②。这里，马克思认为穆勒并没有从根本上解决李嘉图体系的矛盾，而只是用诡辩的方式把这种矛盾"辩解"掉，这只能使问题更加烦琐。而且，穆勒试图使资本和劳动的交换同价值规律相符合，这一尝试"实际上毁掉了李嘉图体系的整个基础，特别是毁掉了这个体系的优点：把资本和雇佣劳动的关系看作积累劳动和直接劳动之间的直接交换，即从这种关系的特定性质去考察它"③。

总之，马克思认为穆勒作为李嘉图理论的忠实信徒，试图用诡辩的方式来解决李嘉图体系中的矛盾。然而，他却没能从根本上真正地解决李嘉图体系的内在矛盾，他对李嘉图经济理论进行阐释和辩护的过程，使自己也陷入了矛盾，结果促使了李嘉图学派的解体。马克思说："穆勒是第一个系统地阐述李嘉图理论的人，虽然他的阐述只是一个相当抽象的轮廓。他力求做到的，是形式上的逻辑一贯性。'因此'，从他这里也就开始了李嘉图学派的**解体**。在老师［李嘉图］那里，新的和重要的东西，是在矛盾的'肥料'中，从矛盾的现象中强行推论出来的。作为他的理论基础的矛盾本身，证明理论借以曲折发展起来的活生生的根基是深厚的。而学生［穆勒］的情况却不是这样。他所加工的原料已不再是现实本身，而是经老师提炼后变成的新的理论形式了。一部分是**新理论的反对者们的理论上的不同意见**，一部分是**这种理论同现实的往往是奇特的关系**，促使他去进行把不同意见驳倒，把这种关系**解释掉**的尝试。在进行这种尝试时，他自己也陷入了矛盾，并且以他想解决这些矛盾的尝试表明，他教条式地维护的**理论**正在开始**解体**。穆勒一方面想把资产阶级生产说成是绝对的生产形式，并且从而试图证明，这种生

---

① 《马克思恩格斯全集》第26卷第3册，北京：人民出版社1974年版，第89页。
② 同上。
③ 《马克思恩格斯全集》第26卷第3册，北京：人民出版社1974年版，第96页。

产的真实矛盾不过是表面上的矛盾。另一方面，他力图把李嘉图的理论说成是这种生产方式的绝对的理论形式，并且同样用形式上的理由把有些已为别人所指出、有些是摆在他本人眼前的理论上的矛盾辩解掉。不过，穆勒在某种程度上也还是比李嘉图的观点前进了一步，越过了李嘉图本人阐述观点时所划的界限。穆勒还维护了李嘉图所维护的历史的利益——**反对土地所有权的产业资本的利益**，而且更加坚决地从理论中作出了实际结论，例如，他从地租理论做出了反对土地私有权存在的实际结论，他想或多或少直接地把土地私有变为国有。"①

三　马克思写作《穆勒评注》的历史背景

19世纪三四十年代，在工业革命的推动下，英、法、德等欧洲国家的资本主义大工业有了很大的发展，资本主义生产方式已经逐渐占据了统治地位。1825年，资本主义生产方式发展最典型的英国，爆发了第一次经济危机，资本主义社会内在的基本矛盾表现得越来越明显。无产阶级和资产阶级的斗争也日趋激烈，无产阶级由最初的举行反对使用机器、捣毁机器的运动，发展到采取罢工的手段，有组织地要求缩短劳动日、要求增加工资和劳动保险等方面的经济斗争。罢工斗争进一步提高了无产阶级的觉悟，使工人认识到，必须从改变政治上无权的地位着手，展开政治斗争。因此，英、法等国的无产阶级反对资产阶级的斗争发展到更高的程度，开始了独立的政治运动。1837年至1848年英国的宪章运动，1831年和1834年法国里昂工人反对资本主义剥削压迫的两次武装起义，1844年6月普鲁士王国所属西里西亚纺织工人的起义，是当时欧洲最突出的三大工人运动。这三大工人运动标志着欧洲无产阶级作为独立的政治力量登上政治舞台。无产阶级提出了自己独立的政治经济要求，冲击着资本主义制度，更为科学社会主义的诞生奠定了坚实的阶级基础。它也证明了空想社会主义已经成为工人运动的障碍。空想

---

① 《马克思恩格斯全集》第26卷第3册，北京：人民出版社1974年版，第87—88页。

社会主义者幻想通过和平的方式来改造资本主义社会的道路是行不通的。因此，用科学的革命理论指导各国工人运动，已成为历史发展的迫切需要，这就为马克思主义的产生提供了实践基础。

卡尔·马克思（1818年5月5日—1883年3月14日）从小勤奋好学，善于独立思考。1835年10月，马克思进入波恩大学攻读法学，1836年10月转入柏林大学法律系。从1837年下半年起，他开始认真钻研黑格尔哲学。在这期间，马克思进行了重要的思想尝试：他不满足于已经存在的任何一种法学理论，他觉得应该尝试着将某种哲学体系贯穿在整个法的领域，并认为自己的主要任务就是提出一个所有人都重视的、准确的并不依赖于具体经验的（先验论的）法学概念，然后在（无论是以前还是现在的）实际的法中来研究它的发展。最后他得出了这样的结论：正因为古代罗马法是符合先验论的原则，所以它是真实的，因此现行法是荒谬的。但是问题的实质却使马克思面临着从康德—费希特的先验论立场出发所无法克服的困难，他通过极大努力而制定出的先验论观点接连破产，原因就在于这些论点没有给实际法的关系以严整的说明，而同这些关系相矛盾。由此，马克思对自己进行了深刻的自我批判，并明白现实的东西和应有的东西的对立是康德—费希特唯心主义本质上所固有的，这是科学研究道路上的"严重障碍"。正是经历了思想上的重要尝试，使马克思发现黑格尔哲学能够最深刻地解决应有的东西和存在的东西的统一问题，因此，从1873年下半年开始，马克思对黑格尔哲学进行了认真的钻研。1841年4月15日，马克思以他的论文《德谟克利特的自然哲学和伊壁鸠鲁的自然哲学的差别》被授予法学博士学位。

1842年5月，马克思开始为自由主义反对派创办的《莱茵报》撰稿，并于同年10月担任了该报的主编。在马克思的影响下，《莱茵报》越来越鲜明地倾向于革命民主主义。在担任主编期间，马克思"第一次遇到要对所谓物质利益发表意见的难事。莱茵省议会关于林木盗窃和地产析分的讨论，当时的莱茵省总督冯·沙培尔先生就摩泽尔农民状况同《莱茵报》展开的官方论战，最后，关于自由贸易和保护关税的辩论，是促使我去研究经济问题的最初动因"①。现实斗争的需要促使马克思开始研究政治经济学。

1839年路德维希·费尔巴哈发表了《黑格尔哲学批判》一文，宣告与黑格尔哲学彻底决裂，并转向唯物主义。1841年6月，他出版了《基督教的本质》一书，运用唯物主义的方法揭示了宗教的世俗本质，对基督教进行了深刻的批判。这些都对马克思产生了巨大影响。这在他的《关于林木盗窃法的辩论》、《摩泽尔记者的辩护》等文中就已经表现出来了。马克思明确地写道："因为我们想把我们的全部叙述都建立在事实的基础上，并且竭力做到只是概括地说明这些事实……"② 这表明马克思在这个时期已经开始倾向于唯物主义，把注意力集中在政治问题和社会问题上。

1843年5月，马克思来到莱茵省的小镇克罗茨纳赫，在那里，他开始着手分析黑格尔法哲学，写作了《黑格尔法哲学批判》。在《黑格尔法哲学批判》中，马克思批判了黑格尔的唯心主义国家观，指出了"市民社会"对国家和法的决定作用。马克思还对国家和私有财产的相互关系问题作出了精辟的论断："那政治国家对私有财产的权力究竟是什么呢？是私有财产本身的权力，是私有财产的已经得到实现的本质。同这种本质相对照，政治国家还剩下什么呢？剩下一种幻想：政治国家是规定者，可它又是被规定者。"③ 这表明，马克思已经认识到国家是私有财产本质的体现，从而促使他开始从对政治问题的研究转向对现实经济问题的研究。

这期间，马克思同时研究了法国、英国、德国、波兰、瑞典等各国历史方面的大量书籍，他把研究这些书籍所作的摘录称做是"历史—政治的笔记"、"法国史笔记"和"根据普菲斯特尔《德国人的历史》的德国政治制度史纲要"④，一般简称为《克罗茨纳赫笔记》。在《克罗茨

---

① 《马克思恩格斯文集》第2卷，北京：人民出版社2009年版，第588页。
② 《马克思恩格斯全集》第1卷，北京：人民出版社1995年版，第371页。
③ 《马克思恩格斯全集》第3卷，北京：人民出版社2002年版，第124页。
④ 具体参看 MEGA²：Ⅳ/2, Berlin: Akademie Verlag, 1981, pp. 5–278。

纳赫笔记》中，马克思的研究采用的是对各国的历史加以互相对照的方法，这使他能在某些国家发展的特殊性后面发现历史过程的一般趋势。这里可以看出，马克思也已经开始自觉地运用唯物主义原则来研究历史进程。这些笔记的内容涉及的方面非常广泛，它们对于解决说明国家和市民社会的相互关系有着重要的意义。马克思在做这些笔记的过程中，深刻具体地理解了国家与市民社会相异化的过程，他写道："历史的发展使政治等级变成社会等级……从政治等级到市民等级的真正转变过程是在君主专制政体中发生的。"① 由此可见，马克思的研究方法有了改变，主要是逻辑上的反证被现实历史过程的阐述所代替，因此，理论上的必然性让位于事实上的可靠性。历史也为马克思作出的这一阐述提供了答案："只有法国大革命才完成了从政治等级到社会等级的转变过程，或者说，使市民社会的等级差别完全变成了社会差别，即在政治生活中没有意义的私人生活的差别。这样就完成了政治生活同市民社会的分离。"② 马克思对法国大革命的历史以及与此相联的对整个法国历史日益增长的兴趣，使他产生了编写一本国民公会史的想法。③ 但是，通过对法国革命史的深入研究以及对黑格尔法哲学的分析批判，进一步使他认识到了仅仅依靠分析国家政治与市民社会的问题，只停留在哲学的研究层面上，是根本不能解决现实问题的，所以这也就推动了马克思转向对政治经济学的研究。

1843年10月，马克思离开德国来到巴黎筹备出版《德法年鉴》杂志。这期间马克思写作了《论犹太人问题》和《〈黑格尔法哲学批判〉导言》，并于1844年2月在《德法年鉴》上发表。这两篇作为马克思完成自己世界观转变标志的论文，还不是通过对资本主义生产方式的分析来说明无产阶级的历史使命的，而只是用异化理论予以了论证。这使得马克思"觉得把单纯对思辨思维的批判和对不同事物本身的批判结合

---

① 《马克思恩格斯全集》第3卷，北京：人民出版社2002年版，第100页。
② 同上。
③ 参阅尼·拉宾：《马克思的青年时代》，南京大学外文系俄罗斯语言文学教研室翻译组译，北京：生活·读书·新知三联书店1982年版，第174页。

起来,是很不适当的,因为这样会在阐述上受到拘束,并且使人难于理解"①。因此,马克思就决定从对政治(上层建筑)领域中异化的分析,深入到对经济领域中异化的分析,以此来批判资本主义的生产关系。

恩格斯写于 1843 年年底到 1844 年 1 月并随后发表在《德法年鉴》上的两篇文章《英国的状况》和《国民经济学批判大纲》,标志着恩格斯向唯物主义的彻底转变迈出了新的一步。在《国民经济学批判大纲》中,恩格斯提出了私有制的起源问题,并用社会主义的观点研究了资产阶级社会的经济制度和资产阶级政治经济学的基本范畴。恩格斯还从工人阶级立场出发,提出了消灭私有制的必然性问题,将抽象的政治经济学中被本末倒置的真正关系再颠倒过来。恩格斯进一步批判了资产阶级经济学家只提出矛盾的一个方面(效用或生产费用,竞争或垄断等),而不能理解矛盾运动的特征的形而上学的方法。恩格斯的这些具有前瞻性的观点,使马克思感到兴奋,他终于"找到了像恩格斯这样一个在基本政治问题和哲学问题上都同他意见一致的人"②。《国民经济学批判大纲》是促使马克思对政治经济学研究的直接动因之一。马克思在侨居巴黎期间对其进行了再次研读,并摘录了其中的要点,后来还在《〈政治经济学批判〉序言》里给它以高度的评价,称它为"批判经济学范畴的天才大纲"③。

从马克思在《莱茵报》时就开始对经济问题感兴趣,到 1843 年马克思开始对黑格尔法哲学进行批判,到后来他对恩格斯《国民经济学批判大纲》的认真研究,这种种原因,促使马克思放弃了国民公会史的写作而决定从经济事实出发开始对政治经济学进行系统的研究。后来,马克思在《〈政治经济学批判〉序言》中还回顾了自己的这段

---

① 《马克思恩格斯全集》第 1 卷,北京:人民出版社 1956 年版,第 723 页注释 100。
② 参阅尼·拉宾:《马克思的青年时代》,南京大学外文系俄罗斯语言文学教研室翻译组译,北京:生活·读书·新知三联书店 1982 年版,第 233 页。
③ 《马克思恩格斯文集》第 2 卷,北京:人民出版社 2009 年版,第 592 页。

思想历程:"为了解决使我苦恼的疑问,我写的第一部著作是对黑格尔法哲学的批判性的分析,这部著作的导言曾发表在 1844 年巴黎出版的《德法年鉴》上。我的研究得出这样一个结果:法的关系正像国家的形式一样,既不能从它们本身来理解,也不能从所谓人类精神的一般发展来理解,相反,它们根源于物质的生活关系,这种物质的生活关系的总和,黑格尔按照 18 世纪的英国人和法国人的先例,概括为'市民社会',而对市民社会的解剖应该到政治经济学中去寻求。"① 这就足以证明,马克思转向政治经济学研究不是突然来的兴趣,而是通过自己对理论学习与现实具体问题之间所存在矛盾的亲身感受才作出的转变。

莫泽斯·赫斯(Moses Hess,1812—1875,犹太人,比马克思大 6 岁,早在 1842 年"莱茵报时期"便与马克思相识)在马克思研究经济学的过程中,也曾起过一定的影响。对于这一点,马克思曾经毫不讳言地承认,他在自己世界观的转折点上曾在赫斯的文章中获得启示。这篇文章就是赫斯的《论货币的本质》。赫斯的文章完成于 1844 年初,公开发表在《德法年鉴》上则是一年半以后。在《论货币的本质》中,赫斯揭示了资本主义的种种缺陷,认为产生这些缺陷的原因是资本主义制度的统治使工人把自己的本质异化为金钱,金钱变成了压迫人和决定社会关系的真正的神。赫斯还认为"实践世界中的金钱犹之乎理论世界中的那个神,就是'在天主教中'化身为硬币,而'在新教中'升华为纸币的那个彼岸的社会'价值'的观念。换句话说,金钱不外是剥夺了我们的理性意志并因而统治着我们的那种现存生产方式的幻影"②。赫斯以"货币"作为切入点,以他不寻常的洞察力揭示了人与社会的全面异化。他还融合了对宗教、政治以及经济的批判来论证实现共产主义的必然性和可能性,得出了共产主义必然代替资本主义的结论。当然,赫斯的这一结论是凭直观感受到的,缺乏科学的、有说服力的论

---

① 《马克思恩格斯文集》第 2 卷,北京:人民出版社 2009 年版,第 591 页。
② 参阅戴维·麦克莱伦:《青年黑格尔派与马克思》,夏威仪译,北京:商务印书馆 1982 年版,第 163 页。

证，这使它失去了指导现实的实际意义。尽管如此，赫斯的这篇文章仍然给马克思留下了深刻的印象，因为它揭露了资本主义私有制下的宗教、政治以及经济的异化现象，从而促进了哲学与经济学的相互结合。后来，马克思还将赫斯发表在《来自瑞士的二十一印张》文集（1843年苏黎世和温特图尔版）中的其他三篇论文（包括《社会主义和共产主义》、《行动的哲学》和《唯一和完全的自由》），以及恩格斯的《国民经济学批判大纲》，称赞为是德国社会主义者的作品中"内容丰富而有独创性的著作"①。由此，我们可以看到，恩格斯及赫斯在马克思早期思想的发展中，特别是马克思转向政治经济学研究都起到了重要的作用。从1843年10月末到1845年1月底，马克思在巴黎期间所做的关于经济学论著的笔记共保存下来七册，这些笔记被后来的研究者们称为《巴黎笔记》。与《巴黎笔记》同时保存下来的还有由三个手稿组成的《1844年经济学哲学手稿》。而所谓的《巴黎手稿》就是由《巴黎笔记》（特别是《穆勒评注》）和《1844年经济学哲学手稿》这两大部分共同组成的。②

根据《马克思恩格斯全集》历史考证版（MEGA^2）的编排顺序，七册《巴黎笔记》的主要编排顺序是：第一册，勒奈·勒瓦瑟尔《前国民议会议员"回忆录"》（四卷，巴黎，1828—1831年）一书摘要，以及亚当·斯密《国民财富的性质和原因的研究》一书摘要的结尾部分；第二册，让·巴蒂斯特·萨伊《论政治经济学》（两卷，巴黎，1817年）、《实用政治经济学教程》（布鲁塞尔，1837年），费雷德里克·斯卡尔培克《社会财富的理论》（两卷，巴黎，1829年）的摘要；第三册，亚当·斯密《国民财富的性质和原因的研究》（第1卷，巴黎，1802年）一书摘要；第四册，色诺芬的五篇短著，《斯巴达人的国

---

① 《马克思恩格斯文集》第1卷，北京：人民出版社2009年版，第112页。
② 在这里本书接受了韩立新在《〈巴黎手稿〉的文献学研究及其意义》一文中的说法，将《1844年经济学哲学手稿》和《巴黎笔记》统称为《巴黎手稿》。笔者认为，韩立新是国内对《穆勒评注》研究得较为全面与深入的学者，而且他的这种说法也为国内许多学者（鲁克俭等）所采纳，因此，本书接受了这种说法。

家法》、《雅典人的国家法》、《雅典人的国家收入》、《家政术》和《希罗式统治者生活》，以及大卫·李嘉图《政治经济学和赋税原理》（两卷，巴黎，1835年）和詹姆斯·穆勒《政治经济学原理》（巴黎，1832年）等书的摘要；第五册，约翰·雷姆赛·麦克库洛赫《论政治经济学的起源、发展、特殊对象和重要性》（日内瓦—巴黎，1825年），吉约姆·普雷沃《评李嘉图体系》，安·路·克·德斯杜特·德·特拉西《意识形态原理》（第4—5卷，巴黎，1826年），弗里德里希·恩格斯《国民经济学批判大纲》的摘要（一张插页），以及詹姆斯·穆勒《政治经济学原理》一书摘要的结尾部分；第六册，卡尔·沃尔夫冈·克里斯托夫·舒兹《政治经济学原理》（图宾根，1843年），弗里德里希·李斯特《政治经济学的国民体系。第1卷：国际贸易、贸易政策和德国关税同盟》（斯图亚特和图宾根，1841年），亨利希·弗里德里希·欧西安德尔《公众对商业、工业和农业利益的失望，或对李斯特博士工业力哲学的阐释》（图宾根，1842年）、《论民族的商业交往》的摘要，以及大卫·李嘉图《政治经济学和赋税原理》一书摘要的一小部分；第七册，欧仁·毕莱《英国和法国工人阶级的贫困》（第1—2卷，巴黎，1804年）一书的摘要。此外，还有写在一大张纸上的乔治·威廉·弗里德里希·黑格尔《精神现象学》一书摘要。《巴黎笔记》摘录的内容主要以政治经济学为主，它涉及许多重要的理论问题和经济范畴，可以说，它与《1844年经济学哲学手稿》的关系极为密切，特别是《穆勒评注》作为其中比较特殊且重要的摘录笔记之一，与《1844年经济学哲学手稿》共同为马克思后来的经济学研究打下了基础。《巴黎笔记》中的一些摘录在马克思后来的许多重要著作中曾多处加以利用，一些思想也在后来的一些文章和著作中加以发挥、修改和完善。

在这里，我们重点介绍本书所要研究的对象《穆勒评注》，即马克思对詹姆斯·穆勒《政治经济学原理》一书所作的摘要。为了能够更好地做到这点，同时简要介绍与此相关的马克思对斯密、麦克库洛赫以及李嘉图经济学著作的摘录学习与研究。

亚当·斯密的主要著作《国民财富的性质和原因的研究》为现代资产阶级政治经济学奠定了基础。斯密的著作是从劳动分工讲起的，他将劳动分工看做是人民富裕的主要原因。在研究斯密著作的过程中，马克思将注意力集中在研究另一类问题上，即利润、地租和工资上。通过这类研究，马克思确定它们是资本家、土地所有者和工人这三个主要阶级各自特有的收入来源。这样，我们就能看出，马克思研究经济学的目的是为了了解阶级斗争的真实基础，"马克思当时抱有这样的信念：只要从分析三个收入来源着手，就能从根本上理解社会政治问题"①。随着对三个收入来源的分析研究不断地深入，马克思对劳动问题越来越感兴趣，并在《1844年经济学哲学手稿》中提出"劳动在国民经济学中仅仅以谋生活动的形式出现"②的新问题。

马克思当时所研究的经济学家中最重要的人物是李嘉图，他是劳动价值理论的创始人之一，并赋予这一理论以资产阶级经济学家所能提出的最完整的形式。但是由于当时的马克思还是政治经济学的初学者，还不清楚李嘉图在政治经济学史上的真正地位，所以他在经济学研究中进行的收集工作是从李嘉图学派的代表人物——麦克库洛赫那里开始的。马克思对麦克库洛赫的《论政治经济学的起源、发展、特殊对象和重要性》一书作了研究。但是，麦克库洛赫是贬低李嘉图的主要成就即劳动价值理论的庸俗化者，马克思后来在《剩余价值理论》中写道："麦克库洛赫是李嘉图经济理论的庸俗化者，同时又是使这个经济理论解体的最可悲的样板。"③ "他不仅是李嘉图的庸俗化者，而且是詹姆斯·穆勒的庸俗化者。而且，他在一切方面都是庸俗经济学家，是现状的辩护士。使他担心到可笑地步的唯一事情，就是利润下降的趋势。"④ "李嘉图学说的最内部的核心——在商品按其价值进行

---

① 参阅尼·拉宾：《马克思的青年时代》，南京大学外文系俄罗斯语言文学教研室翻译组译，北京：生活·读书·新知三联书店1982年版，第238页。
② 《马克思恩格斯文集》第1卷，北京：人民出版社2009年版，第124页。
③ 《马克思恩格斯全集》第26卷第3册，北京：人民出版社1974年版，第182页。
④ 同上书，第182—183页。

交换的基础上利润如何实现——库洛赫是不理解的,而且对他来说这个核心是不存在的。"①

马克思摘录李嘉图的《政治经济学和赋税原理》所使用的版本是弗·索·康斯坦西奥译自英文的第二版(校阅、注解、修订、增补版,第1—2卷,巴黎1835年)。这本著作的法译本还附有斯密的追随者、法国资产阶级经济学家让·巴蒂斯特·萨伊的注释。马克思通过这个版本不仅研究了李嘉图的立场,而且也将斯密与萨伊的学说进行了对比,并在很多重要的关键问题上通过对一系列有争议的论点的评论,表明了他自己的态度。马克思对李嘉图著作的摘录相当广泛,包括了价值、收入的三种来源与方式、纯收入同总收入之间的区别、利润理论和地租理论等李嘉图经济学说里的中心问题。与他之前的笔记不同之处在于,马克思附加了自己的详细评注,这些评注已不限于对他所阅读和摘录的原书文句的注解,而是马克思独立的、内容丰富的论述。但是,"马克思此时头脑里的理论思路是费尔巴哈式的人本主义逻辑,加上他对政治经济学理论的理解不深,他还不能看出李嘉图学说中的科学层面。因此,他往往是站在无产阶级的政治立场上用抽象的人本主义逻辑去批判李嘉图的学说"②。

根据新 MEGA 版《马克思恩格斯全集》对《巴黎笔记》的编排以及众多学者对此所作的文献学研究,我们可以看出,马克思在研究了李嘉图的《政治经济学和赋税原理》之后,就认真研究了詹姆斯·穆勒的《政治经济学原理》一书并作了详细的摘要与大量的评论。穆勒在其著作中简单系统地阐明了李嘉图的经济理论,并且和李嘉图一样公开表明自己维护工业资本的利益的立场,反对土地所有制,毫不掩饰劳动与资本之间的对立。由此,他就为李嘉图学派的解体打下了基础,因为他企图解决劳动价值规律(价值由劳动时间所确定)同资本家在付给工人直接劳动的报酬时经常违反这一规律之间的矛盾。但

---

① 《马克思恩格斯全集》第 26 卷第 3 册,北京:人民出版社 1974 年版,第 185 页。
② 刘钊:《"巴黎笔记"时期青年马克思是如何看待李嘉图学说的?》,载《南京社会科学》2011 年第 4 期。

是穆勒不理解工人出卖的不是劳动而是劳动力（这正是马克思后来发现的），所以他用来解决这一问题的最好的办法就是——用劳动的供求关系即工人同资本家之间的竞争来解释工资的数额。尽管马克思当时的经济学观点还处在形成的最初阶段，但是他对资产阶级经济学的态度已经表明，他是站在鲜明的批判立场上的。马克思指出，资产阶级经济学家对资本主义采取反历史主义的态度，把资本主义关系看成是永恒不变的。马克思在摘要中已经开始用异化这个范畴来考察货币的本质和职能。他指出："在不论对材料的性质即私有财产的特殊物质还是对私有者的个性都完全无关紧要的**货币**中，表现出那些异化的**物**对**人**的全面统治，过去表现为个人对个人的统治的东西，现在则是**物**对**个人**、产品对生产者的普遍统治。"（《穆勒评注》，第29—30页）

《巴黎笔记》涉及许多重要的经济理论问题和范畴，它的写作方式，一般是根据原书的篇章结构进行详略不一的摘录，或者是马克思根据研究内容的需要或自己感兴趣的问题精心选择和归纳的，因为刚开始接触经济学，所以在绝大部分笔记里面没有马克思自己观点的阐述，只有寥寥几句评论或者批注，而相比较来说，马克思对穆勒《政治经济学原理》一书所作的摘录与评论却最为特殊。《穆勒评注》写在《巴黎笔记》第四册笔记的第18页至34页，共17页，还有一个结尾部分（6页）补记在第五册笔记上。《穆勒评注》中有对穆勒原书的一部分摘录，但马克思个人的议论却占了相当大的篇幅；整篇《穆勒评注》翻译成中文约3.1万字，而马克思本人的论述却有大概1.3万字，这在整个《巴黎笔记》中是最多、最集中的。

为什么《穆勒评注》在《巴黎笔记》中的写法这么特别？这与穆勒原书论述的内容、该书在经济学说史中的价值以及当时马克思关注的问题都有一定的关系。前面我们提到了，1821年穆勒在伦敦出版他的《政治经济学原理》一书以最简明和抽象的形式第一次对李嘉图的理论进行了系统的阐释。穆勒这一著作的价值不仅在于其议题的广泛性和深入性，更在于它在经济学说史上首次提出了经济学内容的"四分法"

的主张，颠覆了当时占主流地位的萨伊的"三分法"模式。本书还被现代西方经济学家誉为"第一本用英文写出的经济学教科书"，"是一部特别精确而明晰易懂的作品"①。马克思在梳理剩余价值学说的时候也说："穆勒是第一个系统地阐述李嘉图理论的人，虽然他的阐述只是一个相当抽象的轮廓。他力求做到的，是形式上的逻辑一贯性。'因此'，从他这里也就开始了李嘉图学派的解体。"② 由此看来，马克思写作《穆勒评注》不仅仅是兴趣所在，更重要的原因在于，这时候的马克思已经由唯心主义转向了唯物主义，使他从抽象的政治国家的研究转向对现实的经济问题的研究。他对经济学理论的深入挖掘不仅使他认识到了资本主义社会经济矛盾的根源，还使他认识到用具体实际的经济学的方法来解决问题的重要性。

马克思对穆勒《政治经济学原理》的评论，就像对李嘉图著作的摘录所作的评注那样，是从关于生产费用作为价值的因素的问题开始的。此外，马克思还研究了一系列其他的经济学本身的问题，如货币问题等。所有这一切表明，马克思在经济学方面的研究已经成熟了许多，他在《1844年经济学哲学手稿》的前言中有充分根据地写道："……我的结论是通过完全经验的、以对国民经济学进行认真的批判研究为基础的分析得出的。"③ 从马克思摘录与论述的内容来看，如关于劳动价值论，关于价值规律和生产费用的论争，货币、信贷等问题的论述，以及对劳动的异化、资本主义私有制条件下人的异化问题的阐述，都与《1844年经济学哲学手稿》有紧密联系。这些内容将在本书的第三部分"当代解读"中得到更加详尽的说明。

从以上的分析我们可以看出，1843年到1844年是马克思思想转变的重要时期，在这个时期他从对哲学的研究转向政治经济学的研究，而这个重要的转变在《穆勒评注》之中得到了体现。从马克思在巴黎期

---

① 〔英〕詹姆斯·穆勒著：《政治经济学要义》，吴良健译，北京：商务印书馆2010年版，第Ⅷ页。
② 《马克思恩格斯全集》第26卷第3册，北京：人民出版社1974年版，第87—88页。
③ 《马克思恩格斯文集》第1卷，北京：人民出版社2009年版，第111页。

间对恩格斯《国民经济学批判大纲》的学习及其与赫斯对他转向研究政治经济学的影响，以及他对那些影响力远大的经济学家著作的摘录研究与评述来看，《穆勒评注》中哲学与经济学研究方法的运用就体现出马克思在这个时期的重要变化。虽然他当时只是以一个经济学新手的身份来学习与研究政治经济学，但他并没有全盘接受某位经济学家的思想，而是进行批判地学习。同时，他也初步形成了自己的经济学观点和理论，并进而从哲学的角度来对资产阶级政治经济学进行了批判。随着他的经济学知识的不断增长以及经济学理论的逐渐成熟，他的《穆勒评注》和与之密切相关的《1844年经济学哲学手稿》，也为他以后写作《1857—1858年经济学手稿》以及《资本论》打下了良好的政治经济学基础。

第二章 国内外主要版本和传播情况

一 国外主要版本和传播情况

（一）马克思《穆勒评注》德文版

1. 《穆勒评注》第一次发表于《马克思恩格斯全集》1932 年历史考证版第 1 版（Marx – Engels – Gesamtausgabe，又称学术版或原文版，以下简称 MEGA¹）第 1 部分第 3 卷。

2. 《马克思恩格斯著作》（Karl Marx/Frdiedrich Enegls Werke，以下简称 MEW）；民主德国 RECLAM 文库版（环球图书馆 448），约·霍普纳（Joachim Höppner）著《卡尔·马克思，经济学哲学手稿的介绍和说明》，莱比锡 1970 年版的附录里收录了《穆勒评注》。

3. 在 1981 年出版的《马克思恩格斯全集》历史考证版（Marx-Engels – Gesamtausgabe，简称 MEGA²）第Ⅳ部分第 2 卷，即马克思和恩格斯的阅读笔记、摘录部分中，《穆勒评注》被收录在第 428—470 页。

但是在 MEGA² 第 1 部分第 2 卷的导言中，编者提到："由于写穆勒《政治经济学原理》一书摘要，马克思又进一步发展了他关于分工的思想。记有穆勒一书摘要以及李嘉图《政治经济学和赋税原理》一书摘要的笔记本包含有马克思所作的长篇的、独立的阐述，它也许可以说是《经济学哲学手稿》的直接继续。马克思在这个笔记本中首次对一些经济范畴作了解释，而在此以前他只是以引文或是描写性的叙述曲

第一部分　历史考证

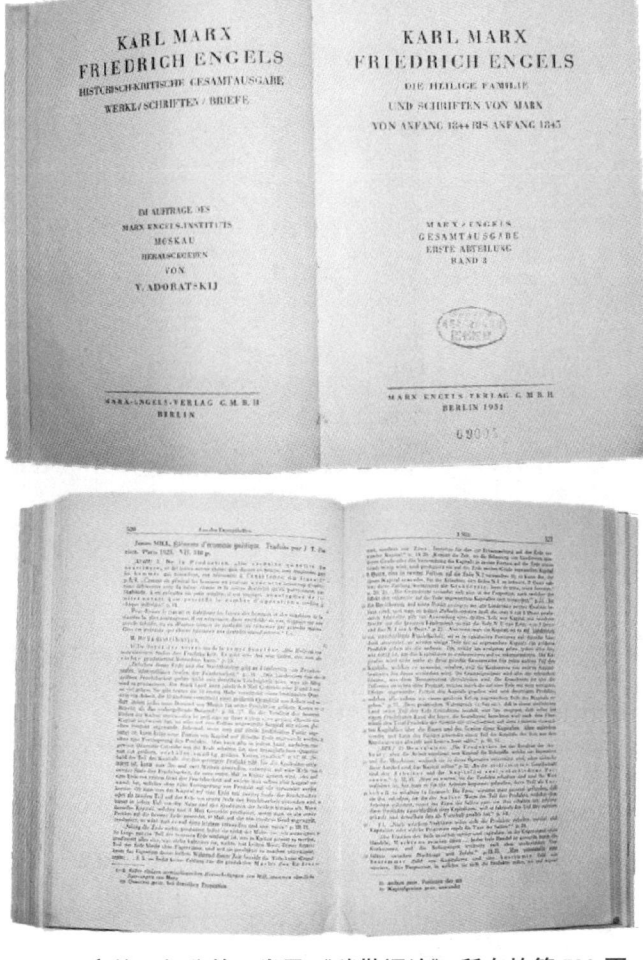

MEGA¹ 第 1 部分第 3 卷及《穆勒评注》所在的第 520 页

形式来谈论这些范畴的内容的。其中包括价值、价格、交换、货币以及信贷等范畴。这也导致了对异化劳动范畴作更加具体的解释，导致了这个范畴内容的精练和继续发展。"①

---

① 《马列主义研究资料》1984 年第 2 辑（总第 32 辑），北京：人民出版社 1984 年版，第 13 页。

马克思《詹姆斯·穆勒〈政治经济学原理〉一书摘要》研究读本

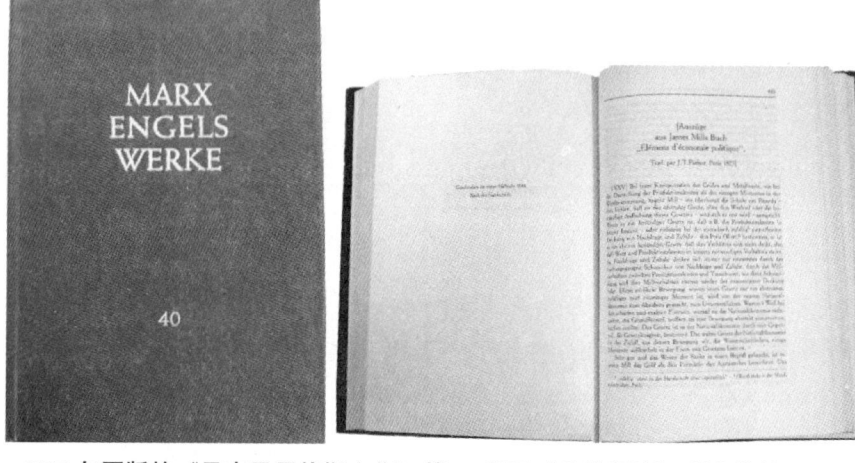

1985 年再版的《马克思恩格斯文集》第 40 卷及《穆勒评注》所在的第 445 页

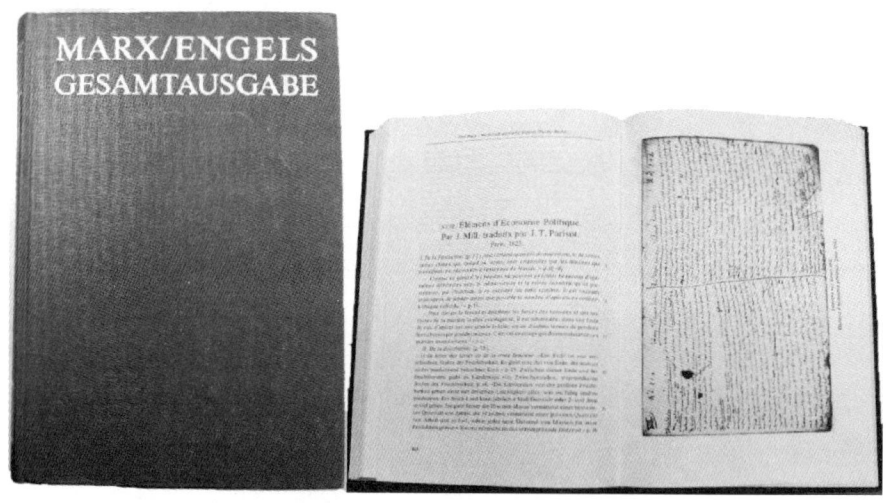

MEGA² 第 IV 部分第 2 卷及《穆勒评注》所在的第 428 页

(二) 马克思《穆勒评注》俄文版

1. 苏联马克思、恩格斯和列宁主义研究所编著的《哲学问题》1966 年第 2 期第 113 页，发表俄译本的《穆勒评注》，并加过一个"序言"。编者在这个"序言"中对《穆勒评注》的地位作了这样的推测：认为《第二手

32

稿》包含了马克思对古典政治经济学的研究和批判，是《1844年经济学哲学手稿》的主体部分，同这一部分相比的话，《第一手稿》不过是为写作《第二手稿》所做的准备，《第三手稿》则是对《第二手稿》的补充。由于《穆勒评注》写在《第二手稿》之前，而且"在我们所知道的马克思的著作中没有任何一本曾引用过这些评注的内容，因此可以认为，这些内容被利用到我们还没有发现的1844年的《第二手稿》当中"①。

2. 在1968年开始出版的《马克思恩格斯全集》俄文第2版的补卷第42卷（出版于1974年，是《马克思恩格斯全集》中文第1版第42卷的翻译底本）中，发表了《巴黎笔记》中的《穆勒评注》。关于《穆勒评注》的题注，它是这样写的："在这个文献中，马克思个人的议论占了相当大部分，这些议论按其内容来说与《1844年经济学哲学手稿》相衔接，而且先于这个手稿。"② 对于编写在第一篇和第二篇的马克思对恩格斯《国民经济学批判大纲》的摘要与《穆勒评注》写作时间的说明都是1844年上半年，而对《1844年经济学哲学手稿》的写作时间则注明是1844年4月到8月。

（三）马克思《穆勒评注》日文版

1. 日本学者细见英最早对《穆勒评注》进行翻译。见《马克思对J.穆勒〈政治经济学原理〉的批评性评注——马克思最早的经济学研究》，载《立命馆经济学》1961年10月号第10卷。

2. MEGA¹第1部分第3卷中的《1844年经济学哲学手稿》，由杉原四郎、重田晃一译为日语版的《马克思：经济学笔记》，未来社1962年版第64页。该书（1970年增补版第2版）中的"代后记"是关于《穆勒评注》研究动向的重要资料。

3. 日文版《马克思恩格斯全集》第40卷，大月书店出版社1975年版第363页中收录了《穆勒评注》。

---

① 参见〔苏〕马克思、恩格斯和列宁主义研究所编著：《哲学问题》1966年第2期，第113页。

② 《马克思恩格斯全集》第42卷，北京：人民出版社1979年版，第485页注释3。

马克思《詹姆斯·穆勒〈政治经济学原理〉一书摘要》研究读本

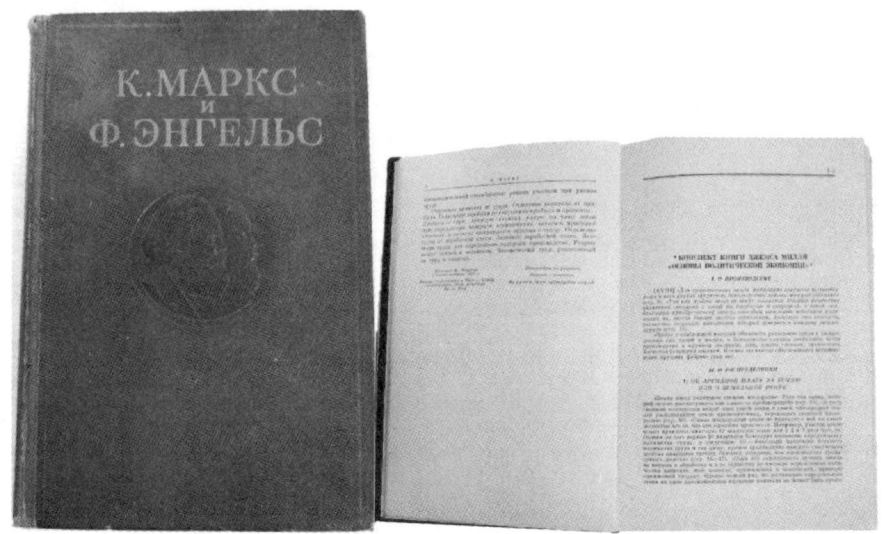

俄文版《马克思恩格斯全集》第 2 版第 42 卷 1974 年版，
及《穆勒评注》所在的第 5 页

日文版《马克思：经济学笔记》1962 年版，及《穆勒评注》所在的第 64 页

4. 山中隆次：《巴黎手稿——经济学哲学、社会主义》，御茶水书房 2005 年版。这是一个有别于 MEGA² 的新版，就像广松涉和涩谷正等人新编的《德意志意识形态》一样，该书也代表了日本学界独立研究《巴黎手稿》的最高水平。在这个新版本中，他不仅把《穆勒评注》也

第一部分　历史考证

日文版《马克思恩格斯全集》第 40 卷 1975 年版

《穆勒评注》所在的第 363 页

编入《1844 年经济学哲学手稿》，而且还把《穆勒评注》置于《第一手稿》与《第二手稿》之间。

（四）马克思《穆勒评注》英文版

《穆勒评注》第一次被翻译成英文是由克莱门斯·杜特（Clemens Dutt）所译，收录在1975年版的《马克思恩格斯文集》第1部分第3卷中的第211页。

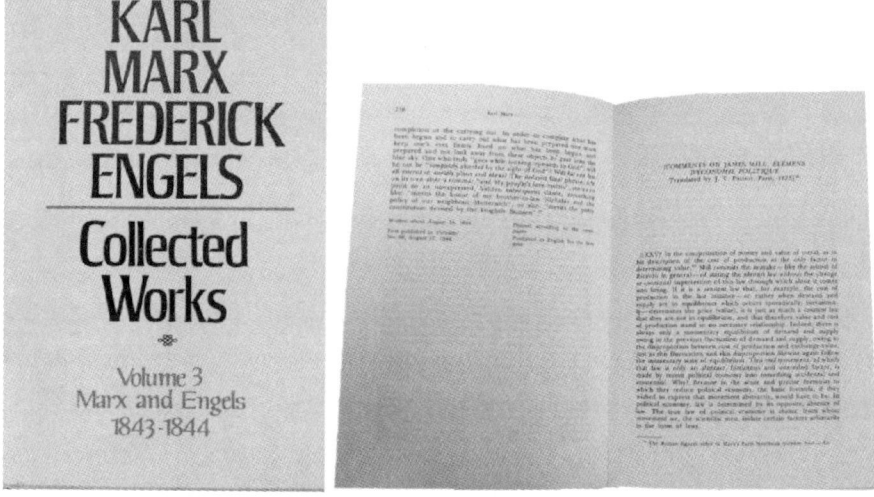

《马克思恩格斯文集》1975年版第1部分第3卷，
及《穆勒评注》所在的第211页

二　国内主要版本和传播情况

目前，国外的《穆勒评注》版本相对于我国来说比较多，并且国外学者对它的研究及解读相对我国来说也早很多。由于《穆勒评注》的资料年代久远，原始文本或影印本等资料存放在国外，以及语言不通等原因，我国对它的翻译只能依靠国外的翻译版本来进行。因此，《穆勒评注》在我国的翻译版本不多，国内研究《穆勒评注》的专家学者大多是根据国外现有的版本以及我国现有的版本中普遍为大众所熟知的《马克思恩格斯全集》和《1844年经济学哲学手稿》单行本这两个版本

第一部分 历史考证

来进行考证和进一步的文本研究。

1. 中央编译局于 1979 年 7 月根据《马克思恩格斯全集》俄文第 2 版第 42 卷翻译的《马克思恩格斯全集》中文版第 1 版第 42 卷第 5 页中,收录了《穆勒评注》。

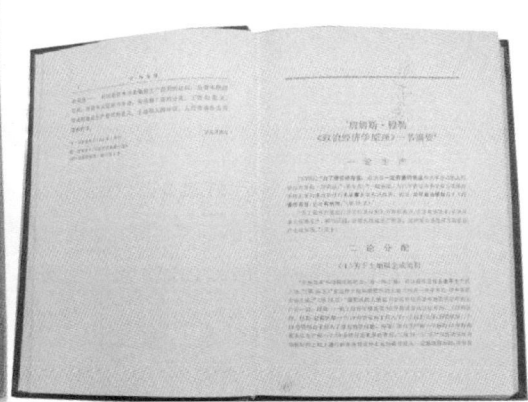

《马克思恩格斯全集》中文第 1 版第 42 卷封面,及收录于其中的《穆勒评注》

这是我国最早对《穆勒评注》进行翻译与出版的作品,它继承了俄文全集版、德文全集版的编辑方法,将《穆勒评注》作为马克思的著作手稿,编排在《1844 年经济学哲学手稿》之前。而《马克思恩格斯全集》中文版第 2 版遵循了 $MEGA^2$ 的编辑方法,没有将《穆勒评注》置于《1844 年经济学哲学手稿》之前发表,但到目前为止,它还没有被翻译出来。

2. 在 1980 年 1 月出版的,由中国马恩列斯著作研究会图书资料部北京图书馆马列著作研究室编著的《马恩列斯研究资料汇编》(1979 年,上册)的第 1 页中,收录了《穆勒评注》①。

该版本的《穆勒评注》是由熊子云译自马克思所著的《1844 年经

---

① 原书中命名为《对詹姆斯·穆勒一书的评注》。——编者注

《马恩列斯研究资料汇编》（1979年，上册）及收录于其中的《穆勒评注》

济学哲学手稿》德文单行本，莱比锡雷克拉姆出版社1974年版的附录，原载于《经济学译丛》1979年第4期。这个版本相对于根据《马克思恩格斯全集》翻译出来的《穆勒评注》是不完整的，因为原编者删去了该文前后马克思对穆勒的《政治经济学原理》所作的所有摘录。从穆勒认为只要货币是可以自由地增减，这个量就会由金属价值来调节，而金属价值则由生产费用来决定这一段摘录开始，马克思就紧接着这段摘录发表了他的评述。

3. 1985年1月由人民出版社出版、中央编译局根据刘丕坤的译文校订的《1844年经济学哲学手稿》一书，附录了《穆勒评注》在第141页。

4. 2000年人民出版社根据《马克思恩格斯全集》中文第2版第3卷译文排印《1844年经济学哲学手稿》的单行本将《穆勒评注》作为附录收录在第149页。但是这一版本却在后面的注释中认为《穆勒评注》在内容上要先于《1844年经济学哲学手稿》。

第一部分 历史考证

1985年版《1844年经济学哲学手稿》及第141页的《穆勒评注》

2000年出版的《1844年经济学哲学手稿》单行本及作为附录的《穆勒评注》

第二部分　研究状况

第三章　国内外学者对马克思《穆勒评注》的研究状况

从《穆勒评注》1932 年第一次发表以来，国内外学界对它的重视相对于《1844 年经济学哲学手稿》来说是少之又少，可以说学者们相对来说是忽略了对《穆勒评注》的研究。近些年来，才有学者提出要重视《穆勒评注》，因为它在早期马克思思想发展中处于特殊的地位，是马克思从政治学研究领域转向经济学研究领域的重要产物之一。从现有的关于《穆勒评注》研究资料来看，国内外学界在研究《穆勒评注》时主要是围绕以下几个主题来展开的。

一　关于《穆勒评注》与《1844 年经济学哲学手稿》在《巴黎手稿》中的写作顺序

国外学者对马克思《巴黎笔记》影印件的文献学考察研究主要集中在对《穆勒评注》和《1844 年经济学哲学手稿》写作顺序的不同理解以及由此而产生的对于《穆勒评注》文本研究的影响，具体来说有三种不同的观点：

1. 以传统的《马克思恩格斯全集》俄文第 2 版第 42 卷编者主导的"《穆勒评注》先行说"，即认为《穆勒评注》写于整部《1844 年经济学哲学手稿》之前。

出版于 1974 年的《马克思恩格斯全集》俄文第 2 版第 42 卷（是《马克思恩格斯全集》中文第 1 版第 42 卷的母版）中，关于《穆勒评注》的题注是这样写的："与马克思文稿中许多类似的材料（札记、摘要）不同,在这个文献中,马克思个人的议论占了相当大部分,这些议论按其内容来说与《1844年经济学哲学手稿》相衔接,而且先于这个手稿。"①《马克思恩格斯全集》俄文第2版第42卷对编排在第一篇的马克思对恩格斯《国民经济学批判大纲》的摘要和编排在第二篇的《穆勒评注》写作时间的说明都是1844年上半年,而对《1844年经济学哲学手稿》的写作时间则注明的是1844年4月—8月。所以,在20世纪60年代以前,对于《穆勒评注》与《1844年经济学哲学手稿》这二者的写作顺序,人们一般采取的是"《穆勒评注》先行说",这种说法对国内外马克思主义研究界产生了深远的影响。

到了上个世纪七八十年代,有一些日本学者(如重田晃一②等)从经济学的角度对《穆勒评注》与《1844年经济学哲学手稿》的文本内容进行解读,并判断这二者的写作顺序。他们以马克思成熟时期的思想为依据,认为真正成为成熟时期马克思理论分析主要对象的是最为独特的资本主义经济,而并不是一般的简单的商品生产经济。而《1844年经济学哲学手稿》恰恰是直接对应于这一理论目标的,《穆勒评注》则停留在一般商品经济的研究上。因此,他们断定《1844年经济学哲学手稿》是早期马克思政治经济学研究的"高级阶段",在写作顺序上应该是《穆勒评注》在前,《1844年经济学哲学手稿》在后。

与这种经济学视域不同,张一兵虽然也赞同《穆勒评注》写于《1844年经济学哲学手稿》之前这种观点,但和日本学者分析观点不同的是,他认为《穆勒评注》中的"交往异化"是一种经济异化,是受到了赫斯的货币异化观的影响,而且仅仅发生在交换领域。《1844年经济学哲学手稿》中的"异化劳动"则是从交换领域到生产领域的重要转化,从《穆勒评注》到《1844年经济学哲学手稿》的过渡恰恰是从交换、分配到生产领域的过渡,异化劳动是马克思主义哲学研究的第一个理论至高点。同时他还认为,《穆勒评注》也是一个极为重要的文

---

① 《马克思恩格斯全集》第42卷,北京:人民出版社1979年版,第485页注释3。
② 见〔日〕重田晃一:《对早期马克思的一次考察——以作为经济学批判的开端的〈穆勒评注〉为中心》,载关西大学《经济学论集》第8卷第6号,1959年版。

本，此时的马克思开始努力以人本主义的构架去批判资产阶级经济学，从主体需要的角度来分析劳动的本质，而在《1844年经济学哲学手稿》的《第一手稿》中则是从对象化生产去分析劳动的本质。因此，"与《1844年经济学哲学手稿》第一笔记本中劳动异化的四重逻辑层面相比，这种分析还是十分粗糙和不精确的"①。以此为由，他判定《穆勒评注》在前，《1844年经济学哲学手稿》在后。

金隆德②在《〈詹姆斯·穆勒《政治经济学原理》一书摘要〉中的哲学思想》③一文中从一开始就表明《穆勒评注》是马克思在巴黎期间所作的九本经济学札记中的第四本和第五本，写于1844年上半年，先于《1844年经济学哲学手稿》，并且其内容与《1844年经济学哲学手稿》紧紧衔接。

2. 日本学者通过考据后所持的"《第一手稿》先行说"，即认为《穆勒评注》写于《第一手稿》与《第二手稿》之间。

在1968年，日本学者中川弘就从穆勒的名字没有出现在《第一手稿》，而是出现在《第二手稿》和《第三手稿》中的这一事实出发，提出过《穆勒评注》写于《第一手稿》与《第二手稿》之间的推测。④

苏联的早期马克思研究专家尼·拉宾（Nikolai I. Lapin）1969年在《德意志哲学杂志》上发表了一篇题为《对马克思〈经济学哲学手稿〉中收入三个源泉的对比分析》⑤的论文。在论文中，他在对照《巴黎手稿》影印件的基础上，考证了《1844年经济学哲学手稿》与《巴黎笔记》写作顺序的关系。他根据马克思的研究习惯，即先对所要研究对象

---

① 张一兵：《回到马克思》，南京：江苏人民出版社2009年版，第186页。
② 金隆德（1937—1994），国内哲学界知名学者、当代中国研究所研究员、对国家有突出贡献的专家。
③ 金隆德：《金隆德文集》，北京：当代中国出版社1995年版，第155页。
④ 中川弘：《〈经济学哲学手稿〉与〈穆勒评注〉》，载日本《商学论集》第37卷第2号，1968年10月。
⑤ 尼·拉宾：《对马克思〈经济学哲学手稿〉中收入三个源泉的对比分析》的论文，载日本《思想》杂志，1971年3月号。

的基本著作进行摘录和评注，然后再依据这些笔记著书立说，确立起了一个考证《1844年经济学哲学手稿》写作顺序的基本原则，这就是依据《1844年经济学哲学手稿》中出现《巴黎笔记》内容的时间来推断《巴黎手稿》的写作顺序。他发现，在《第一手稿》中完全没有在第四和第五册笔记中作过摘要的那些著作的引文，而仅有的一段引自李嘉图著作的引文也不是直接引自原著。马克思在写作《穆勒评注》时所写的有关货币异化的职能在《第一手稿》中没有表现，但在《第二手稿》和《第三手稿》中却留有痕迹。另外，他认为《第二手稿》和《第三手稿》广泛运用了第四和第五册笔记中的摘要，而且马克思在这两个手稿中所具备的经济学知识水平总体上大大高于《第一手稿》。根据以上事实，他把马克思从1843年10月—1844年8月这一时期的经济学研究分为两个主要阶段：第一个阶段，初读恩格斯的《国民经济学批判大纲》，摘录萨伊、斯卡尔培克及斯密的著作（第一、二、三册笔记）并完成《第一手稿》；第二个阶段，从摘录李嘉图、穆勒以及其他经济学家的著作（第四和第五册笔记），写恩格斯的《国民经济学批判大纲》的提要，到完成《第二手稿》和《第三手稿》。拉宾论文发表之后，他的这一观点在日本得到了广泛传播。

  山中隆次①是喜爱考证的日本学者的代表人物之一。在拉宾论文在日本广泛传播之时，他于1971年特地赶往阿姆斯特丹的国际社会史研究所（IISG）对拉宾论文进行验证。他通过对照马克思的原始手稿，发表了一篇题为《〈经济学哲学手稿〉与〈经济学笔记〉的关系——关于拉宾论文》的论文。在这篇论文中，山中隆次不仅肯定了拉宾《对马克思〈经济学哲学手稿〉中收入三个源泉的对比分析》论文中的结论，还提出了几点补充意见，得出了马克思的确是在写完《穆勒评注》后开始写《第二手稿》和《第三手稿》的结论。② 2005年，山中隆次去世以后，他的弟子和朋友们出版了他多年以来的研究成果，即重新编排

---

  ① 山中隆次（1927—2005），日本著名马克思主义经济学家。
  ② 山中隆次：《〈经济学哲学手稿〉与〈经济学笔记〉的关系——关于拉宾论文》，载日本《思想》杂志1971年11月号。

的《巴黎手稿》，该书代表了日本学界独立研究《巴黎手稿》的最高水平。在这个新版本中，他不仅把《穆勒评注》编入了《1844年经济学哲学手稿》，而且还按照拉宾的考证顺序，把《穆勒评注》置于《第一手稿》与《第二手稿》之间。①

国际社会史研究所的研究员尤尔根·罗扬（Jurgen Rojahn），在1983年于奥地利召开的"马克思主义与历史学"国际会议上发表了一篇题为《所谓的〈1844年经济学哲学手稿〉问题》②的长篇论文。在这篇论文中，罗扬仔细考证了《巴黎手稿》的纸张性质和大小、页数、页码、书写方式、封面是否有标题、正反页都有书写还是留有空白页以及手稿遗失的情况等。罗扬对《1844年经济学哲学手稿》中分册书写的几个手稿进行了详细考证，对所谓的《第一手稿》，他详细地说明了马克思分三栏或两栏书写时所用的标题；他认为所谓的《第二手稿》是连贯写成的，由两张零散的纸张构成，共4页；所谓的《第三手稿》是由16张纸订起来的没有封面的册子，其中有几页已遗失；所谓的《第四手稿》是没有页码、不分栏连贯写成的，内容是马克思对黑格尔《精神现象学》所作的摘要。罗扬还对《巴黎笔记》所摘录的笔记摘自哪些著作，马克思在作摘要时所作评论的长短以及马克思自己对所作摘要的译文等，进行了介绍与说明。罗扬的这种考证方法表明在对巴黎时期马克思的著作进行研究时，应当将《1844年经济学哲学手稿》和《巴黎笔记》结合起来。通过对《第二手稿》与《巴黎笔记》相关的页码进行的比较，罗扬认为第XXXVI页是从私有财产的客体方面深入研究了私有财产，第XXXIX页则深入研究了无财产的群众和财产的对立，其次深入研究了自我异化的道路，第XXXX页即《第二手稿》第1页深入研究了自我异化发展的顶点——劳动只是一种商品。由此他认为《第二手稿》的4页是马克思关于李嘉图与穆勒摘录笔记（第四册笔记本）

---

① 山中隆次：《巴黎手稿——经济学哲学、社会主义》，日本御茶水书房2005年版。
② 尤尔根·罗扬：《所谓的〈1844年经济学哲学手稿〉问题》，载日本《思想》杂志1983年8月号。

中的文章的终结，即《第二手稿》是该摘录笔记的结尾部分。① 罗扬认为，这是对《穆勒评注》与《1844年经济学哲学手稿》写作顺序的又一推测，即《穆勒评注》是写于《第二手稿》之前，因为后者是前者的结尾。除此之外，罗扬还作了文献学方面的考证来证明马克思在写作《第三手稿》之前就已经写了《穆勒评注》，也就表明马克思在写《第三手稿》时，《穆勒评注》和穆勒的著作都在手边可以利用，《第三手稿》所利用的是马克思在《穆勒评注》中的"评论"而非摘录穆勒的原话。"罗扬的证明主要有以下几点：第一，马克思在《第三手稿》中8次提到斯密，7次提到李嘉图，6次提到穆勒，6次提到萨伊，还提到其他经济学家一两次，这说明马克思对斯密、李嘉图、穆勒和萨伊等的著作已经很了解，因而不可能从其他作家如麦克库洛赫、普雷沃等那里获得关于他们的知识，这就是说马克思手边有这四位经济学家的著作。第二，虽然马克思在《第三手稿》中没有一次对李嘉图逐字的接引，对穆勒逐字的接引只有一次，但马克思在《第三手稿》中多处对穆勒明确或隐含的参照提示，都可以在《穆勒评注》中找到。对此，罗扬举出了一个很有说服力的例子：马克思在《第三手稿》中对李嘉图和穆勒'犬儒主义'的评论②，可在《李嘉图摘要》③ 和《穆勒评注》④ 中找到。第三，马克思在《第三手稿》中对穆勒唯一一次逐字的接引尽管是直接引自穆勒著作本身，但这并不能说明什么问题，因为马克思既曾从对斯密著作的摘录笔记中接引，也曾直接从斯密著作本身接引，因此这并不能否定马克思在写作《第三手稿》时手边既有《穆勒评注》也有穆勒的

---

① 吴达琼：《罗扬论〈1844年经济学哲学手稿〉的来龙去脉》，载《马列主义研究资料》1984年第2期，第52页。
② 参见《马克思恩格斯全集》第3卷，北京：人民出版社2002年版，第291页。需要注意的是，在《马克思恩格斯全集》第42卷，北京：人民出版社1979年版，第113页译为"犬儒主义"，而新版则译为"昔尼克主义"。
③ 对李嘉图著作的摘录中有两处，可参见《马恩列斯研究资料汇编》（1980年），北京图书馆马列著作研究室，1982年，第40页第3行（此处"犬儒的"被译为"讽刺性的"）和第40页倒数最后一行（此处"犬儒主义"被译为"昔尼克主义"）。
④ 参见《马克思恩格斯全集》第42卷，北京：人民出版社1979年版，第33页。需要注意的是，此处"犬儒的"被译为"嘲讽的"。

著作。"① 由罗扬对《第二手稿》和《第三手稿》二者对《穆勒评注》关系的考证可以得出，他对《1844 年经济学哲学手稿》与《穆勒评注》的写作顺序也是赞成"《第一手稿》先行说"观点的。

日本学者中野英夫 1987 年在文章《谈谈马克思〈詹姆斯·穆勒《政治经济学原理》一书摘要〉的研究进展》② 中，通过对中川弘的推测和拉宾论文的分析认为，马克思在《第一手稿》的最后部分坦率地承认自己的研究是不够的，即马克思在异化片断中提到的："（1）从私有财产对真正人的和社会的财产的关系来规定作为异化劳动的结果的私有财产的普遍本质。（2）我们已经承认劳动的异化、劳动的外化这个事实，并对这一事实进行了分析。现在要问，人是怎样使自己的劳动外化、异化的？"③ 中野英夫认为马克思将这两点当做今后的研究课题，而一旦离开雇佣劳动—资本这一具体关系，就必须进一步加深研究作为社会存在的人类及其异化态的私有财产、交换与商品经济、货币等等。他还得出了"马克思的研究结果就是《穆勒评注》，而它成为了《第二手稿》的准备工作"的结论。现在的《第二手稿》只剩下最后四页（推测全文共为 43 页）。它的内容据推测是马克思要在《穆勒评注》中所展开的商品经济特征的基础上再分析雇佣劳动—资本关系，即遗失掉的部分正是《第二手稿》的中心部分。相比之下，《第三手稿》的大部分是作为《第二手稿》的讨论而写的。其他还有题为"货币"和"对黑格尔的辩证法和整个哲学的批判"这两部分，前者可以说是总结了《穆勒评注》所得到的结论，后者可以说是《1844 年经济学哲学手稿》全文的哲学归纳。经过这样的分析，他认为绝大部分都遗失的《第二手稿》才是《1844 年经济学哲学手稿》的中心部分，并且，对其类型和内容在某种程度上进行的推测正是从《穆勒评注》和《第三手稿》中

---

① 鲁克俭：《"陶伯特说"与"罗扬说"：我们该采信哪个？》，载《中国哲学年鉴》，2009 年。

② 中野英夫：《谈谈马克思〈詹姆斯·穆勒《政治经济学原理》一书摘要〉的研究进展》，载《马克思主义研究》1987 年第 4 期。

③ 《马克思恩格斯文集》第 1 卷，北京：人民出版社 2009 年版，第 167—168 页。

得出的。由此，他得出结论：《穆勒评注》是要解决《第一手稿》所留下的课题（被异化劳动的根据），在此基础上写了《1844年经济学哲学手稿》的中心部分《第二手稿》。

沈志求在文章《论马克思〈詹姆斯·穆勒《政治经济学原理》一书摘要〉中异化概念的经济学含义》[①] 中提到，马克思在《穆勒评注》中发展了《1844年经济学哲学手稿》中异化劳动概念的经济学含义或内容，并指出《巴黎笔记》与《1844年经济学哲学手稿》是交错写作的。对此他还给出了依据：将7册《巴黎笔记》与3本《1844年经济学哲学手稿》的引文和内容进行研究和比较，就可以看出马克思在撰写《1844年经济学哲学手稿》的《第一手稿》，包括被称为"异化劳动"这一片断时，只阅读了萨伊、斯密等人的著作并作了摘要。也就是说此时马克思只做了《巴黎笔记》的第1—3册，并没有阅读李嘉图、穆勒等人的著作并作出摘要。这是因为在《第一手稿》中还未出现李嘉图、穆勒等人著作的引文，以及马克思对他们观点的评述。只有在第二、第三手稿中，才大量地出现了援引自李嘉图、穆勒等人著作中的观点和对这些观点的批判分析。虽然在《第一手稿》中有一处引用了李嘉图的一段话，但它只是从欧仁·毕莱的《论英法工人阶级的贫困》一书中摘录出来的。[②] 因此，沈志求认为实际上，马克思只是在完成了《第一手稿》的写作后，才阅读和深入研究了李嘉图的著作，接着是穆勒、麦库洛赫等人的著作并作了摘要，即写作了《巴黎笔记》的第4册及以后的几本。他还得出了《穆勒评注》只是先于第二、第三手稿，也就是它只与《第一手稿》相衔接的结论。这就表明他是在赞同"《第一手稿》先行说"的基础上进行自己对《穆勒评注》的经济学研究的。由此，沈志求还认为由于马克思在《穆勒评注》中所掌握的材料越来越丰富，对政治经济学的研究也愈加深入，不仅他的经济分析水平超过了《第一手稿》，而且在《穆勒评注》中他还对异化劳动这一概念的经

[①] 转引自宋涛主编：《马克思主义经济学说史研究》，兰州：兰州大学出版社1988年版，第126—140页。

[②] 《马克思恩格斯全集》第42卷，北京：人民出版社1979年版，第72页。

济学含义或内容作出了重大的补充及发展。对此他作出假设：如果说在《第一手稿》中的异化劳动概念只是笼统地用来描述私有制社会的经济结构及其对抗性质，那么在《穆勒评注》中马克思则利用异化这个概念分析了私有制社会广泛的经济现象，并对私有制所造成的社会经济结构如何奴役人、统治人、使人自我异化和非人化作了进一步的阐发。

姜海波在《私有财产的外化与交往异化——解读〈詹姆斯·穆勒《政治经济学原理》一书摘要〉》①一文中对《穆勒评注》的写作时间进行了文献学的考察。他提出，为了对《1844年经济学哲学手稿》中《第一手稿》、《第二手稿》和《第三手稿》与《穆勒评注》的写作顺序作出较为可行的判断，必须要在"拉宾设想"的基础上，对各个摘录笔记的内容进行比对，对摘录的特征和形式进行分析，对手稿页码的编号与其中的引用进行鉴别，对纸张的大小和笔迹、注释等进行多方面而且细致的考察。因此，他先假设了马克思在写作《第一手稿》时没有作李嘉图、穆勒著作的摘要，并主要从四个方面来论证这一假设：首先，通过马克思在《第一手稿》中虽然引用了李嘉图的著作中的一段话，但马克思明确标明这是转引自欧仁·毕莱的著作《论英法工人阶级的贫困》一书；②其次，《穆勒评注》写在马克思"经济学笔记"的第四、第五两个笔记本中，而这两个笔记本所涉及的其他人物包括色诺芬、李嘉图、麦克库洛赫、普雷沃和特拉西等人均没有在《第一手稿》中出现。由此他推测，马克思在写作《第一手稿》时没有写"经济学笔记"的第四、第五笔记本，因此没有利用其中的内容，当然也就没有写《穆勒评注》；再次，《巴黎笔记》中关于斯密著作的摘要也表明马克思还没来得及研究穆勒的著作；最后，马克思在《穆勒评注》中对经济学的论述比写作《第一手稿》时更加细致、准确，马克思不仅研究了生产费用的问题，还研究了其他经济学本身的问题，其中很多问题是马克思以前没有涉及的，如他开始特别注意货币的问题，开始制定自

---

① 姜海波：《私有财产的外化与交往异化——解读〈詹姆斯·穆勒《政治经济学原理》一书摘要〉》，载《现代哲学》2008年第3期。
② 《1844年经济学哲学手稿》（单行本），北京：人民出版社2000年版，第32—33页。

己关于信贷、信用业、纸币等的学说。然而，在《第一手稿》中，马克思寥寥几处提到分工、货币都是重复斯密的语境。由此姜海波认为，《穆勒评注》的水平高于《第一手稿》。此外，姜海波还假设马克思在写作《第二手稿》和《第三手稿》时已经读过李嘉图和穆勒的著作并且极有可能作了摘要，他对 MEGA^2 编者所认为的"马克思在写作《第二手稿》之前就对李嘉图和穆勒的著作作了摘录，但在保留下来的几页上却找不到和这些摘录的任何联系。即使假设这些摘录是被利用在没有保留下来的各页上，这一假设也与对其二人著作的摘录没有在《第三手稿》中被直接或间接地加以利用相矛盾"① 这一观点不太认同，并通过对马克思在《第二手稿》和《第三手稿》中广泛运用了李嘉图、穆勒等经济学家的观点，而《第一手稿》却没有引述这些资料这一明显的事实，来进一步证明《穆勒评注》写于《1844 年经济学哲学手稿》的《第一手稿》与《第二手稿》之间的观点。同时，他还认为《1844 年经济学哲学手稿》的核心范畴是"私有财产"，而《第一手稿》的核心问题是私有财产的起源问题。② 在《第一手稿》的最后部分，马克思提出要研究"买卖、竞争、资本、货币"等经济学范畴。从内容上看，《穆勒评注》恰好是马克思论证私有财产起源之后的发展过程，即私有财产通过买卖、竞争外化为货币，并导致人与人之间的交往异化，它还补充了《第一手稿》中关于异化的第四个方面的规定，即"人同人相异化"。从论证的思路和方法上看，马克思在《第一手稿》的最后指出，他已经通过分析"异化的、外化的劳动"的概念得出了"私有财产"概念，回答了私有财产的起源问题，下面就是要借助这"两个因素"来阐明国民经济学的一切范畴，《穆勒评注》正是运用"私有财产"和"交往异化"来分析资本主义制度下的信用业、信贷、银行业、货币和交换等经济问题，无非是这"两个基本因素的特定的、展开了的表现而已"③。因此，《穆勒评注》与《第一手稿》存在着内在连续性，

---

① 《马列主义研究资料》1984 年第 2 期，第 37 页。
② 姜海波：《私有财产的起源与外化劳动》，载《马克思主义与现实》2008 年第 1 期。
③ 《马克思恩格斯文集》第 1 卷，北京：人民出版社 2009 年版，第 167 页。

而且其水平高于《第一手稿》，马克思在《第二手稿》和《第三手稿》中应该是接着《穆勒评注》中的论述往下说的，他要进一步解决在第一手稿结尾处提出的两个理论任务，并论证扬弃私有财产的必然性和必要性，并以此把自己心目中的共产主义和以往共产主义思想相区别，《第三手稿》对《第二手稿》的补充中正好是扬弃私有财产的内容，而且马克思将共产主义理解为是"对私有财产即人的自我异化的积极的扬弃"[1]。如果没有《穆勒评注》《第二手稿》和《第三手稿》的内容，特别是关于共产主义的内容将变得有些唐突，因为马克思并没有全面地论述私有财产运动的过程，并没有在现实的经济生活中描绘私有财产，并没有充分论证私有财产的弊端，离开了交往异化的劳动异化是不完整的，扬弃私有财产的必然性也就因此打了折扣。

唐正东虽然也认为《穆勒评注》是写在《第一手稿》之后、《第二手稿》之前，但是他的判断根据则与上述几位学者完全不同。他认为，异化劳动并不是建立在孤立人的逻辑之上，而是从一个自由自觉的类关系出发，是比交往异化更高的一个理论，超越了费尔巴哈对人的本质的直接关系的理解，深入到自由自觉的劳动的层面来建构一种深层的关系模式。尽管马克思在《第一手稿》的结尾处说到要进一步来考察这三种关系，即非工人对工人、劳动、劳动对象的关系问题，但他只是简单阐述了一下，并没有再继续分析下去。唐正东认为，这是因为马克思当时只阅读了斯密和萨伊的经济学著作，并没有读到李嘉图和穆勒的部分，因而对于资本家与工人之间的利益对立关系还缺乏理论上的理解能力，"马克思在这里实际上是写不下去了"[2]。所以，《穆勒评注》应该是写在《第一手稿》之后《第二手稿》之前。

另外，望月清司和韩立新也赞同《1844 年经济学哲学手稿》与《穆勒评注》交叉写作的观点。

除此之外，张盾在《交往的异化：马克思〈穆勒评注〉中的承认

---

[1] 《马克思恩格斯文集》第 1 卷，北京：人民出版社 2009 年版，第 185 页。
[2] 唐正东：《斯密到马克思——经济哲学方法的历史性诠释》，南京：南京大学出版社 2002 年版，第 279 页。

问题》① 一文中也赞成《穆勒评注》与《1844年经济学哲学手稿》是交叉写作的观点。他首先在文章中提到了韩立新在《〈巴黎手稿〉的文献学研究及其意义》一文中提出的"《第一手稿》仅从生产过程的角度揭示了劳动异化问题，《穆勒评注》则从交换过程的角度提出了交往异化问题"② 这一研究结论，具有重要的理论意义。因此，他从哲学史研究的角度，通过考察马克思《穆勒评注》与黑格尔"承认论题"的内在思想关联，来回应和支持韩立新的研究结论。

刘秀萍在《〈穆勒评注〉再探究》③ 一文中也赞同《穆勒评注》写于《第一手稿》与《第二手稿》之间的观点。她认为《巴黎笔记》与《巴黎手稿》是交叉写作的，无论文献专家的考证有多么大的分歧，但共同的认识是，《穆勒评注》写作于由三个手稿组成的《巴黎手稿》的《第一手稿》之后，而《第一手稿》中由收入的三种形式（工资、利润和地租）的分析而引申出来的对劳动异化的思考正是这时马克思关注的要害问题，这样，由穆勒原书中对货币的"交换"性质的讨论而激发起他对这一问题进一步的探究就成为顺理成章的事了。随后，她通过"货币的本质究竟是什么？"、"私有制基础上的交换"以及"多重社会关系异化的图谱"这三个方面内容的具体表述来分析马克思在《穆勒评注》中所阐述的观点。

周秋明在《青年马克思于〈穆勒摘要〉的思想方位重辨——兼论〈1844年手稿〉的内部哲学嬗变》④ 一文中，通过对《1844年经济学哲学手稿》内部蕴涵的一种由"类人本学"向"社会人本学"嬗变的阐述与分析，得出《穆勒评注》正是以这两种哲学话语分别作为理论逻辑上限与下限，从而构成《1844年经济学哲学手稿》前后异质关联的

---

① 张盾：《交往的异化：马克思〈穆勒评注〉中的"承认"问题》，载《现代哲学》2007年第5期。
② 韩立新：《〈巴黎手稿〉的文献学研究及其意义》，载《马克思主义与现实》2007年第1期。
③ 刘秀萍：《〈穆勒评注〉再探究》，载《马克思主义与现实》2011年第2期。
④ 周秋明：《青年马克思于〈穆勒摘要〉的思想方位重辨——兼论〈1844年手稿〉的内部哲学嬗变》，载《南京航空航天大学学报（社会科学版）》2007年第3期。

哲学中介，推进青年马克思哲学思想的自我升华。他首先考察了《穆勒评注》与《第一手稿》中"类人本学"思想之间的文本关系。他指出，在《穆勒评注》中当马克思摘录至货币作为"交换的中介"时，插入了大段的议论性文字。马克思利用穆勒的这一经济学观点，对资产阶级社会的"非人化"交往活动进行了强烈的哲学批判，指出"这个**媒介**是私有财产的丧失了自身的、异化的**本质**，是在自身之外、**外化的**私有财产，是人的生产与人的生产之间的**外化的中介作用**，是人的**外化的类活动**"（《穆勒评注》，第 19 页）。这一论述不仅沿袭了人们所熟知的《第一手稿》之"类人本学"原则，更进一步发挥了那里关于私有财产是人的自我异化的思想，构成了"异化劳动——私有财产——货币"的完备的逻辑进程。随后，他还指出，《穆勒评注》提供的"交换"分析已经在两个方面突破了《第一手稿》之"类人本学"话语的原有哲学思想振幅：第一，由个体视角上升至整体关系视角。《第一手稿》中的"异化劳动"诸规定都是立足于劳动者个体而形成的，即使"人同人相异化"的内涵也是："一个人同他人相异化，以及他们中的每个人都同人的本质相异化。"① 第二也是更重要的，这种广义的"交换活动"的理想状态也被称之为"社会的"，从此"社会这个概念"开始与《第一手稿》中的"类"同效，并且在更多的场合代替"类"成为逻辑分析与演绎的工具。最显性的例证是《穆勒评注》中对"人的本质"的表述，这里原有的抽象范畴"类"被置于一旁，代之以"社会联系"："**人的本质是人的真正的社会联系**，所以人在积极实现自己**本质**的过程中**创造**、生产人的**社会联系**、社会本质。"（《穆勒评注》，第 24 页）而人的这种本质更具有客观自在性："有没有这种社会联系，是不以人为转移的。"（《穆勒评注》，第 24 页）可见，《穆勒评注》通过引入整体关系视角，以"社会"置换《第一手稿》中的哲学范畴"类"，构成与其"类人本学"话语的过渡关系，因此《穆勒评注》文本应当写在《第一手稿》之后。周秋明在阐释了《穆勒评注》与《第一手稿》之

---

① 《马克思恩格斯文集》第 1 卷，北京：人民出版社 2009 年版，第 164 页。

"类人本学"之间的文本差异性与内在延异性之后,就获得了《穆勒评注》的理论逻辑上限。他还考察了其理论逻辑下限以完整地对其文本方位作出科学的辨识。通过对《穆勒评注》的逻辑上限与下限的阐释与分析,周秋明确证《穆勒评注》与《1844年经济学哲学手稿》的写作顺序是交叉的。

颜岩在《〈穆勒摘要〉与〈1844年手稿〉逻辑关系的再考证——与张一兵先生商榷》①一文中,明确表明自己完全同意拉宾的假设,即《穆勒评注》与《1844年经济学哲学手稿》的写作顺序是交叉写作的。颜岩主要从两个文本的内在逻辑上来证明这一点:首先从马克思在《1844年经济学哲学手稿》中提出了"劳动在国民经济学中仅仅以谋生活动的形式出现"②,却没有在《第一手稿》中明确解释"谋生活动"指的是什么。但相反的,马克思却在《穆勒评注》中充分论述了一点。其次从马克思开始从异化劳动范畴中引出经济学的中心范畴——私有制,他认为私有制不是异化劳动的原因,而是异化劳动的结果。同时,马克思对异化劳动是如何产生以及"人怎么使他的劳动外化、异化?……这种异化又怎么以人类发展的本质为依据?"③ 这一问题的具体考察恰恰是在《穆勒评注》中作出的,这就再一次证明《穆勒评注》的写作时间应在《1844年经济学哲学手稿》的《第一手稿》之后。另外,马克思在《第一手稿》结尾处还给自己提出了第二个理论任务,即"从私有财产对真正人的和社会的财产的关系来规定作为异化劳动的结果的私有财产的普遍本质"④。另外,马克思在补入"私有财产的普遍本质以及私有财产同真正人的财产的关系"之后,并未就此问题展开说明。颜岩对此假设,马克思的这个补入写于《穆勒评注》之后,通过进一步阅读经济学家的著作发现了问题的答案并在《穆勒评注》中

---

① 颜岩:《〈穆勒摘要〉与〈1844年手稿〉逻辑关系的再考证——与张一兵先生商榷》,载《内蒙古社会科学(汉文版)》2005年第2期。
② 《马克思恩格斯文集》第1卷,北京:人民出版社2009年版,第124页。
③ 《马克思恩格斯全集》第3卷,北京:人民出版社2002年版,第279页。
④ 《马克思恩格斯文集》第1卷,北京:人民出版社2009年版,第167页。

进行了简要回答，并且打算在《第二手稿》和《第三手稿》中作更为详细的解答，故仅仅在《第一手稿》中写下补入；或者是，马克思先写下补入，但问题自己暂时还无法解决，于是便开始继续研读经济学家们的著作（包括穆勒的《政治经济学原理》一书），从而在《穆勒评注》以及随后的《第二手稿》和《第三手稿》中解答了问题。而无论哪一种假设都证实了《穆勒评注》与《1844年经济学哲学手稿》是交叉写作而成的。颜岩通过从"《穆勒评注》中马克思思想的新进展"，"《穆勒评注》与《1844年经济学哲学手稿》的《第二手稿》、《第三手稿》的逻辑关联"和"对《1844年经济学哲学手稿》中两个理论任务的初步解决"这三个方面的文本学分析得出这样的结论：《穆勒评注》的写作时间应在《第一手稿》之后，《第二手稿》、《第三手稿》之前，就其性质而言是一个承上启下的过渡性文本。

3. 以 MEGA² 第1部分第2卷的编者英格·陶伯特为代表的"《穆勒评注》之后说"，即认为《穆勒评注》写于整部《1844年经济学哲学手稿》之后。

与前两种观点相反的是，MEGA² 第1部分第2卷的编者英格·陶伯特（Inge Taubert）认为，马克思是在写完《第三手稿》，也就是整部《1844年经济学哲学手稿》之后，才开始动手对李嘉图的《政治经济学和赋税原理》和穆勒的《政治经济学原理》的法译本进行摘录的。[①] 因为就《第二手稿》保留下来的几页和完整保留下来的《第三手稿》而言，马克思对李嘉图的《政治经济学和赋税原理》和穆勒的《政治经济学原理》这两本书的摘录并没有被加以直接或者间接的利用。她还认为这两册摘录笔记中还包括了马克思对自己理论观点展开的论述，且有些论述又涉及《1844年经济学哲学手稿》中部分谈到或根本未谈到的问题，因此它们是"《经济学哲学手稿》的补充，同时是《经济学哲学手稿》的继续"[②]。陶伯特在判定了《穆勒评注》写于《1844年经济学

[①] Vgl., MEGA², I/2, Appzrat, S. 696f. MEGA², I/2, Einleitung, S. 36.
[②] MEGA², I/2, Appzrat, S. 702.

马克思《詹姆斯·穆勒〈政治经济学原理〉一书摘要》研究读本

哲学手稿》中的《第二手稿》和《第三手稿》之后，还在 MEGA² 第 1 部分第 2 卷资料卷关于《1844 年经济学哲学手稿》产生与流传情况的说明中作出了五点论证："第一，如果说马克思在写《第二手稿》以前已经对李嘉图和穆勒的著作作了摘录，但是在保留下来的几页上却看不到同这些摘录的任何直接或间接的联系。还剩下一个假设，就是对这些摘录的具体的利用主要是在没有保留下来各页上。但是，与此相矛盾的是，对李嘉图著作《政治经济学和赋税原理》的摘录和穆勒著作《政治经济学原理》的摘录，在完整地保存下来的《第三手稿》中也没有直接或间接地加以利用。第二，《第三手稿》中的第Ⅶ部分一开始是关于地租和关于蒲鲁东的两段简短的附录，但是主要内容是一篇关于分工的完整论述，而且把分工看作是在异化范围内的劳动社会性的国民经济学用语，或者说，看作是作为类存在物的人的活动的异化形式。马克思在研究和摘录穆勒《政治经济学原理》时对分工和交换所作的论述，是《第三手稿》中开始的探讨的继续，而这些探讨总的说来对于进一步制定唯物主义历史观具有极端重要的意义。第三，《第三手稿》的第Ⅸ部分由两篇不同的概述组成。马克思首先记下了关于人的感觉是本体论的本质肯定的评论，人的感觉只是因为它们的对象是感性的，所以才能肯定自己。接着是一个关于货币的片段，一篇关于这个题目的比较完整的文章。从而马克思就结束了《第三手稿》的写作。马克思在摘录穆勒《政治经济学原理》时写的关于货币的论述可以看作是在《第三手稿》中中断了的关于这个题目的阐述。第四，只是在写完《神圣家族》之后，马克思才开始摘录李嘉图著作《政治经济学和赋税原理》和穆勒著作《政治经济学原理》。李嘉图和穆勒著作摘录和以前的读书笔记相比首先有这样的特点，就是马克思立即对李嘉图和穆勒的言论作了更多得多的评论。他评价、解释并批判了这些言论，而且把这些言论纳入他自己的长篇阐述。总之，有李嘉图和穆勒著作摘录的笔记本是《1844 年经济学哲学手稿》的补充，同时也是它的进一步的发展。这首先表现在内容分析和运用这些观点的成熟程度上，也表现在摘录常常被《1844 年经济学哲学手稿》中的三个手稿所打断，而且还是被这三个手稿只是部分地谈到或者根本没有谈到的一些问题的独立的相对完整的长篇论述所打断。这个笔记本从明确的态度来看，可能更接近于《1844年经济学哲学手稿》的《第三手稿》。马克思用罗马数字来给这个笔记本编页码，这可以算作是证实这种假设的形式上的证据。因此，可以把这个笔记本称作《第三手稿》的研究的直接继续，这种继续由于利用李嘉图和穆勒的观点而达到了更高的质。"① 由此可以看出，陶伯特是按照"《第二手稿》和《第三手稿》——李嘉图、穆勒的摘录笔记"的顺序来理解《巴黎手稿》的写作过程的。

姚顺良表示基本赞同陶伯特的"之后"说，"只是认为其推断有点过于绝对化"②。他认为，仅从文献学考证的角度来看，至少《第三手稿》的两个"片断"和《穆勒评注》也有可能是同时或交叉写作的。因为尽管《第二手稿》的留存部分一般地泛称"李嘉图、穆勒等人"的观点确实不足为据，但其末尾已明确提到"李嘉图"和"穆勒"的著作，《第三手稿》的主体部分之一"对笔记本Ⅱ第XXXIX页的补充"③最后一点即第（7）点"（私有财产和需要）"的末尾和"增补"中已直接转述了穆勒的观点，而到了《第三手稿》的第一个片断"（分工）"中，更是直接引述了穆勒《政治经济学原理》一书的原话。姚顺良还通过文本的内容解读来证明自己的推断：在《第三手稿》中，与穆勒相联系的是马克思对"需要"、"分工"和"货币"的专门考察。在《穆勒评注》中，马克思对穆勒《政治经济学原理》的"一论生产"和"二论分配"两部分在摘录后，几乎未加任何评论；而对"三论交换"和"四论消费"则作了大段评注和发挥，并特别重视交换的"媒介"（第6—8节），赞扬"穆勒把货币称为交换的媒介，这就非常成功地用一个概念表达了事情的本质"（《穆勒评注》，第18页）。这就充分表明了这两个文本在思想内容上的直接相关。姚顺良认为，《1844年经济学

---

① 见《马列主义研究资料》1984年第2辑，第37—45页。
② 姚顺良：《从"异化劳动"到"谋生劳动"：青年马克思人本主义范式解构的开始——兼与张一兵教授的"穆勒笔记"解读商榷》，载《马克思主义研究》2010年第7期。
③ 《马克思恩格斯文集》第1卷，北京：人民出版社2009年版，第178页。

哲学手稿》中的异化劳动理论只是一种人本主义的价值悬设,而《穆勒评注》中提出的谋生劳动比异化劳动的意义更为深远,就在马克思刚刚写下《第一手稿》、建构起"异化劳动"理论之后不久,在《第三手稿》末尾的两个"片断"和《穆勒评注》中,这一理论就开始解构,异化劳动概念已经开始解构,人本主义已经开始解构。他认为,在《第一手稿》中的最后,马克思提出了两个问题,一是"从私有财产对真正人的和社会的财产的关系来规定作为异化劳动的结果的私有财产的普遍本质"①,二是"我们已经承认劳动的异化、劳动的外化这个事实,并对这一事实进行了分析"②。"现在要问,人怎么使他的劳动外化、异化?这种异化又怎么以人的发展的本质为根据?"③ 而《第三手稿》末尾的两个"片断"和《穆勒评注》就是对解答"外化劳动对人类发展进程的关系"这一问题而作出的具有重大意义的新探索,《1844年经济学哲学手稿》中"异化劳动—自由自觉劳动"的"现有—应有"的二元对立,变成了《穆勒评注》中"自给生产——谋生劳动——自由活动"的历史演进。因此,他认为,《1844年经济学哲学手稿》在前,《穆勒评注》在后。

鲁克俭在《"陶伯特说"与"罗扬说":我们该采信哪个?》④ 一文中,通过对陶伯特和罗扬二人对于《1844年经济学哲学手稿》与《穆勒评注》写作顺序所持的不同观点进行对比分析,得出了这样的结论:陶伯特的考证方法实际上是对拉宾考证方法的更彻底的应用,而罗扬的考证工作做得非常细,考证水平也是非常高的,有些考证还非常有说服力,但罗扬的考证主要限于文献学方面,相对于陶伯特结合文献学考证和思想考察所作的论证,说服力还是相对差一点。同时,鲁克俭还指出罗扬是在发表了他的论文之后才成为 MEGA² 编委会成员的,通过罗扬

---

① 《马克思恩格斯文集》第1卷,北京:人民出版社2009年版,第167页。
② 同上书,第168页。
③ 《马克思恩格斯全集》第3卷,北京:人民出版社2002年版,第279页。
④ 鲁克俭:《"陶伯特说"与"罗扬说":我们该采信哪个?》,载《中国哲学年鉴》,2009年。

协助 MEGA² 的编辑工作表明，他要么已经放弃了多年前的观点，要么服从了 MEGA² 编委会的集体决定。所以，鲁克俭明确表明作为中国马克思文本解读的研究者来说，只能姑且采信 MEGA² 编委会最终支持的考证结论，即"陶伯特说"。

从中央编译局编译、人民出版社 2000 年出版的《1844 年经济学哲学手稿》①的单行本将《穆勒评注》作为附录这一点来看，中央编译局似乎也是支持"《穆勒评注》之后说"这一观点的。而且这一版本与 2002 年《马克思恩格斯全集》中文第 2 版第 3 卷都是按照 MEGA² 的相关说明来做题注的："马克思在中断了笔记本Ⅲ的写作后，就同恩格斯投入撰写《神圣家族，或对批判的批判所做的批判》的工作。正是在这时，他开始对大·李嘉图《政治经济学和赋税原理》、詹·穆勒《政治经济学原理》这两本著作的法译本作了摘要。这两个摘要的特点是，马克思对作者的理论观点作了更多评价、解释和批判，从而形成他自己的长篇论述。这些论述涉及《1844 年经济学哲学手稿》三个笔记中只是部分地谈到或根本未谈到的问题。因此，可以把这两个摘要看作是《1844 年经济学哲学手稿》的补充，是对笔记本Ⅲ的研究的直接继续。"②

以上就是目前国内外学界对《穆勒评注》与《1844 年经济学哲学手稿》在《巴黎手稿》中写作顺序排列关系的不同看法。从这些不同的方面来看，学界对这二者的排列顺序并没有一个确定的答案，但是通过对国内外学者们观点的概述，我们可以发现，从上个世纪 70 年代开始，大部分国内外学者对"《第一手稿》先行说"，即《穆勒评注》写于《第一手稿》之后《第二手稿》之前、与《1844 年经济学哲学手稿》是交叉写作而成的这一观点，持肯定的意见，本书的一些基本论点也是以这一观点为立论基础的。

---

① 马克思：《1844 年经济学哲学手稿》，中央编译局译，北京：人民出版社 2000 年版。
② 《马克思恩格斯全集》第 3 卷，北京：人民出版社 2002 年版，第 665 页注释 55。

二 关于《穆勒评注》的研究领域和研究方法

目前,国内外学术界对《穆勒评注》的研究已经扩展到马克思与赫斯、李嘉图乃至黑格尔思想的比较等相关领域,通过对《穆勒评注》的分析来揭示马克思早期思想脉络和发展的历史渊源。马克思在研究哲学与政治经济学的时候,受到过黑格尔、费尔巴哈、李嘉图、赫斯和恩格斯等人的影响。因此,关于《穆勒评注》的研究领域和研究方法,学者们从不同的角度进行了研究。

唐正东在其著作《斯密到马克思》一书中,对《穆勒评注》写作的方法与运用的经济学手段进行了研究。① 他认为,马克思在写完《1844年经济学哲学手稿》的《第三手稿》之后,主要做了两个方面的工作:一是开始对李嘉图和詹姆斯·穆勒的政治经济学著作进行摘录并加以评注,另一个就是与恩格斯合作撰写《神圣家族》。他还认为,马克思在这两条线索中所展开的基本上是对《1844年经济学哲学手稿》思路的注解和充实。在对李嘉图与穆勒经济学著作的摘要和评注中,马克思充实的主要是对异化关系的批判的线索,而《神圣家族》除了对上述这条线索的充实外,还充实了人通过对象化活动扬弃异化关系并进而实现自己的类本质的理论线索。对李嘉图和穆勒著作的摘要可以看成是《1844年经济学哲学手稿》的《第二手稿》思路的延续。在《1844年经济学哲学手稿》的《第二手稿》中,马克思就已经指出李嘉图和穆勒在人的异化的道路上走得更加彻底化了。马克思对穆勒《政治经济学原理》的摘要所凸显出来的理论线索,跟对李嘉图著作的摘要中的理论线索差不多处于同一水平。在《1844年经济学哲学手稿》的《第二手稿》中,马克思是把穆勒与李嘉图放在同一层面上来看待的。在他看来,这两人比斯密和萨伊进了一大步,因为后者把人的存在说成是无关

---

① 唐正东:《斯密到马克思——经济哲学方法的历史性诠释》,南京:南京大学出版社2002年版,第301—303页。

紧要的。尽管在评注的侧重点上，这两个摘要的确有所不同，对李嘉图著作的摘要侧重于对李嘉图"总收入与纯收入"观点的评注，而对穆勒著作的摘要则侧重于对穆勒的商品交换观点的评注，但其思想实质其实是一样的，都是为了批判其经济思想的异化本性。在对穆勒经济学著作的摘要中，马克思从穆勒的"交换"观点出发，尤其是从他的商品交换的媒介即货币出发，揭示了其经济理论的异化本性。马克思是在穆勒原有的理论结构上试图来批判其具体经济观点方面的异化本性的。穆勒以经验实证主义方法论为基础，看不到资本主义生产过程中的生产、分配、交换、消费过程都是以资本主义生产关系为基础的，而把这四个经济现象割裂开来分别加以研究，这就是他的《政治经济学原理》的四个章节的内容。我们知道把上述四种经济过程割裂开来的观点实际上是建立在拜物教观念的基础上的，脱离了资本主义的分配和交换过程，所谓的资本主义生产过程也就只能是抽象的人改造外部自然界的劳动过程，从这种生产中是根本看不出资本主义生产的本性的。而脱离了资本主义的生产过程，所谓的资本主义分配和交换过程也根本无从谈起。此时的马克思对穆勒经济观点的批判是直接建立在穆勒的这种拜物教式的理论结构之上的，他直接按照穆勒原来著作的结构从"论生产"开始，一直摘录到最后的"论消费"。在这样的思想框架内，当马克思对穆勒的"交换"观点进行批判时，他实际上也是站在一个游离于现实物质生产过程之外的理论层面上来谈论商品的交换问题的。这便决定了即便他谈论到了人与人之间的社会交换关系问题，也不可能对他原有的理论思路有所触动。最后他认为，其实，在《1844年经济学哲学手稿》中《第三手稿》的"货币"一节中，马克思实际上已经论及了上述摘要中的基本观点。

张盾在《交往的异化：马克思〈穆勒评注〉中的"承认"问题》[①]一文中，从哲学史的角度出发，考察了马克思《穆勒评注》与黑格尔

---

① 张盾：《交往的异化：马克思〈穆勒评注〉中的"承认"问题》，载《现代哲学》2007年第5期。

"承认论题"的内在思想关联。他指出,马克思在其早期的哲学观形成时期,曾受到黑格尔《精神现象学》的重大影响。黑格尔的一个重要创见,就是将人与人之间关系的本质理解为人与人之间为追求相互承认而进行的一场无休止的生死斗争,并特别强调了劳动在争得被别人承认的过程中所具有的特殊作用。这就是《精神现象学》第四章关于主人和奴隶辩证法中所阐述的承认论题和劳动论题,而且这是黑格尔哲学中最重要最受关注的文本之一,因为它直接关系到对黑格尔与马克思关系的理解。简单来说,在《精神现象学》第四章,黑格尔的分析从意识转向自我意识,从对客体的单纯沉思转向对人的生命、欲望、行动和斗争的关注,也就是从认识论问题转入以他者和人际关系为焦点的政治问题。张盾认为黑格尔承认论题中最重要、对马克思影响最大的一个观点是:劳动是人的自我确证的本质,表现为奴隶通过劳动确证自己的自为存在,使自己被承认是自由的人。尽管不曾发现马克思直接论及《精神现象学》第四章的文本,但黑格尔的承认论题却无疑对马克思产生了巨大影响,这在《穆勒评注》中明显地表现了出来。在《穆勒评注》中,马克思明显保留了黑格尔的问题和基本观点,但又作了重要的推进。原先在黑格尔那里,劳动与承认这两者之间的联系,不是在直接性上,而是通过一个辩证法的中介作用才得以表现出来的,因为在黑格尔看来,承认首先并且主要是通过冒生命危险的"斗争"来实现的,而"劳动"在其直接性上则意味着在完全不被承认的情况下基于对死亡的恐惧而被迫接受的奴役和屈辱。但是总的来说,黑格尔关于承认和劳动的观点都是抽象的,属于黑格尔关于世界历史的思辨结构的一些特定环节。马克思超出黑格尔的深刻之处在于,他关注的不再是抽象的承认概念,而是现实的资本主义社会中由于人与人之间相互承认的异化而带来的一系列新问题。在《穆勒评注》中,马克思通过货币、商品交换和价值概念的研究,对现代资产阶级社会中承认与尊严、权力与奴役的本质进行了更深刻的揭示,为黑格尔承认问题增添了全新而且更深刻的内涵和意义,而这突出体现在《穆勒评注》从商品交换角度对"交往的异化问题"的说明中。马克思对这一问题作出的重要推进在于,他把劳动直接看成是人与人之间相互承认的积极形式,同时也就把承认由主人与奴隶间不平等的被动的强制性关系变成劳动者间平等的主动而自由的关系,基于劳动的承认因此成为完全合乎人性的人与人之间交往形式。特别重要的是,《穆勒评注》已经不再单纯从生产过程的角度理解劳动,而是从人与人之间交往的角度来理解劳动,从而使劳动作为人的类本质特性得到了一种更具体更充实的规定。从"交往的异化"这一新视角去审视劳动的异化,《穆勒评注》对异化劳动问题作了更深刻的揭示,也由此对《第一手稿》中"人同人相异化"的规定给出了具体而充实的说明。在《穆勒评注》中,马克思对异化劳动的说明是与交换关系的分析紧密联系在一起的。①

魏小萍在《马克思与国民经济学家:起始于前经济学的分歧——读〈詹姆斯·穆勒《政治经济学原理》一书摘要〉》② 一文中认为,从《穆勒评注》到《1844年经济学哲学手稿》,在马克思对资本主义的批判从法学、哲学、政治学领域转向政治经济学领域的起步阶段,马克思就与当时的国民经济学之间存在着分歧。这一分歧的端倪从《穆勒评注》中已经清晰可见,但是分歧的彻底明朗化则是在《1844年经济学哲学手稿》中体现出来的:在《穆勒评注》中,这一分歧由对人性、人的类本质与现实社会之间的关系认识上的差异延伸至对人的劳动性质认识上的差异;在《1844年经济学哲学手稿》中,一方面进一步从外化了的意义上来理解异化劳动,这一思路后来借助于实证的经济学方法发展为剩余价值理论,另一方面在对社会关系的认识中进一步明确了财产权分裂与异化劳动之间的必然联系。这是一个具有内在连贯性的理性认识发展历程,对这一连贯性发展路径的认识,是理解马克思政治经济学批判理论的前提。在那时的马克思看来,现实社会关系的异化是人的异化的前提,从现实的社会关系去理解异化问题,将人的异化看做是现

---

① 张盾:《交往的异化:马克思〈穆勒评注〉中的"承认"问题》,载《现代哲学》2007年第5期。
② 魏小萍:《马克思与国民经济学家:起始于前经济学的分歧——读〈詹姆斯·穆勒《政治经济学原理》一书摘要〉》,载《马克思主义与现实》2010年第4期。

实社会关系异化的结果,是马克思与激进的批判思想家和国民经济学家发生分歧、相互区别的地方。这一区别使得马克思的政治经济学批判研究从一开始就不同于国民经济学家。国民经济学对人的劳动活动的功利性认识与其对人的异化类本质的认识是一致的,这种理解在一定意义上类似于宗教的原罪说:人是异化了的,人的行为是以利己为前提的、功利的。与此不同,马克思从相反的方面来看问题,马克思对私有制条件下异化劳动的定义同样蕴含着非私有制条件下的非异化劳动状态。但是,在马克思的认识中有个前提,这就是现实社会关系的异化,后者是前者的原因。与马克思的类本质理解相一致,马克思假设的劳动是一种非功利性的自由活动:人的劳动是自由的生命表现,是生命的乐趣。在马克思所理解的劳动中,人在劳动中肯定自己的生命、肯定自己的个性,劳动是人真正的财产。与激进的批判思想家对异化了的类本质的认识相吻合,同样与国民经济学对人性的理解相吻合,他们所理解的劳动是一种功利性活动:人的劳动是为了满足生存的需要,是为了获得生存的手段,于是,既然是为了满足生存的需要,就是被迫的、痛苦的,因而又是外在的、异化的。马克思的《穆勒评注》与《1844年经济学哲学手稿》的密切关联体现在马克思对类及其异化、对人的自由活动与异化劳动的讨论中,如果从马克思研究思路的核心问题来看,《1844年经济学哲学手稿》对异化劳动的认识比《穆勒评注》更彻底。在《1844年经济学哲学手稿》中,马克思已经将对异化劳动的批判焦点对准了外化劳动成果被他人占有的问题,而在《穆勒评注》中所讨论的异化劳动则成为《1844年经济学哲学手稿》中所描述的被异化了的劳动的一个衍生方面。在马克思的这一研究思路的发生过程中体现了他与当时国民经济学家的分化路径:马克思并不反对穆勒等国民经济学家或者思想家、哲学家对资本主义私有制条件下异化劳动的认识与批判,马克思与他们的分歧只是涉及异化劳动的原因,穆勒等国民经济学将其归咎于人的异化了的本质,或者说本质的异化。在他们那里,人的本质的异化是异化劳动的原因,这是一种原罪说式的理解。马克思对异化劳动的批判,无论是衍生意义上(《穆勒评注》)的,还是剥削意义上(《1844

年经济学哲学手稿》)的,都以现实社会关系为前提,前者针对的是商品经济关系,后者针对的是私有财产在不同个人之间的分裂状态。

除了以上三位学者的研究,在金隆德和韩立新的文章中,也分别从不同的视角研究了《穆勒评注》。因此,从以上五位学者的研究中我们能看到,金隆德主要研究了马克思在《穆勒评注》中不同于费尔巴哈关于人的本质的理解。他认为马克思从现实的社会关系、社会联系出发来阐明人的本质,这实际上已经突破和超出费尔巴哈的人本主义了。并且他还提出只有全面认识了人的各种社会联系,才能更好地认识人的本质。但是他又明确指出,那时候的马克思还只是在社会生产的总过程中来理解人的本质的,还没有涉及政治等方面的社会联系,因此对于此时马克思关于人的本质的分析评价不能抬高也不能贬低。唐正东对《穆勒评注》的写作方法与其所运用的经济学手段进行了研究,他认为马克思在写作《穆勒评注》时是以穆勒原有的理论结构为基础,去批判穆勒著作中所体现的具体经济观点所包含的异化本性的。也就是说,马克思也是站在穆勒那种拜物教式的理论结构之上来进行自己的批判的,这就决定了此时的马克思实际上在谈论商品交换问题的时候是处于现实物质生产过程之外的层面上的,而这也就导致了这种理论思路影响到之后他探讨的人与人之间的社会关系问题。总的来说,唐正东认为这时候的马克思在写作方法上还是或多或少地沿用了那些古典经济学家的方法,还没有真正地摆脱古典经济学家的思路影响。韩立新在文章中是从理论逻辑与思想发展的角度,对《穆勒评注》的理论水平以及与此相关的对赫斯的评价问题所作的论证。通过对赫斯的《论货币的本质》与马克思的《论犹太人问题》进行时间以及内容上的对比研究,还有对《论货币的本质》与《巴黎手稿》特别是《穆勒评注》之间关系的研究,韩立新认为赫斯与马克思最根本的区别就在于对市民社会的认识上,《穆勒评注》时期的马克思已然超越了《论货币的本质》时期的赫斯,马克思已经运用黑格尔的方法和国民经济学的概念,重构了一个属于自己的交往异化理论和市民社会概念。由此,韩立新对自己关于《穆勒评注》在理论上比《第一手稿》成熟的观点进行了补充论证。张盾从哲学史的角度出发，对马克思《穆勒评注》与黑格尔"承认论题"之间内在的思想关联进行了考察研究。他的研究主要表现为：在《穆勒评注》中可以明显地看到黑格尔发明的承认问题对马克思产生的重要影响，以及马克思对黑格尔承认论题的重大推进。马克思对人与人之间的相互承认在资本主义条件下发生的严重扭曲和异化的揭示，就突出体现在《穆勒评注》从货币和商品交换角度对"交往的异化问题"的说明中。魏小萍在文章中提到了马克思在转向政治经济学领域的起步阶段就与国民经济学家产生了分歧，并且这一分歧从《穆勒评注》中已经清晰可见，但其分歧的彻底暴露则是在《1844年经济学哲学手稿》中。不过，她主要是从《穆勒评注》中来分析这一分歧，她认为这一文本非常明显地体现了马克思研究思路转向初期的轨迹。

另外，张一兵从经济学语境中哲学话语的沉默与凸现的视角，分析了《穆勒评注》是经济学批判中的人本学话语的凸现。他认为，《穆勒评注》作为《巴黎笔记》中一次重要的认识飞跃，其实质就是人本主义哲学话语在政治经济学研究中的确立。在这里马克思实现了一种话语的转换，那就是从政治经济学学习的跟读语境转换到对哲学话语的统摄性运用。张一兵表明，青年马克思第一个人本主义经济异化逻辑构架的建构，是通过在《穆勒评注》中所依次布展的三次重要的理论提升来实现的：第一次理论提升，是对经济学理论的哲学批判。张一兵认为这一理论提升标志着马克思开始在《巴黎笔记》中第一次完整地从总体上驾驭经济学，这是十分关键的，这是整个《巴黎笔记》的一个重大飞跃，他将这次理论飞跃称为"马克思在失语状态中捕获到的一种新话语的灵光"[①]。他主要通过对《穆勒评注》与穆勒的著作《政治经济学原理》进行的对比研究来考察了这一理论飞跃的过程，指出对这一过程的分析可以使我们发现："此时的青年马克思已经开始非常深入地介入经济学领域，可是马克思并没有打算真的以经济学的理论规范去面对这

[①] 张一兵：《回到马克思——经济学语境中的哲学话语》，南京：江苏人民出版社2009年版，第176页。

个他的枪口直指着的布尔乔亚世界。"① 第二次理论提升，是对人的真正的社会关系颠倒的经济学哲学反思。张一兵指出这是马克思在经济学思考的基础上所进行的另一种探讨，并将其定义为哲学与经济学在内容上的理论接合。在这一阶段，马克思的人本主义哲学变成了有力的权力话语和逻辑推进的理论基础。"马克思从经济学（货币—交换）走向哲学批判（类本质—异化劳动），从经济学的现实批判变成形而上的哲学思考。"② 他还清楚地分析了马克思的理论布展脉络：从对社会政治异化的关注转入了对社会经济领域中异化现象的关心，再从对金钱异化的具体批判进入了对经济关系异化的整个哲学批判，接着马克思从交换领域走向了劳动生产，而劳动异化的思想也开始萌芽。③ 由此他认为，这种理论行进方向同古典政治经济学从交换到生产的逻辑是一致的，并大胆假设赫斯没有跨出这重要的一步。第三次理论提升，是对劳动异化理论的初步哲学建构。张一兵明确表明，这"是劳动异化理论的初步形成"④。他认为青年马克思从社会关系的异化中直接提升出了人的本质异化的根源在于劳动活动的畸变，这就意味着青年马克思人本主义异化史观的最初建立，即"交换关系的前提是**劳动**成为**直接谋生的劳动**"（《穆勒评注》，第28页），从而说明马克思在这里探讨的是劳动异化的经济学本质。通过张一兵这三个理论提升的分析，可以看到，他力图通过不同于传统原著研究中的文本学解读方法和经济学问题视域，重新提出在马克思哲学文本研究中人们自以为已经解决而实际上不可能最终完成的解释学任务。而其中对于《穆勒评注》的研究，也使我们看到了他与之前学者们进行的文本学解读方法的不同，他认为《穆勒评注》是经济学批判中的人本学话语的凸现，并通过《穆勒评注》的解读语境的分析来详尽地阐述它的具体内容，表明了他对《穆勒评注》与之

---

① 张一兵：《回到马克思——经济学语境中的哲学话语》，南京：江苏人民出版社2009年版，第181页。
② 同上。
③ 张一兵：《回到马克思——经济学语境中的哲学话语》，南京：江苏人民出版社2009年版，第185页。
④ 同上。

后的马克思经济学著作的关系及其在马克思思想史中的地位的观点。张一兵的解读语境在国内来说是比较独特的,并且他对《穆勒评注》的研究也对以后的研究者产生了一定的影响。

综合来说,学者们对《穆勒评注》的研究涉及领域非常广泛,可以说这些研究是比较深刻与全面的。此外,更多学者的研究成果都是通过对《穆勒评注》文本分析和解读来进行的,像苏联的卢森贝(1958)就主要分析了马克思对穆勒著作摘录中交换与货币理论的意见,从而认为马克思在《穆勒评注》中已经形成他的关于纸币的学说①;马健行、郭继严(1983)就明确表示了《穆勒评注》这一摘要表明了马克思已经开始向肯定劳动价值理论过渡②;沈志求(1988)通过对《穆勒评注》的文本解读来阐明了其中异化概念的经济学含义③;以及唐正东(2008,2010)、李淑梅(2011)、刘秀萍(2011)等,还有对《穆勒评注》中美学思想进行的研究④等等。

总之,在马克思早期政治经济学思想的发展过程中,马克思是运用自己的哲学思想来对资产阶级经济学进行批判的。在当时,不管是哲学家还是经济学家的思想及理论,都对马克思研究政治经济学产生了影响。对于《穆勒评注》的研究范围,本书将以现有研究基础为前提进行更广泛更深入的研究。

三 关于《穆勒评注》中的异化思想

我们知道,马克思是在对以前思想家对异化概念的论述进行合理批

---

① 卢森贝:《十九世纪四十年代马克思恩格斯经济学说发展概论》,方钢、杨慧廉、郭从周等译,北京:生活·读书·新知三联书店1958年版,第76页。

② 马健行、郭继严:《〈资本论〉创作史》,济南:山东人民出版社1983年版,第38—43页。

③ 沈志求:《论马克思〈詹姆斯·穆勒《政治经济学原理》一书摘要〉中异化概念的经济学含义》,《马克思主义经济学说史研究》,兰州:兰州大学出版社1988年版,第126—140页。

④ 王南:《马克思主义美学理论的一部最早文献——〈詹姆斯·穆勒《政治经济学原理》摘要〉一书中的美学思想》,载《马克思主义文艺理论研究》第四卷,第229页。

判与吸取的基础上而形成自己独特的异化理论的。在马克思之前，人们所揭示的种种异化，基本上还停留在异化的外部现象，而马克思则揭示出决定异化外部现象的本质异化，即异化劳动或劳动异化。在《1844年经济学哲学手稿》中，马克思创造性地提出了异化劳动这个作为异化理论核心思想的成果，而在《穆勒评注》中，马克思又从经济学角度出发提出了交往异化理论。因此，在对《穆勒评注》中的异化理论进行研究时，国内学者或者是通过将其与《1844年经济学哲学手稿》之中的异化劳动理论进行对比研究来得出"劳动异化"与"交往异化"二者的关系，或者是通过对《穆勒评注》中异化理论的研究与分析来界定出"交往异化"的概念以及它在马克思早期思想中的作用等。

1. 通过对《1844年经济学哲学手稿》中"异化劳动"概念和《穆勒评注》中"交往异化"概念的对比分析，研究两者在马克思学术思想发展中的地位和价值。围绕这个问题，张一兵（2009）所持的《穆勒评注》是过渡到《1844年经济学哲学手稿》的"中介说"和韩立新（2007）所持《穆勒评注》中的"交往异化"是马克思转折点的"转折说"是较为有代表性的观点。

张一兵指出，马克思的人的本质（关系）虽然加上了"社会的"定语，但这却是一种抽象的规定性，与不久之后写下的《1844年经济学哲学手稿》中的劳动本质相比，可以说同样是抽象人本主义的。因为，这种所谓的真正的社会关系并不是现实存在的东西，而是一种理论化的价值悬设。这与后来马克思在1846年所指认的那种基于物质生产条件的现实的解放可能性是根本不同的。马克思这时是无法看清资产阶级社会经济现实中这一复杂的客观物化和颠倒了的社会关系的。于是，经济现实中客观颠倒的社会关系被理论地指认为异化："有没有这种社会联系，是不以人为转移的；但是，只要人不承认自己是人，因而不按照人的样子来组织世界，这种**社会联系**就以**异化**的形式出现"（《穆勒评注》，第24页）。他认为，马克思这时是从主体需要这个规定来定位劳动本真意义的，这与后来《1844年经济学哲学手稿》的《第一手稿》中从对象化生产去定位劳动有着重要的异质性。马克思这里从谋生劳动引出劳动异化。这包括了四层异化关系：第一，劳动对劳动主体的异化和偶然联系；第二，劳动对劳动对象的异化和偶然联系；第三，外在的社会需要成为劳动者异己性的强制；第四，劳动者的生命活动异化为手段性谋生活动。很显然，与《1844年经济学哲学手稿》的《第一手稿》中劳动异化的四重逻辑层面相比，这种分析还是十分粗糙和不精确的。但这毕竟是一种更深层逻辑建构的开始。以此为由，他断定，《穆勒评注》是过渡到《1844年经济学哲学手稿》的中介。[①]

对于韩立新所持《穆勒评注》中的"交往异化"是马克思转折点的"转折说"的观点，在前文中我们已经作了详细的介绍，在此不予赘述。

2. 除了"中介说"与"转折说"之外，国内的学者还从"巴黎手稿"时期马克思异化观发展的不同角度来进行研究，而得出《1844年经济学哲学手稿》与《穆勒评注》中异化理论有所不同的结论。

金隆德在对《穆勒评注》中的异化理论进行了文本学的分析之后，得出马克思在这一文本中所阐述的异化理论，绝不是简单地沿用黑格尔、费尔巴哈的异化概念，而是在广泛地深入研究社会经济领域中的各种异化现象，并对黑格尔、费尔巴哈异化理论进行唯物主义批判改造的基础上形成的。同时，我们还可以看出，《1844年经济学哲学手稿》中进一步阐述的异化理论也不是突然提出的，它是在广泛研究了社会经济领域的诸多方面的异化现象集中概括而成的，从而使劳动异化理论的提出具有比较坚实的基础。把《穆勒评注》和《1844年经济学哲学手稿》联系起来看，马克思正是由流通、信贷、交换等到生产，即由现象到本质，从而得出劳动异化理论的，然后又由劳动异化来理解了人类自身的异化，理解了资本主义社会的阶级关系和私有财产的本质。这清楚地说明，马克思研究经济领域的各种异化现象，目的是研究人的本质的异化、社会的异化，从而为革命地改造资本主义社会提供理论根据。我们研究包括《穆勒评注》和《1844年经济学哲学手稿》在内的马克思著

---

① 张一兵：《〈穆勒评注〉过渡到〈手稿〉的中介》，载《中国哲学年鉴》，2009年。

作，给马克思的异化理论以科学的评论。①

唐正东认为，从表面上看，马克思在《穆勒评注》中对"交往异化"的论述似乎与《1844年经济学哲学手稿》的《第一手稿》中的论述有一些不同。《第一手稿》明确地站在工人的角度论述了劳动产品、劳动过程等对人的异化关系，似乎是以"人"与"物"之间的关系为论述重点的。而此处马克思的论述则没有明确地站在工人的立场上，而是展开了对人与人之间的关系异化成了物与物之间的关系的论述。上述这些表面上的不同应被解释为，马克思在《穆勒评注》中是在摘录穆勒关于"交换"的观点时才阐发了上述这些观点的，既然穆勒谈的是以货币为中介的交换关系，马克思当然也要把话题局限在这一领域，而不可能拓展到劳动异化或劳资对立的层面上。而《第一手稿》则是在对工资、资本的利润、地租作了分栏式的摘录之后所阐发的一些观点，这些摘录的内容并未涉及交换关系的问题，而是与私有财产及其社会效应问题相关。既然如此，马克思就要从当前的经济事实出发并对其异化特征进行批判，而这一理论视角显然是与工人的立场相关联的。他还认为，马克思在这两个文本中的基本观点其实是相似的。《穆勒评注》中的马克思是站在以人本身为中介的人与人之间的关系上，来批判现实生活中的货币关系；《第一手稿》中的马克思其实也是站在符合类本质的人与人之间关系的理论层面上，来批判现实生活的劳动异化的，正如他所说的，"自我异化只有通过对他人的实践的、现实的关系才能表现出来。异化借以实现的手段本身就是实践的。因此，通过异化劳动，人不仅生产出他对作为异己的、敌对的力量的生产对象和生产行为的关系，而且还生产出他人对他的生产和他的产品的关系，以及他对这些他人的关系"②。唐正东还认为，我们应该对《第一手稿》中的四个异化综合起来加以解读，不能因为马克思在前两个异化中没有强调人的类本质中所包含的人与人之间的关系的内涵，就断言马克思此时是站在非关系性的孤立人的逻辑支点

---

① 金隆德：《金隆德文集》，北京：当代中国出版社1995年版，第164页。
② 《马克思恩格斯文集》第1卷，北京：人民出版社2009年版，第165页。

上的，并忽视他在第四个异化中对人的类本质的丰富内容的阐述。①

姚顺良认为，马克思是在不断追问"异化"根源的过程中，提出自己独特的"异化劳动"理论的；而对"劳动异化"根源的进一步追问，又使他在《1844年经济学哲学手稿》中《第三手稿》末尾的两个"片断"和"穆勒笔记"中将关注点集中到"分工（和交换）"上，提出了"谋生劳动"概念，迈出了"用分工说明异化"的第一步。这不仅一般地表明人本主义"异化"范式在马克思那里开始解构，而且预示了后来《德意志意识形态》中用来论证历史唯物主义的"泛分工论"的特殊方式。随后，他对《穆勒评注》与《第三手稿》进行了文本的内容解读。在《第三手稿》中，与穆勒相联系的是马克思对"需要"、"分工"和"货币"的专门考察。他认为，在这两个文本中，青年马克思人本主义"异化"范式开始解构，而这种解构主要体现在下述三个方面。首先，马克思从《1844年经济学哲学手稿》的《第三手稿》特别是最后的两个"片断"开始，由"分工（和交换）"入手来探寻"异化劳动的根源"。其次，马克思在《穆勒评注》中明确把"异化劳动"具体化为"谋生劳动"，迈出了"用历史说明异化"的第一步。最后，马克思在《穆勒评注》中把"异化劳动"的内涵重新诠释为"谋生劳动"的四个规定，开始由把"异化"关系看做"反社会性"转向看做"特殊的社会性"，迈出了"用（特定）社会（关系）说明异化"的第一步。②

刘秀萍认为，长期以来，学术界基本上是将"劳动异化论"视为马克思"巴黎时期"的主要思想来看待的，很多学者用它来表达、阐发甚至等同于马克思一生的异化思想。但是，如果把这一时期马克思的著述整合起来研究就会发现，他的思想仍然处于变化、发展之中，特别是他借阅读和摘录詹姆斯·穆勒的《政治经济学原理》一书的机缘所阐述的思想，明显把"劳动异化论"发展为"社会关系异化论"。从

---

① 唐正东：《马克思〈穆勒评注〉的思想史地位》，载《河北学刊》2010年第5期。
② 姚顺良：《从"异化劳动"到"谋生劳动"：青年马克思人本主义范式解构的开始——兼与张一兵教授的"穆勒笔记"解读商榷》，载《马克思主义研究》2010年第7期。

"劳动异化论"到"社会关系异化论",使我们看到马克思对资本主义社会认识的深化。他由穆勒原书中的议题延伸出来的分析不仅是对国民经济学的批判,同时也是对他本人当时思想发展的真实记录。发生这种转换和变化对于刚刚转向政治经济学研究和资本批判、还徜徉在先贤和同道的著述及其所提供的分析思路中、尚未形成自己固定完整而体系化的思考架构的马克思来说,其实是非常自然的事情。这是理解当时马克思思想必须要关注到的一个现象。而从思想传承的逻辑看,如果没有"社会关系异化论"作为中介,要过渡到《德意志意识形态》在历史唯物主义视角下对异化现象所作出的新分析,将是不可能的。①

从以上各学者对《穆勒评注》中异化理论的分析我们可以看到,学者们对其研究是从不同的视角来进行的,并且大部分人都认为《穆勒评注》与《1844年经济学哲学手稿》的关系密切,二者阐述异化理论都用了相当大的篇幅,都从生产、分配、交换、消费、私有制、私有财产等方面来进行研究。关于异化理论,国内外的研究都不在少数,但对于《穆勒评注》中的异化思想,尤其是其与马克思其他著作的对比研究还是相对较少,所以本书将从《穆勒评注》与《1844年经济学哲学手稿》对比研究的角度出发,更进一步对异化理论进行研究。

四 关于《穆勒评注》在马克思思想史中的地位

经过上面三部分对《穆勒评注》的仔细研究与分析,我们可以看到,在《穆勒评注》发表的最初,国内外学界只是将其认为是《1844年经济学哲学手稿》的"附录",或者干脆将其排除到《1844年经济学哲学手稿》之外,并没有将其与整个《巴黎手稿》联系起来进行解读与研究。随着对马克思著作及其思想的更深入彻底的挖掘与研究,学界对《穆勒评注》的地位与作用也有了新的认识。

---

① 刘秀萍:《从"劳动异化论"到"社会关系异化论"——"巴黎时期"马克思异化观的发展》,载《教学与研究》2011年第10期。

对于《穆勒评注》在马克思思想史中的地位，张一兵、姚顺良、唐正东等都认为，马克思从《穆勒评注》这个时期开始，他的逻辑思考超越了原有的理论研究，转而关注现实的历史进程，从而展现了另一种从现实出发的理论逻辑，第一次完整地从总体上把握经济学，因此，《穆勒评注》是马克思早期思想发展的重要阶段。虽然这时候的马克思对政治经济学有了自己的理解与看法，但是在《穆勒评注》中，马克思还是或多或少地受到费尔巴哈的人本主义思想的影响，它的核心思想"交往异化"实质上就是建立在人本主义的劳动异化观基础之上的，所以它只是马克思早期研究经济学不成熟的著作，"还是在人本主义异化范式的框架内孕育着，它只是解构的开始，尚未完全突破这一框架……人本主义异化范式的最终突破还有相当长的路要走"①。因此，他们认为，对于《穆勒评注》在马克思思想史中地位的评价，要严谨慎重。

韩立新和姜海波等对此却持不同意见，他们认为，之前马克思学界在研究中大多忽视了对《穆勒评注》地位的评价，而且近些年学界关于它的研究专著或文章也很少见。因此，他们呼吁学界应该对《穆勒评注》进行重新定位，重新来审视它在马克思思想史中的地位。就像在前面所介绍的那样，他们认为《穆勒评注》中的"交往异化"概念在思想水平上要高于《1844年经济学哲学手稿》中的"异化劳动"概念，"相对于《穆勒评注》以后的马克思经济学认识而言，异化劳动理论是很不成熟的"②，而"交往异化是马克思走出孤立人的自我异化逻辑，走向复杂的社会关系逻辑的关键环节，也是马克思建构社会概念以及唯物史观的前提"③，"没有《穆勒评注》中关于货币的论述，《第三手稿》中对'共产主义'的论述是无法理解的，它应该以《穆勒评注》

---

① 姚顺良：《从"异化劳动"到"谋生劳动"：青年马克思人本主义范式解构的开始——兼与张一兵教授的"穆勒笔记"解读商榷》，载《马克思主义研究》2010年第7期。
② 韩立新：《〈巴黎手稿〉的文献学研究及其意义》，载《马克思主义与现实》2007年第1期。
③ 韩立新：《〈穆勒评注〉中的交往异化：马克思的转折点》，载《现代哲学》2007年第5期。

为前提"①。由此，他们认定，《穆勒评注》虽然不是标志着马克思历史唯物主义思想的成熟之作，但是它在马克思思想发展的过程中起着根本性的转折作用，是真正的历史唯物主义的萌芽之作，"如果说马克思在其早期思想发展过程中有一次根本性转变的话，《穆勒评注》就是这次转变的转折点"②。

综上所述，近些年，马克思的《穆勒评注》在学术界掀起了研究的热潮，虽然《穆勒评注》是早期马克思研读了诸如斯密、李嘉图等古典经济学家的经济学著作之后写成的，它与《1844年经济学哲学手稿》都不能算做马克思的成熟之作，但是这两个文本，却为马克思的政治经济学研究展开了一条道路，从而为他转向成熟的历史唯物主义奠定了一定的基础。

---

① 姜海波：《私有财产的外化与交往异化》，载《现代哲学》2008年第3期。
② 韩立新：《〈穆勒评注〉中的交往异化：马克思的转折点》，载《现代哲学》2007年第5期。

第三部分　当代解读

第四章 马克思《穆勒评注》的文本解读

《穆勒评注》是马克思在 1844 年夏天至秋天对詹姆斯·穆勒于 1821 年在伦敦出版的《政治经济学原理》（吴良健先生将其译为《政治经济学要义》）一书作的摘要。他依据的是雅·德·帕里佐译自英文的法译本（1823 年巴黎版）。该书由导论和四章内容构成，除导论"主题——它的界限——和划分"外，马克思对"生产"、"分配"、"交换"以及"消费"这四章内容均作了摘要，共计 62 段，大部分用德文写成。① 《穆勒评注》分别写在马克思《巴黎笔记》的第四册笔记的第 18—34 页，共 17 页，还有结尾部分的 6 页补记在第五册笔记上，总共有 23 页。《穆勒评注》全文第一次发表于《马克思恩格斯全集》1932 年历史考证版（MEGA¹）第 1 部分第 3 卷。

在这篇摘要中，马克思是按照穆勒原著的写作顺序来进行摘录的，主要摘录了以下几个方面的内容：在第一部分"论生产"中，马克思只摘录了两个自然段，没有作任何评论；在第二部分"论分配"中，马克思在"土地租金或地租"、"工资"、"资本的利润"三个小标题下，摘引了穆勒的相关论述，除了在中间加进一句"看一看以下各页继续唠叨的无聊话"以外，也没有他自己的论述；在第三部分"论交换"中，马克思先大段摘录穆勒的论述（中间加了"媒介"的标题），在摘录到关于"货币量"的时候，马克思撇开了穆勒的叙述，开始了自己的阐发，论述了价值由生产费用决定这一规律是不断变化的问题，还阐述了货币、信贷、私有财产的外化、劳动异化、人的本质以及人的社会关系

---

① 《马恩列斯研究资料汇编（1980 年）》，北京图书馆马列著作研究室 1982 年 12 月第 1 版第 27 页。

异化等问题；在第四部分"论消费"里面，马克思只在开始的时候摘录了穆勒原书中关于生产性消费和非生产性消费的区分的内容，接下来又撇开了穆勒的叙述，就私有制基础上的交换进行了大段的阐发。穆勒在其著作中系统地阐明了李嘉图的经济理论，而马克思在作摘要的同时也涉及了李嘉图的理论，这在后面的内容中将有所解读。这里我们可以看出马克思的写作方法，就是在作此摘录的时候，有时会中断摘抄著作原文，而把自己对感兴趣的内容的思考和观点阐发出来，并作出完整的合乎逻辑的表述。从马克思《穆勒评注》中摘录、论述的内容来看，诸如关于劳动价值论，关于价值规律和生产费用的论争，对于货币、信贷等问题的论述，以及对劳动的异化，资本主义私有制条件下人的异化的阐述，都与《1844年经济学哲学手稿》有紧密的联系。

马克思的《穆勒评注》是按照穆勒著作中对政治经济学"四分法"，即穆勒将政治经济学划分为"生产、分配、交换与消费"四个部分的顺序来进行摘录与论述的，在"生产"与"分配"这两部分中，他几乎没有阐发任何意见，因此可以看出，马克思此时仅从自己感兴趣的或者是对需要研究的对象进行了摘录与评论，本文的解读也主要从马克思发表了评论的"交换"与"消费"这两部分开始对马克思在此阐述的基本理论观点进行解读。另外，马克思的评论往往是在研读了穆勒的著作之后的有感而发，尽管这些评论充满了思想的灵光，但由于马克思并不是为了著述而进行写作，因此较少顾及到写作的系统性，本文的解读也只是力图概括出马克思此文中的核心思想，挖掘出其中的主要观点。

一 "论交换"内容解读

1. 马克思批判了穆勒把生产费用作为决定价值的唯一因素的论断

马克思指出："在谈到货币和金属价值的这种平衡并把生产费用作为决定价值的唯一因素来描述时，穆勒——完全和李嘉图学派一样——犯了这样的错误：在表述**抽象规律**的时候忽视了这种规律的变化或不断扬弃，而抽象规律正是通过变化和不断扬弃才得以实现的。如果说，例如生产费用最终——或更准确些说，在需求和供给不是经常地即偶然地相适应的情况下——决定价格（价值），是个**不变的**规律，那么，需求和供给的不相适应，从而价值和生产费用没有必然的相互关系，也同样是个**不变的规律**。"（《穆勒评注》，第18页）穆勒认为，产品交换的数量取决于供求关系，这种供求关系取决于决定生产费用的劳动，"因此，劳动量决定产品互相交换的比例。"（《穆勒评注》，第12页）马克思尖锐地指出，穆勒对这种生产费用决定价值的规律作了固定不变的抽象的理解，只看到了在需求和供给偶然地相适应的情况下生产费用决定价格（价值）的不变的一面，而忽视了需求与供给不相适应的一面，忽视了这种规律只有通过变化和不断扬弃才能得以实现这一关键。这充分说明了马克思是站在辩证法的高度来研究和批判穆勒的政治经济学理论。这表明马克思已经感觉到穆勒的理论与资本主义的现实之间的矛盾，感觉到在私有制条件下，价值只有在价格围绕其波动中才能实现，开始向肯定劳动价值论过渡。尽管马克思刚刚开始研究政治经济学，但他已经初步看到了作为商品交换规律的供求关系不平衡这一现象，为他以后深入研究资本主义经济制度、发现价值规律奠定了研究的基础和方向。

2. 马克思揭示了私有制条件下货币和信贷的异化本质

首先，货币是外化的私有财产，是私有财产的丧失了自身的、异化的本质。"穆勒把**货币**称为交换的**媒介**，这就非常成功地用一个概念表达了事情的本质。货币的本质，首先不在于财产通过它转让，而在于人的产品赖以互相补充的**中介活动**或中介运动，**人的**、社会的行动**异化了**并成为在人之外的**物质东西**的属性，成为货币的属性。既然人使这种中介活动本身外化，他在这里只能作为丧失了自身的人、失去人性的人而活动；物的**相互关系**本身、人用物进行的活动变成某种在人之外的、在人之上的本质所进行的活动。由于这种**异己的媒介**——并非人本身是人的媒介，——人把自己的愿望、活动以及同他人的关系看作是一种不依赖于他和他人的力量。这样，他的奴隶地位就达到极端。因为媒介是支配它借以把我间接表现出来的那个东西的**真正的权力**，所以，很清楚，这个**媒介**就成为**真正的上帝**。对它的崇拜成为自我目的。同这个媒介脱离的物,失去了自己的价值。"(《穆勒评注》,第18页)针对穆勒仅仅把货币定义为交换的媒介,马克思指出,货币的本质在于人的产品经过这种相互补充的中介活动或中介运动,使人的本质异化成为人之外的物质的东西的属性,而人在其中丧失了自身、丧失了人性;本来是人对货币的支配关系却由于货币的媒介而异化为货币对人的支配关系,即"物的**相互关系**本身、人用物进行的活动变成某种在人之外的、在人之上的本质所进行的活动"。也就是说,人与人的社会联系,变成了通过货币而进行的异化关系,人的活动变成了货币的活动。在这种情况下,人与人之间的关系完全凭借与依靠货币,人变得崇拜货币,以货币为目的。"因此,这个**媒介**是私有财产的丧失了自身的、异化的**本质**,是在自身之外的、**外化的**私有财产,在人的生产与人的生产之间起**外化的中介作用**,是人的**外化的**类活动。因此,凡是人的这种类生产活动的属性,都可以转移给这个媒介。因此,这个媒介富到什么程度,作为人的人,即同这个媒介相脱离的人也就穷到什么程度。"(《穆勒评注》,第19页)由于货币这种异化的媒介作用,使人的生产活动变成了外化的类活动,而这种外化的类生产活动的属性只能通过货币的媒介来表现。这个媒介越富有,同这个媒介相脱离的人就越贫穷。马克思紧接着说:"其实,进行交换活动的人的中介运动,不是社会的、人的运动,不是**人的关系**,它是私有财产对私有财产的**抽象的关系**,而这种**抽象**的关系是**价值**。**货币**才是作为价值的价值的现实存在。因为进行交换活动的人不是作为人来互相对待,所以**物**本身就失去人的、个人的财产的意义。私有财产对私有财产的社会关系已经是这样一种关系,在这种关系中私有财产是自身异化了的。因此,这种关系的独立存在,即货币,是私有财产的外化,是排除了私有财产的**特殊**个性的抽象。"(《穆勒评注》,第19—20页)真正人的交往是不需要中介的,而在存在私有制的条件下,人在这种交换活动中不是作为人来相互对待,而是以价值为目的,彼此作为获取货币的手段。于是,真正人与人的关系就变成了私有财产对私有财产的社会关系。人的本质变成了货币的本质,人与人之间的关系变成了货币之间的关系、私有财产与私有财产之间的关系。这就说明了在私有财产条件下，货币使人的交往成为异化的交往。

其次，以李嘉图学派为代表的现代国民经济学同货币主义在本质上是一致的。"现代国民经济学同货币主义的对立仅仅在于，现代国民经济学是在货币本质的抽象性和普遍性中把握货币本质的，因此，它就摆脱了那种认为货币本质只存在于贵金属之中这种盲目信仰的**感性**形式。它用精致的盲目信仰代替粗糙的盲目信仰。"（《穆勒评注》，第 21 页）虽然现代国民经济学批判了货币主义将货币仅仅视为贵金属的观点，并认为货币主义还是停留在对货币的感性形式的理解上，还没有把握货币本质的抽象性和普遍性，这说明现代国民经济学在一定程度上把握了货币的抽象的、一般的属性，但是，现代国民经济学对货币也只是盲目地信仰，只不过是用精致的盲目信仰代替了粗糙的盲目信仰，并没有真正认识到货币的异己的本质，没有看到货币是私有财产的外化，更没有看到私有财产遮蔽了真正的人与人的关系。

第三，资本主义社会的信用业同样是人们之间交往的异化的表现。"在**信用业**——它的完善的表现是**银行业**——中出现一种假象，似乎异己的物质力量的权力被打破了，自我异化的关系被扬弃了，人又重新处在人与人的关系之中。……但是，这种扬弃［XXVI］异化、人向自己因而也向别人**复归**，仅仅是一个**假象**；何况这是**卑劣的**和**极端的**自我异化、非人化，因为它的要素不再是商品、金属、纸币，而是**道德**的存在、**社会的**存在、人自己的**内在生命**，更可恶的是，在人对人的**信任**的假象下面隐藏着极端的**不信任**和完全的异化。"（《穆勒评注》，第 21 页）在信用业中存在的这种假象似乎表明人与人之间的交往联系是不需要货币的实际存在的，圣西门主义者就被这种假象所迷惑，他们把从贵金属发展到纸币再到货币形式抽象化发展的各个不同阶段如信贷、银行业等，看做是逐渐扬弃人与人之间不信任的过程，他们还把银行业当做人们相互信任的理想的组织状态。但实际上他们没有看到人与人还是通过货币来进行联系的，信贷及银行业等只不过是货币进一步抽象化的一种形式，它们在本质上仍然是货币，人与人活在信任的假象下，与其说信任一个人，不如说是信任他的货币，"在信贷关系中用**货币**来**估价**一个人是何等的卑鄙！"（《穆勒评注》，第22页）"在信贷关系中，不是货币被人取消，而是人本身变成**货币**，或者是货币和人**并为一体**。**人的个性**本身、人的**道德**本身既成了买卖的物品，又成了货币存在于其中的**物质**。构成**货币**灵魂的物质、躯体的，是我自己的个人存在、我的肉体和血液、我的社会美德和声誉，而不是货币、纸币。信贷不再把货币价值放在货币中，而把它放在人的肉体和人的心灵中。虚伪制度内的一切进步和不一贯全都是最大的倒退和始终一贯的卑鄙。"（《穆勒评注》，第23页）马克思进一步说："信用业同人相异化的性质在国民经济学对人给予高度承认的假象下得到双重的证实：（1）资本家同工人之间、大资本家同小资本家之间的对立越来越大，因为信贷只提供给已经富裕的人，并且使富人有进行积累的新机会。至于穷人，他认为富人对他的随意判决就是对他的**整个**存在予以肯定或否定，因为他的整个存在完全取决于这种偶然性。（2）尔虞我诈和假仁假义达到了无以复加的程度，以致对一个得不到信贷的人，不仅简单地判决他是贫穷的，而且还在道德上判决他不配得到信任，不配得到承认，因而是社会的贱民，坏人。……人不得不把自己变成赝币，以狡诈、谎言等手段来骗取信用，这种信贷关系——不论对表示信任的人来说，还是对需要这种信任的人来说——成了买卖的对象，成了相互欺骗和相互滥用的对象。同时这里还十分清楚地暴露出，这种国民经济学上的信任的基础是**不信任**。"（《穆勒评注》，第23页）这就揭示了信用业同人相异化的结果和表现，即在资本主义下的信用业资本家同工人之间、大资本家同小资本家之间、富人和穷人之间的对立越来越大，富人越来越富，穷人越来越穷。穷人不仅得不到信贷，而且还在道德上被宣判为贱民和坏人。本来应该建立在信任基础上的信用业，却达到了无以复加程度的尔虞我诈和假仁假义。

3. 马克思揭示了人的本质及其在资本主义下的异化

首先，马克思说："不论是生产本身中人的活动的**交换**，还是**人的产品**的**交换**，其意义都相当于**类活动**和**类精神**——它们的真实的、有意识的、真正的存在是**社会的**活动和**社会的**享受。因为**人的本质是人的真正的社会联系**，所以人在积极实现自己**本质**的过程中**创造**、生产人的**社会联系**、社会本质，而社会本质不是一种同单个人相对立的抽象的一般的力量，而是每一个单个人的本质，是他自己的活动，他自己的生活，他自己的享受，他自己的财富。因此，上面提到的**真正的社会联系**并不是由反思产生的，它是由于有了个人的**需要**和**利己主义**才出现的，也就是个人在积极实现其存在时的直接产物。有没有这种社会联系，是不以人为转移的；但是，只要人不承认自己是人，因而不按照人的样子来组织世界，这种**社会联系**就以**异化**的形式出现。因为这种社会联系的**主体**，即人，是自身异化的存在物。人们——不是抽象概念，而是作为现实的、活生生的、特殊的个人——**就是**这种存在物。这些个人**是怎样的**，这种社会联系本身就是怎样的。"（《穆勒评注》，第24页）马克思在此揭示了人的异化的实质，人的本质应该是真正的社会联系，而这种社会联系是人在积极实现自己的本质的过程中创造出来的，而且，这种社会联系、社会本质并不是同每一个人的相对立的力量，而是每一个人的生活，每一个人的享受，每一个人的财富。马克思的这一思想与他后来在《关于费尔巴哈的提纲》中所表达的人是环境和教育的产物，而这种环境是由人来创造的，教育者也是要受教育的，人的本质是社会关系的总和等思想是一致的。而异化的人的本质则是人没有按照本来应该的样子来组织世界，而是以前面所说的那种货币的形式、信贷的形式等来组织世界，这时人的社会联系就是异化了的社会联系。这就表明，在资本主义私有制的前提下，人们的社会联系是以异化的形式表现出来的。马克思在这里揭示了人与人之间的交往异化，"**人**自身异化了以及这个异化的人的**社会**是一幅描绘他的**现实的社会联系**，描绘他的真正的类生活的讽刺画；他的活动由此而表现为苦难，他个人的创造物表现为异己的力量，他的财富表现为他的贫穷，把他同别人结合起来的**本质的联系**表现为非本质的联系，相反，他同别人的分离表现为他的真正的存在；他的生命表现为他的生命的牺牲，他的本质的现实化表现为他的生命的失去现实性，他的生产表现为他的非存在的生产，他支配物的权力

表现为物支配他的权力,而他本身,即他的创造物的主人,则表现为这个创造物的奴隶。"(《穆勒评注》,第25页)

其次,马克思指出了国民经济学用交换和贸易的形式所探讨的人们的社会联系实际上却是异化的社会联系或异化的社会交往,是将社会交往的异化形式作为本质的和最初的形式、作为同人的本性相适应的形式确定下来。"如果我把我的私有财产出让给另一个人,那它就不再是**我的**了;它成为一种与我无关的、**在我的范围之外**的物,一种对我来说是外在的物。这就是说,我使我的私有财产**外化了**。因此,对于我来说,我把它看作是**外化的**私有财产。"(《穆勒评注》,第26页)这种私有财产的外化实质上就是私有制下的交往异化,而造成这种交往异化的原因就是"由于贫困,由于需要"(《穆勒评注》,第26页)。在这种异化交往下,人与人之间的关系成了私有财产与私有财产之间的物与物的关系,而正是这种物与物的关系成了人的本质的属性和特点。"这种物属于**我的**本质;物的为我的存在、对它的**占有**,就是我的本质的属性和特点。"(《穆勒评注》,第26页)在资本主义制度下,这种"交换或物物交换是社会的、类的行为,社会的联系,社会的交往和人在私有权范围内的联合,因而是外部的、外化的、类的行为"(《穆勒评注》,第27页)。

最后,马克思总结了私有财产的本质及其表现。"**私有财产**本身由于它的相互外化或异化而获得**外化**的私有财产这个定义。首先,因为它不再是这种财产占有者的劳动产品,不再是占有者的个性的特殊表现,因为占有者使它外化了,它脱离了曾是它的生产者的占有者,并且对于**不是**它的生产者来说获得了私人的意义。私有财产对占有者来说失去了私人的意义。其次,它同另一种私有财产发生关系,并被认为同这种私有财产是相等的。它的地位被**另一种**私有财产所代替,如同它本身代替了**另一种**私有财产一样。因而,私有财产从双方来看都表现为另一种私有财产的代表,表现为同**另一种**自然产物**相等的东西**,并且双方是这样相互发生关系的:每一方都代表**另一方**的存在,双方都作为它的自身和它的异在的**代替物**相互发生关系。因此,私有财产本身的存在就成了它作为**代替物**，作为**等价物**的存在。现在，它不表现为同自身的直接统一，只表现为同某个**他物**的关系。它的作为**等价物**的存在不再是具有它的特点的那种存在了。"（《穆勒评注》，第 27 页）就是说，劳动产品异化的过程中脱离了曾是它的生产者的占有者，从而使它对于它的生产者来说失去了私人的意义，恰恰是这种失去私人意义的过程，成为外化为私有财产的过程，成为异化的过程。因此，资本主义私有制下，私有财产是异化的劳动产品，而这种异化的劳动产品在交换的过程中使交换的双方彼此都成为异在的、不再具有它自身特点的存在，人们在这种交换中追求的不是劳动产品的使用价值，而是它的价值，即"一种不同于它的直接存在的、外在于它的特殊本质的、**外化的**规定［XXIX］；只不过是某种**相对的存在**"（《穆勒评注》，第 27 页）。

4. 马克思揭示了资本主义私有制下异化的根源和表现

马克思在《1844 年经济学哲学手稿》的《第一手稿》中写作了"异化劳动和私有财产"的片断，阐明了异化劳动的四种规定性从而提出了异化劳动理论。在《穆勒评注》中，马克思进一步阐释了异化的根源和表现，提出了私有制下异化表现为"谋生劳动"，并进一步揭示了私有制下的分工是导致异化的根源。

首先，马克思说："交换关系的前提是**劳动**成为**直接谋生的劳动**。异化的劳动的这种关系之所以达到自己的顶点，是由于（1）一方面，**谋生的劳动**以及工人的产品同工人的需要、同他的**劳动使命**没有任何**直接的**关系，而是不论就哪方面来说，都决定于同工人本身格格不入的社会组合；（2）**购买**产品的人自己不生产，只是换取别人生产的东西。在上面说到的那种**外化的**私有财产的粗糙形式中，**在物物交换**中，两个私有者中任何一人生产的东西都是他的需要、他的才能和手头有的自然材料直接促使他去生产的。因此，其中任何一人只是用自己的产品余额去交换另一人的产品余额。诚然，劳动是劳动者的直接的**生活来源**，但同时也是他的**个人存在**的积极实现。通过交换，他的**劳动**部分地成了**收入的来源**。这种劳动的目的和它的存在已经不同了。产品是作为**价值**，作为**交换价值**，作为**等价物**来生产的，不再是为了它同生产者直接的个人关系而生产的。生产越是多方面的，就是说，一方面，需要越是多方面的，另一方面，生产者完成的制品越是单方面的，他的劳动就越是陷入**谋生的劳动**的范畴，直到最后他的劳动的意义仅仅归于谋生的劳动并成为完全**偶然的**和**非本质的**，而不论生产者同他的产品是否有直接消费和个人需要的关系，也不论他的**活动**、劳动本身的行动对他来说是不是他个人的自我享受，是不是他的天然禀赋和精神目的的实现。"(《穆勒评注》，第 28 页) 在马克思看来，异化的劳动在这里表现为工人的谋生劳动。谋生劳动是指与人自身能力的发展相背离的由外在的需要所驱使的活动。在异化劳动中，工人的劳动与工人的需要、工人的劳动使命没有任何关系，工人在这种劳动中所形成的关系是同工人本身格格不入的外在关系；这种异化的劳动不是劳动者个人存在的积极实现，而只是劳动者的谋生手段、他的收入来源；这种异化劳动的目的和它的存在完全不同，劳动产品是作为价值或交换价值，作为等价物来生产的，而不再是作为同生产者直接的个人关系而生产的；这种情况下，工人生产的越多，需要的越多，工人的劳动越是陷入非本质的谋生劳动的范畴。

马克思还阐述了这种谋生劳动的异化表现："**在谋生的劳动中**包含着：（1）劳动对劳动主体的异化和偶然联系；（2）劳动对劳动对象的异化和偶然联系；（3）工人的使命决定于社会需要，但是社会需要是同他格格不入的，是一种强制，他由于利己的需要、由于穷困而不得不服从这种强制，而且对他来说，社会需要的意义只在于它是满足他的直接需要的来源，正如同对社会来说，他的意义只在于他是社会需要的奴隶一样；（4）对工人来说，维持工人的个人生存表现为他的活动的**目的**，而他的现实的行动只具有手段的意义；他活着只是为了谋取**生活**资料。"(《穆勒评注》，第 28—29 页) 也就是说，谋生劳动表现为：劳动者的劳动与劳动者、劳动对象之间的联系是异化和偶然的联系；工人的使命不是由他们自己决定的，而是由社会需要强制的，工人只是利己的需要和穷困而不得不服从这种强制；劳动对工人来说，是谋取生活资料的手段，而不是活动的目的。马克思在阐述了谋生劳动的异化表现之后，尖锐地指出了这种异化的谋生劳动在私有制条件下对社会所产生的后果，这一思想即使在今天仍然具有极大的启示作用："在私有权关系的范围内，社会的权力越大，越多样化，人就变得越**利己**，越没有社会性，越同自己固有的本质相异化。"（《穆勒评注》，第29页）对于马克思上述这段表述的理论定位，学术界存在较大争议。有人认为马克思这时是从主体需要这个规定来定位劳动本真意义的，是从谋生劳动引出劳动异化，这种分析还是十分粗糙和不精确的，只是在开始走向一种更深层逻辑建构；还有人认为这是马克思把劳动异化的思想作出进一步的哲学提升，用交往异化来概括异化的本质。本文认为，马克思在这里提出的异化思想与《1844年经济学哲学手稿》中揭示的异化劳动的四个方面在逻辑上是一致的，围绕这个问题的争论将会为进一步探讨马克思的异化思想开拓思路。

其次，马克思揭示了与文明一同发展的分工在私有制条件下成为异化的直接来源。"同**人的活动**的产品的相互交换表现为**物物交换**，表现为**做买卖**〔Schacher〕一样，活动本身的相互补充和相互交换表现为**分工**，这种分工使人成为高度抽象的存在物，成为旋床等等，直至变成精神上和肉体上畸形的人。现在正是人的劳动的**统一**只被看作**分离**，因为社会的本质只在自己的对立物的形式中、在异化的形式中获得存在。**分工**随着文明一同发展。在分工的前提下，产品、私有财产的材料对单个人来说越来越获得等价物的意义；而且既然人交换的已不再是他的**余额**，而是他所生产的、对他来说是完全**无关紧要**的物，所以他也不再以他的产品直接换取他**需要的**物了"（《穆勒评注》，第29页）。分工本身体现为人的活动的相互补充和相互交换，意味着人们去固定地从事特定的工作，资本主义社会的高度发展、生产率的提高所依靠的正是日益精细的分工，然而，分工在带来资本主义生产力高度发展的同时，使人日益成为抽象化的存在物，变成精神上和肉体上畸形的人，从而导致人的异化。因为"在分工的前提下，产品、私有财产的材料对单个人来说越来越获得等价物的意义；而且既然人交换的已不再是他的**余额**，而是他所生产的、对他来说是完全**无关紧要**的物，所以他也不再以他的产品直接换取他**需要的**物了"（《穆勒评注》，第29页）。由于分工使人们必须交换相互的劳动成果，这种交换在私有制下是通过货币的形式实现的，结果货币成为交换的目的，而分工下的劳动所生产的物却成了无关紧要的了。"在不论对材料的性质即私有财产的特殊物质还是对私有者的个性都完全无关紧要的**货币**中，表现出异化的**物**对**人**的全面统治。"（《穆勒评注》，第29页）在"生产和消费、活动和享受在不同的人之间和在同一个人身上的分离，是劳动同它的对象以及同它作为享受自身的分离。分配是私有财产的积极实现自身的力量"（《穆勒评注》，第30页）。

马克思进一步批判了国民经济学家把分工所带来的劳动与劳动者自身的分离看做是偶然的产物、是孤立的存在的观点。"国民经济学能够把这整个发展只作为某种事实，作为偶然需要的产物来把握。……在国民经济学家看来，**生产**、**消费**以及作为两者之间的媒介的**交换**和**分配**是孤立地存在的。生产和消费、活动和精神在不同的人之间和在同一个人身上的分离，是**劳动**同它的**对象**以及同它那作为精神的自身的**分离**。**分配**是私有财产的积极实现自身的力量。——劳动、资本和地产彼此的分离，以及一种劳动同另一种劳动、一种资本同另一种资本、一种地产同另一种地产的分离，最后，劳动同劳动报酬、资本同利润、利润同利息以至地产同地租的分离，使得自我异化不仅以自我异化的形式而且以相互异化的形式表现出来。"（《穆勒评注》，第30页）在马克思看来，由资本主义私有制所带来的生产和消费、活动和精神同人自身的分离所表现出的劳动同劳动报酬、资本同利润、利润同利息以至地产同地租的分离，不仅是人的自我异化的表现而且这种自我异化还以相互异化的形式表现出来。

二 "论消费"内容解读

1. 马克思揭示了资本主义生产的根本目的

马克思通过对穆勒相关思想的进一步阐发，揭示了私有制下人们进行生产的目的就是为了占有。穆勒认为，一个人进行生产只是由于他需要占有，而在分工的情况下，一个人只生产某一种或这种东西的一小部分，所以他需要用自己的产品去交换他所需要的其他产品以达到占有其他东西的目的。据此，马克思认为，生产有一种自私自利的功利的目的，人只是为了自己的占有才进行生产的，这种为占有的目的而生产是私有制的基本前提，而占有以消费的形式体现并最终以消费的形式来达到占有的目的。他生产物品只是他直接的、自私自利的需要的物化，生产过程本身就是劳动的外化，被占有的产品即成为原初意义上的私有财产。在人类未开化的野蛮状态下，即人类生产的最初是以自己的直接需要为尺度的，而这需要的内容就是他所生产的物品本身，这时的生产是没有交换的。在这种状态下，"**他需要的界限**也就是**他生产的界限**。因此需求和供给就正好相抵。他的生产是以他的需要来**衡量的**"（《穆勒评注》，第33页）。而一旦产生交换就意味着有了剩余产品，这种剩余产品仍然是自私自利的需要，是为了获得别人的剩余产品，因此，这种需要"是物化在另一个人的产品中。生产成为**收入的来源**，成为谋生的劳动"（《穆勒评注》，第34页）。用于交换的剩余新产品并不能改变这种以占有为目的的需要，只是满足这种目的的中介。我的产品是你的需要的物化，"交换只能导致**运动**，只能证明我们每一个人对自己的产品从而对另一个人的产品的关系的**性质**"（《穆勒评注》，第34页）。马克思得出了人的生产不是为了人作为人的人而从事的生产、不是社会的生产的结论。在马克思看来，"我同你的**社会关系**，我为你的需要所进行的劳动只不过是**假象**，我们相互的补充，也只是一种以相互掠夺为基础的**假象**"（《穆勒评注》，第35页）。不论是生产还是交换都有一种自私自利的特性，所以人们在交换时就不可避免地要设法互相欺骗。人的劳动是为了满足生存的需要，是为了获得生存的手段，因此是被迫的、痛苦的，是外在的、异化的。

2. 马克思揭示了在这种以占有为目的的生产前提下交换的异化本质

首先，在私有制下，人们生产的产品是人的自私自利的需要的物化，同样，用于交换的物品——剩余产品也是人的自私自利的需要的物化，只不过是物化在他人的产品中，是满足自私自利的需要的中介手段。"一旦有了交换，就有了超过占有的直接界限的剩余产品。但是这种剩余产品并没有超出自私自利的需要。相反，它只是用以满足这样的需要的中介**手段**，这种需要不是直接物化在**本人**的产品中，而是物化在另一个人的产品中。"（《穆勒评注》，第33页）在这种情况下的生产活动并不是实现人的本质的活动。"我们的生产并不是人为了作为人的人而从事的生产，即不是**社会的**生产。也就是说，我们中间没有一个人作为人同另一个人的产品有消费关系。我们作为人并不是为了彼此为对方生产而存在。因此，我们的交换也就不可能是那种证明我的产品[XXXII]是为你而生产的产品的中介运动，因为我的产品是你自己的本质即你的需要的**物化**。……交换只能导致**运动**，只能证明我们每一个人对自己的产品从而对另一个人的产品的关系的**性质**。我们每个人都把自己的产品只看作是**自己的**、物化的私利，从而把另一个人的产品看作是**另一个人的**、不以他为转移的、异己的、物化的私利。"（《穆勒评注》，第34页）

其次，私有制下的交换进一步强化了人的本质的异化。"你作为人同我的产品有一种人的关系；你**需要**我的产品；因此，我的产品对你来说是作为你的愿望和你的意志的对象而存在的。但是，你的需要、你的愿望、你的意志对我的产品来说却是软弱无力的需要、愿望和意志。换句话说，你的**人的**本质，因而也就是同我的人的产品必然有内在联系的本质，并不是你支配这种产品的**权力**，并不是你对这种产品的所有权，因为我的产品所承认的不是人的本质的**特性**，也不是人的本质的**权力**。相反，你的需要、你的愿望、你的意志是使你依赖于我的**纽带**，因为它们使你依赖于我的产品。它们根本不是一种赋予你支配我的产品的**权力**的**手段**，倒是一种赋予我支配你的权力的**手段**！"（《穆勒评注》，第34—35页）交换体现了人与人之间相互需要的关系，但是这种相互需要的关系在私有制下却成了依赖和支配的关系。由于你需要我的产品，所以，"你的需要、你的愿望、你的意志是使你依赖于我的纽带"，我的产品成了我支配你的权力的手段。例如，在资本主义私有制下资本家所拥有的资本就成为支配工人的手段。因为工人并没有用于交换的生产物品，即没有交换的手段，只能出卖劳动力，所以对资本家产品的依赖是促使他受支配的原因。马克思这里虽然未直接说明工人受到资本家的剥削，但也揭示了资本主义下工人在需要和需要的手段的不统一而导致受到支配，这就促使他后来进一步研究资本家剥削工人的秘密。

第三，私有制下的交换所体现的相互需要、相互补充的社会关系实际上是相互欺骗的、以相互掠夺为基础的假象。"我同你的**社会**关系，我为你的需要所进行的劳动只不过是**假象**，我们相互的补充，也只是一种以相互掠夺为基础的**假象**。在这里，掠夺和欺骗的企图必然是秘而不宣的，因为我们的交换无论从你那方面或从我这方面来说都是自私自利的，因为每一个人的私利都力图超过另一个人的私利，所以我们就不可避免地要设法互相欺骗。我认为我的物品对你的物品所具有的权力的大小，当然需要得到你的**承认**，才能成为真正的权力。但是，我们互相承认对方对自己的物品的权力，这却是一场斗争。在这场斗争中，谁更有毅力，更有力量，更高明，或者说，更狡猾，谁就胜利。如果身强力壮，我就直接掠夺你。如果用不上体力了，我们就互相讹诈，比较狡猾的人就欺骗不太狡猾的人。就**整个**关系来说，谁欺骗谁，这是偶然的事情。双方都进行观念上和思想上的欺骗，也就是说，每一方都已在自己的判断中欺骗了对方。"（《穆勒评注》，第35页）马克思在这里运用了黑格尔的一个著名概念——承认来揭示私有制下人们交往关系的异化。黑格尔认为人与人之间关系的本质就是为追求相互承认而进行的一场无休止的生死斗争，其中劳动在争得被别人承认的过程中所具有的特殊作用。黑格尔承认论题的主要观点是：劳动是人的自我确证的本质，表现为奴隶通过劳动确证自己的自为存在，使自己被承认是自由的人。[①] 马克思在这里显然是受到黑格尔的影响，把人与人之间交往的本质理解为为追求相互承认而斗争，并把劳动与承认问题连接起来。不过，马克思

---

① 参见张盾：《交往的异化：马克思〈穆勒评注〉中的承认问题》，载《现代哲学》2007年5期，第16—20页。

进一步提出了自己的理论创见，指出了资本主义私有制下这种相互承认却是一场相互掠夺和欺骗的权力斗争，"双方都进行**观念上**和**思想上**的欺骗，也就是说，每一方都已在自己的判断中欺骗了对方"（《穆勒评注》，第35页）。

第四，以消费为目的的交换只能使交换者相互以工具、手段来看待，而不是作为目的来看待、作为人来看待。马克思说："双方的交换必然是以每一方生产的和占有的**物品**为中介的。当然，我们彼此同对方产品的观念上的关系是我们彼此的需要。但是，**现实的、实际的、真正的**、在事实上实现的关系，只是彼此排斥对方对自己产品的**占有**。在我心目中，唯一能向你对我的物品的需要提供**价值、身价、实效**的，是你的**物品**，即我的物品的**等价物**。因此，我们彼此的产品是满足我们彼此需要的**手段、媒介、工具、公认的权力**。因此，你的**需求**和**你所占有的等价物**，对我来说是具有**同等意义的**、相同的术语。你的需求只有在对我具有意义和效用时，才具有效用，从而具有**意义**；如果单纯把你看作一个没有这种交换工具的人，那么，你的需求从你这方面来说是得不到满足的愿望，而在我看来则是实现不了的幻想。可见，你作为人，同我的物品毫无关系，因为**我自己**同我的物品也不具有人的关系。但是，**手段**是支配物品的**真正的权力**。因此，我们彼此把自己的产品看作一个人支配另一个人而且也支配自己的**权力**，这就是说，我们自己的产品顽强地不服从我们自己，它似乎是我们的财产，但事实上我们是它的财产。我们自己被排斥于**真正的财产**之外，因为我们的**财产**排斥他人。"（《穆勒评注》，第35—36页）由于在交换中每个人都把对方作为彼此需要的手段、媒介和工具来看待，而不是作为目的、作为人来看待，这就使交换中人与人的关系变成了物与物的关系。在这种物物的关系中，人本身被排斥在真正的财产之外，表面上是人在支配财产，而实际上我们自己的产品却不服从我们自己，是财产在支配人，即我们自己成了我们的产品的财产。这里与前面提到的在交换领域中物对人的普遍的统治是相一致的，更加强调了异化的普遍性。马克思进一步尖锐地指出，这种情况下人们交流的内容只剩下用于交换的、彼此发生关系的物品，而且这种物的价值的异化语言完全成了人类尊严的内容。"我们彼此同人的本质相异化已经到了这种程度,以致这种本质的直接语言在我们看来成了对**人类尊严的侮辱**,相反,物的价值的异化语言倒成了完全符合于理所当然的、自信的和自我认可的人类尊严的东西。"(《穆勒评注》,第36页)

最后,在私有制条件下,劳动的本质是非人的、异化的。马克思指出,人在创造对象世界的活动中确证自己的本质。在人作为人进行生产的情况下,每个人在自己的生产过程中就双重地肯定了自己和另一个人。我在生产中物化了自己的个性及特点,因此我在活动时既享受了我个人的生命表现,又在对产品的直观中由于认识到我的个性是物质的、可以直观地感知的因而是毫无疑问的权力而感受到个人的乐趣;通过你对我的产品的享受或使用,我能够意识到我的劳动满足了人的需要,将人的本质物化,还创造了与人的本质需要相符合的物品;每个人都通过他人的媒介与类之间相联系,每个人都意识到和感觉到他人是自己本质的补充,是自己不可分割的一部分,通过他人的肯定和承认,通过"你的思想和你的爱"(《穆勒评注》,第37页)而得到了自我的肯定与自我认同;我在自己的生命表现中直接创造了他人的生命表现,我在我个人的活动中直接证实和实现了我的真正的本质,即"我的**人的本质**,我的**社会的本质**"(《穆勒评注》,第37页)。这就是马克思所说的"我们的生产同样是反映我们本质的镜子"(《穆勒评注》,第37页)。

马克思进而尖锐地指出,劳动应该是自由的生命表现,是生活的乐趣;人在劳动中肯定了自己的个人生命,从而也就肯定了人的个性的特点,即"劳动是我**真正的、活动的财产**"(《穆勒评注》,第38页)。但是在私有制的前提下,它却成了生命的外化,成为为了得到生活资料的生存活动,在这样的劳动中我无法体现我作为人的生命存在;这样的劳动由于远离我的个性而为我所痛恨,它对我来说是一种痛苦的、被迫的活动。因而这种劳动的本质是非人的、异化的,"它加在我身上仅仅是由于**外在的**、偶然的需要,而**不是**由于**内在的必然**的需要"(《穆勒评注》,第38页)。

以上是我们按照马克思的逻辑思路对《穆勒评注》的基本观点进行的文本解读。我们可以发现，马克思通过对穆勒著述中所摘录的交换和消费部分的评述，都是围绕着资本主义私有制条件下，人的本质在生产、分配、交换和消费领域中所体现出的异化趋势。"异化"这一范畴贯穿马克思《穆勒评注》思想的整个脉络。接下来我们主要对《穆勒评注》中表述的主要观点与《1844年经济学哲学手稿》中的观点进行比较研究。

第五章 《穆勒评注》中异化思想与《1844年经济学哲学手稿》中异化思想的比较研究

异化思想在许多哲学家那里都可以找到印迹。霍布斯是在权利"转让"的意义上使用异化概念的；卢梭则把异化同财产所有权联系起来，强化了异化概念的否定性含义。费希特把人的自由权利区分为可让渡的权利和不可让渡的权利，他把不可让渡的权利归结为"自我"，"自我"创造了"非我"之后，"非我"反过来使"自我"丧失了独立性而变成了受限制的东西，所以"非我"就是"自我"的外化（异化），而整个世界史也就成了所谓"自我设定非我"的外化（异化）过程。在黑格尔那里异化才真正成为具有严格意义的哲学概念。"异化"作为哲学概念，是指主体在发展的过程中，由于主体自身的实践活动而产生出自己的对立面，这个对立面又作为一种外在的、异己的敌对力量而转过来支配和奴役主体自身。黑格尔把绝对精神作为异化的主体，这个异化主体的能动性就是自身的否定性，或自身矛盾、异化的发展能力。费尔巴哈从感性的人出发研究异化，认为宗教是人的本质的异化，并把建立所谓"爱"的宗教作为克服这种异化的途径。马克思在对这些思想家的异化思想进行批判吸取的基础上，形成自己独特的异化理论。

马克思在《1844年经济学哲学手稿》中主要从四个方面对资本主义异化现象作了深刻的揭示。

第一，从生产的对象来看，劳动者与他的劳动产品相异化，即"劳动所生产的对象，即劳动的产品，作为一种异己的存在物，作为不依赖于生产者的力量，同劳动相对立"①。马克思说："工人生产的财富越多，他的生产的影响和规模越大，他就越贫穷。工人创造的商品越多，他就越变成廉价的商品。物的世界的增值同人的世界的**贬值**成正比。"②马克思还分析了对象化与异化之间的关系，"劳动的产品是固定在某个对象中的、物化的劳动，这就是劳动的对象化。劳动的现实化就是劳动的对象化。劳动的现实化就是劳动的对象化。在国民经济的实际状况中，劳动的这种现实化表现为工人的非现实化，对象化表现为对象的丧失和被对象奴役，占有表现为异化、外化"③。这表明马克思所理解的"异化"是指对象化的特殊形式，劳动者体现在对象中的劳动变为一种与工人对立的异己力量。因为劳动工具或生活资料都属于劳动的产品，而劳动者的这两种最必要的对象却被剥夺了，因此，马克思认为"劳动的现实化竟如此表现为非现实化，以致工人非现实化到饿死的地步"④。马克思认为："这一切后果包含在这样一个规定中：工人对自己的劳动的产品的关系就是对一个异己的对象的关系。工人在劳动中耗费的力量越多，他亲手创造出来反对自身的、异己的对象世界的力量就越强大，他自身、他的内部世界就越贫乏，归他所有的东西就越少。"⑤ 劳动者将自己的生命投入到劳动产品之中，但是他的生命却已不再属于他自己，而是属于劳动产品这个对象了。在这种现实下，"工人在他的产品中的外化，不仅意味着他的劳动成为对象，成为外部的存在，而且意味着他的劳动作为一种与他相异的东西不依赖于他而在他之外存在，并成为同他对立的独立力量；意味着他给予对象的生命是作为敌对的和相异的东西同他相对立"⑥；在这种现实下，劳动者成为奴隶状况的顶点，"他只有作为工人才能维持自己作为肉体的主体，并且只有作为肉体的

---

① 《马克思恩格斯文集》第 1 卷，北京：人民出版社 2009 年版，第 156 页。
② 同上。
③ 《马克思恩格斯文集》第 1 卷，北京：人民出版社 2009 年版，第 157 页。
④ 同上。
⑤ 同上。
⑥ 同上。

主体才能是工人"①。马克思认为这种异化状态的后果是:"劳动为富人生产了奇迹般的东西,但是为工人生产了赤贫。劳动生产了宫殿,但是给工人生产了棚舍。劳动生产了美,但是使工人变成畸形。劳动用机器代替了手工劳动,但是使一部分工人回到野蛮的劳动,并使另一部分工人变成机器。劳动生产了智慧,但是给工人生产了愚钝和痴呆。"②

第二,从生产过程来看,劳动者与他的劳动活动相异化,即"异化不仅表现在结果上,而且表现在**生产行为**中,表现在**生产活动**本身中"③。马克思认为:"如果劳动的产品是外化,那么生产本身必然是能动的外化,活动的外化,外化的活动。在劳动对象的异化中不过总结了劳动活动本身的异化、外化。"④ 劳动的外化表现为三个方面:一是"劳动对工人来说是外在的东西"⑤,也就是劳动不属于劳动者的本质,劳动者在自己的劳动中,没有肯定自己,而是否定了自己;不是感到幸福,而是感到不幸;不是自由地发挥自己的体力和智力,而是使自己的肉体受折磨、精神遭摧残。二是劳动者的劳动不是自愿的劳动,而是被迫的劳动。劳动变成了满足劳动之外的那些需要的一种手段,是劳动者的自我牺牲与自我折磨。三是"对工人来说,劳动的外在性表现在:这种劳动不是他自己的,而是别人的;劳动不属于他;他在劳动中也不属于他自己,而是属于别人"⑥。这种劳动者与劳动活动相异化的后果就是,"人(工人)只有在运用自己的动物机能……的时候,才觉得自己在自由活动,而在运用人的机能时,觉得自己只不过是动物。动物的东西成为人的东西,而人的东西成为动物的东西。动物的东西成为人的东西,而人的东西成为动物的东西"⑦。

在这里马克思还谈到了"在宗教中,人的幻想、人的头脑和人的心

---

① 《马克思恩格斯文集》第1卷,北京:人民出版社2009年版,第158页。
② 同上书,第159页。
③ 同上。
④ 同上。
⑤ 同上。
⑥ 《马克思恩格斯文集》第1卷,北京:人民出版社2009年版,第160页。
⑦ 同上。

灵的自主活动对个人发生作用不取决于他个人，就是说，是作为某种异己的活动，神灵的或魔鬼的活动发生作用，同样，工人的活动也不是他的自主活动。他的活动属于别人，这种活动是他自身的丧失"①。可以看出，马克思的这种观点是直接源自于费尔巴哈的，说明此时的马克思还受到费尔巴哈的深刻影响，是在用费尔巴哈的异化概念来解释社会现实，也说明马克思此时还处在思想转折的过程之中。

第三，从人的类本质来看，人与他的类本质相异化，即"异化劳动，由于（1）使自然界同人相异化，（2）使人本身，使他自己的活动机能，使他的生命活动同人相异化，因此，异化劳动也就使**类**同人相异化；对人来说，异化劳动把**类生活**变成维持个人生活的手段"②。这是马克思在异化劳动的前两个表现的基础上推论出来的。马克思在这里所说的"类"、"类本质"沿用了费尔巴哈的术语，他所要论证的就是从人的生产活动同动物的本能的生命活动的区别来看的异化现象。由于异化劳动使自然界、使人本身，使他自己的活动机能，使他的生命活动同人相异化，所以它就使类本身同人相异化。生命活动的性质体现了一个种的整体特性与类特性，而人的类特性恰恰就是自由自觉的有意识的活动，因此"有意识的生命活动把人同动物的生命活动直接区别开来。正是因为这一点，人才是类存在物，或者可以说成人是有意识的存在物，即人的生活是他的对象"③。但是异化劳动却使这种关系颠倒了过来，"以致人正因为是有意识的存在物，才把自己的生命活动，自己的本质变成仅仅维持自己生存的手段"④。动物只是在直接的肉体需要的支配下本能地生产，而人就是在改造对象世界的过程中才证明了自己是类存在物的。异化劳动从人那里夺去了人的生产对象，夺去了他的类生活，即人的现实的类的对象性，于是就"把人对动物所具有的优点变成缺

---

① 《马克思恩格斯文集》第 1 卷，北京：人民出版社 2009 年版，第 160 页。
② 同上书，第 161 页。
③ 同上书，第 162 页。
④ 同上。

点","把人的类生活变成维持人的肉体生存的手段"①,也就是说把人降低为动物。因此"人具有的关于自己的类的意识,由于异化而改变,以致类生活对他来说竟成了手段"②。

第四,从人际关系来看,人与人相异化,即"人同自己的劳动产品、自己的生命活动、自己的类本质相异化的直接结果就是**人同人相异化**"③。马克思认为,凡是适用于人对自己的劳动、对自身的关系的东西,也都适用于人对他人、对他人的劳动和劳动对象的关系。由此,马克思得出"人的类本质同人相异化这一命题,说的是一个人同他人相异化,以及他们中的每个人都同人的本质相异化"④。一般地说,人的异化即人对自身的任何关系,只有通过人对他人的关系才能得到实现和表现。比如说,劳动产品对我来说是异己的,并且是作为异己的力量面对着我,那它到底属于谁呢?我自己的活动不属于我,那它到底属于谁呢?答案就是"属于另一个有别于我的存在物"⑤,属于资本家。"劳动和劳动产品所归属的那个异己的存在物,劳动为之服务和劳动产品供其享受的那个存在物,只能是人自身"⑥,"如果劳动产品不是属于工人,而是作为一种异己的力量同工人相对立,那么这只能是由于产品属于工人之外的他人"⑦。因此,劳动产品的异化表现为劳动者同非劳动者之间、劳动者和资本家之间的一种异化的、敌对的相互关系。"人同自身以及同自然界的任何自我异化,都表现在他使自身、使自然界跟另一些与他不同的人所发生的关系上"⑧,由此马克思特别强调指出,"在实践的、现实的世界中,自我异化只有通过对他人的实践的、现实的关系才能表现出来。异化借以实现的手段本身就是实践的。因此,通过异化劳

---

① 《马克思恩格斯文集》第1卷,北京:人民出版社2009年版,第163页。
② 同上。
③ 同上。
④ 《马克思恩格斯文集》第1卷,北京:人民出版社2009年版,第164页。
⑤ 同上。
⑥ 同上。
⑦ 《马克思恩格斯文集》第1卷,北京:人民出版社2009年版,第165页。
⑧ 同上。

动,人不仅生产出他对作为异己的、敌对的力量的生产对象和生产行为的关系,而且还生产出他人对他的生产和他的产品的关系,以及他对这些他人的关系"①。马克思最后得出这样的结论:"总之,通过异化的、外化的劳动,工人生产出一个同劳动疏远的、站在劳动之外的人对这个劳动的关系。工人对劳动的关系,生产出资本家——或者不管人们给劳动的主宰起个什么别的名字——对这个劳动的关系。"②

从马克思在《1844年经济学哲学手稿》的《第一手稿》中对异化劳动表现形式的分析可以看出,他对异化劳动的前三个表现形式都作了详细的分析,但对第四个规定却没有作出较多的解释。这不能不说是马克思在《1844年经济学哲学手稿》中阐述异化劳动理论的欠缺之处。而这一点恰恰在马克思的《第一手稿》之后写作的《穆勒评注》中得到了弥补。在《穆勒评注》中,马克思从货币、信贷、银行业、人的本质以及异化的社会联系等方面分析了异化的各种表现,进一步阐述了人与人之间交往的异化,即社会交往的异化。通过对交往异化的分析,马克思进而解决了在《1844年经济学哲学手稿》中没有解释的对异化劳动所作的第四条规定——人与人之间相异化。因为他对异化的前三条规定性强调主体与客体之间的异化,就是主体与客体之间的关系逻辑,主体在异化之后变成了客体,客体与主体相对立,通过消灭私有制而扬弃了异化,最终使客体转而回到了主体自身。即是说,通过这一逻辑马克思可以很好地解释人与生产产品、人与劳动过程以及人与类本质的异化规定,它们三个所揭示的都是人与自身之外的对象的关系,适用于主客体逻辑。到了人与人之间相异化的第四条规定——这种主体与主体之间异化关系结构的时候,主客体关系的逻辑已经不适用了。由于此时的马克思还是站在孤立人的角度来看待异化劳动的,因此在《1844年经济学哲学手稿》中马克思对这一规定没能作出更多的解释。到了《穆勒评注》,马克思通过对交换、货币、信贷、银行业等领域的异化阐述

---

① 《马克思恩格斯文集》第1卷,北京:人民出版社2009年版,第165页。
② 同上书,第166页。

进而明确提出了交往异化的思想,解决了人与人之间相异化这一主体之间相异化的问题了。

马克思在《穆勒评注》中认为:在原始劳动的状态下,人们劳动是为了直接满足人对生活资料的需要,在当时所出现的粗糙的物物交换中是不存在异化的。随着生产的扩大,生产力的进一步发展,分工的越来越细化,商品交换的范围越来越广,劳动中便开始出现异化现象,人们所生产的全部产品都是作为商品来生产的,人们进行生产是为了维持自己的生存,劳动则完全变成了谋生的手段。劳动是为了拿来出卖的,是以谋取货币为动机和目的而进行的,而不是为了满足自我的需要。在这种情况下,劳动对于劳动者来说,就变成了一种非本质的、偶然的联系,劳动产品也不是用来满足劳动者个人的需要了。从这样一种谋生的劳动中,马克思看到了异化的四种表现:"**在谋生的劳动中**包含着:(1)劳动对劳动主体的异化和偶然联系;(2)劳动对劳动对象的异化和偶然联系;(3)工人的使命决定于社会需要,但是社会需要是同他格格不入的,是一种强制,他由于利己的需要、由于穷困而不得不服从这种强制,而且对他来说,社会需要的意义只在于它是满足他的直接需要的来源,正如同对社会来说,他的意义只在于他是社会需要的奴隶一样;(4)对工人来说,维持工人的个人生存表现为他的活动的**目的**,而他的现实的行动只具有手段的意义;他活着只是为了谋取**生活**资料。"(《穆勒评注》,第28—29页)可以看出,马克思所分析的关于谋生劳动的以上四点内容,特别是对谋生劳动的第三、第四点的分析,涉及了"个人需要"同"社会需要"的分离与对立,劳动者自己的生产目的以及劳动者和社会生产目的的关系问题,这些都是可以与《1844年经济学哲学手稿》中所讲的异化劳动内容相互补充的。在《穆勒评注》中,马克思认为交换关系的前提是劳动成为直接谋生的劳动,交换是在人与人之间发生的,而交换又是以喜爱交往的人这一存在物为前提的,在当时资本主义社会经济关系的条件下,"不论是生产本身中人的活动的**交换**,还是**人的产品**的**交换**,其意义都相当于**类活动**和类精神——它们的真实的、有意识的、真正的存在是**社会的**活动和**社会的**享受。因为**人的**

本质是人的真正的社会联系，所以人在积极实现自己本质的过程中**创造**、生产人的**社会联系**、社会本质"（《穆勒评注》，第 24 页）。按照马克思那时的理解，交往就是"类活动和类享受"、"社会的活动和社会的享受"，也就是说交往是人的"类本质"和"社会本质"。在《1844年经济学哲学手稿》的异化劳动片断的最后，马克思发现需要从对人的"自我异化"的分析转向对人的"相互异化"的分析，即从对劳动异化的分析转向对人与人之间关系异化的分析。因此，在《1844年经济学哲学手稿》中没有解释的人与人相异化这一个规定性，在《穆勒评注》里得到了解释。

另外，马克思分别在《1844年经济学哲学手稿》和《穆勒评注》中对分工，特别是资本主义私有制条件下的分工产生异化劳动的问题，作了深入的阐述，由于在本书第三部分中已对此问题予以介绍，故在此不再赘述。

从以上《1844年经济学哲学手稿》和《穆勒评注》对异化劳动理论的表现对比分析来看，在《1844年经济学哲学手稿》中更多阐述的是异化劳动理论中劳动的异化，而在《穆勒评注》中就更进一步的以劳动异化为原因说明了社会关系的异化。从劳动异化到社会关系的异化，说明马克思对资本主义异化现象认识的深化。

结　语

《穆勒评注》是马克思早期思想发展的重要阶段，其中所阐述的异化思想并不是简单地沿用了黑格尔和费尔巴哈的异化理论，而是在深入地研究了社会经济领域中的各种异化现象之后，对黑格尔和费尔巴哈的异化理论进行批判改造的基础上形成的。在《穆勒评注》中，马克思对人的本质的认识开始超出费尔巴哈的人本主义。当然这同他后来关于人的本质的科学论断相比它仍然是不成熟的，这时候的马克思对于社会关系、社会联系的了解还是比较抽象的，他主要是从生产、分配、交换、消费等经济领域来讲的，还没有谈到政治等方面的社会联系，因而没有明确地把人的本质概括为一切社会关系的总和。

虽然《穆勒评注》只是马克思在初涉经济学领域时所做大量笔记中的一小部分，但它对马克思经济学思想的发展有着很重要的影响。马克思通过对斯密、李嘉图、穆勒等人经济学著作的摘录与评论，从一个经济学领域的新手慢慢地成长。虽然这时候马克思的经济学思想还是不成熟的，无论是《穆勒评注》还是《1844年经济学哲学手稿》都不是马克思成熟的著作，但它们却是马克思早期思想的一个重要的转折点。《穆勒评注》与《1844年经济学哲学手稿》一起为马克思以后创作《政治经济学批判大纲（1857—1858年草稿）》和经济学巨著《资本论》奠定了坚实的基础。因此，我们应该重视对《穆勒评注》的研究。

第四部分 经典著作选编

卡·马克思

詹姆斯·穆勒《政治经济学原理》一书摘要①

一 论生产

[XVIII]"为了使劳动存在，必须有**一定数量的食品**和从事劳动的人所使用的其他一切物品。"（第8页）"一般地说，人们不能以从事少数几项操作所练出来的速度和技巧来从事**多项**不同操作。因此，**尽可能地限制**每个人的**操作项目，总是有利的**。"（第11页）

"为了最有利地进行分工以及分配人力和机器力，在多数情况下，必须从事大规模生产，换句话说，必须大批地生产财富。这种好处是促使大制造业产生的原因。"（同上）

二 论分配

（1）关于土地租金或地租

"土地具有不同程度的肥力。有一种土地，可以看作是**什么也不生产的**土

---

① 《詹姆斯·穆勒〈政治经济学原理〉一书摘要》显然是卡·马克思于1844年上半年根据帕里佐的法译本（《政治经济学原理》，雅·德·帕里佐译自英文，1823年巴黎版）作的。这个摘要是马克思从1843年10月到1845年1月底在巴黎所作的9本经济学札记中的第4本和第5本。在这次发表的文献中，所有摘自穆勒著作的引文都放在引号内，而马克思对所摘原文的自由阐述，则不论在马克思本人的手稿中有没有引号，一律不用引号。

与马克思文稿中许多类似的材料（札记、摘要）不同，在这个文献中，马克思个人的议论占了相当大部分，这些议论按其内容说来与《1844年经济学哲学手稿》相衔接，而且先于这个手稿。方括号（编者加的）内的罗马数字指的是马克思的札记本（包括这次发表的摘要）的页码。引文中的着重号照例是由马克思加的。

地。"(第15页)"在这种土地和最肥沃的土地之间有一些中等的、即中等肥力的土地。"(第16页)"最肥沃的土地也不会同样轻而易举地提供它所能生产的一切。例如,一块土地每年能提供10夸特或者比这还多两、三倍的谷物。但是,它提供第一个10夸特是由于投入了一定的劳动量,而提供第二个10夸特则由于投入了更大的劳动量,等等,而且生产每一个新的10夸特都要求比生产前一个10夸特付出更多的费用。"(第16—17页)"当还没有在全部较好的土地上进行耕作并对这种土地的耕作投入一定量的资本时,所有投入农业的资本都会带来同等数量的产品。可是每当达到一定的阶段,在同一块土地上,如果追加产品不相应地减少,就不会投入任何追加资本。因此,在任何国家,人们从土地上获得一定数量的谷物之后,只有**相应地**付出更大的费用才能获得更大数量的谷物。"(第[17]—18页)"当农业需要一部分只能带来较少产品的资本时,对这部分资本的使用可以有两种办法:把资本或者投入一块初次耕作的具有二等肥力的土地,或者投入一块具有一等肥力的土地——在这上面已经投入了全部资本,并且在这块土地上能够使用这笔资本而不减少产品。至于把资本投入具有二等肥力的土地还是投入具有一等肥力的土地,这在任何情况下都要取决于这两类土地的性质和质量。同一资本,如果投入较好的土地只生产8夸特谷物,而投入具有二等肥力的土地可生产9夸特谷物,那么人们就会把它投入后一种土地,反之亦然。"(第18—19页)

"当土地什么也不生产的时候,就不值得费力去占有它。当只需要把一部分较好的土地投入耕作的时候,所有未经耕作的土地就什么也不生产,也就是没有价值。因此,这后一部分土地就没有所有者,谁着手使它具有生产能力,谁就可以把它变为自己的财产。在这个时期内,土地不支付地租",这就是说,不存在对**土地的生产能力**的支付,而只是付**利息**,即为开垦这块土地所投入的资本的利润。(第19—20页)"但是,必须耕种二等土地或者在一等土地上投入追加资本的时候到来了",如果投入二等土地的资本带来8夸特,而投入土地 No_1 的追加资本带来10夸特,那么投入这笔资本的人就可以为获准耕种土地 No_1 而付出2夸特:"这种支付就是**地租**,即土地租金。"(第20—21页)"因此,地租按连续投入土地的资本的效力降低的比例而增加。"(第21页)"如果人口增长到这样的程度,即耕种了所有的二等土地,而且不得不耕种只能生产6夸特而不是8夸特的三等土地"(这种情况同在较好的土地上投入带来较少产品的追加资本一样),那么土地 No_2 就带来2夸特租金,而土地 No_1 就带来4夸特租金。(第[21]—22页)"因此,无论是把资本投入具有各种不同肥力的土地，还是分批地连续投入同一土地，以这样的方式投入的资本的某几个部分会比其他部分提供较多的产品。提供产品最少的那些部分只提供为补偿和报酬资本家所必需的一切。资本家每次新投入的资本所得到的东西不会多于这种公平的报酬，因为其他资本占有者的竞争妨碍他得到更多的东西。土地所有者可以把超过这种报酬的一切东西据为己有。因此，地租是对土地投资效力最小的那一部分资本所带来的产品同所有其他投资效力较大的那一部分资本所带来的产品之间的差额。"（第〔22〕—23页）有这样的情况：甚至肥沃土地的土地租金即地租也根据投在这块土地上的各种资本的总产品减去这些资本的利息和利润后的余额来计算。萨伊把这种情况同文明国家的每块土地都要缴纳地租这一实际矛盾（见萨伊等人的著作）作了对比。可是，除此之外，租地农场主正在使用并且能够使用这样一部分资本，它只给他带来通常的资本利润，而支付不出任何土地租金。（第30—31页）

[XIX]（2）关于工资

"**生产**是**劳动**的结果；可是劳动从资本那里得到它要加工的原料以及帮助它加工原料的机器，或者更确切些说，劳动从资本那里得到的这些东西就是资本本身。"（第32页）在**文明**社会，"**工人和资本家是两类不同的人**"（第32—33页）。"人们发现，对工人说来，更加方便的是以**预付**的方式把工人的份额付给工人，而不是等到产品生产出来和产品的价值得到实现的时候。人们发现，适合于工人取得其份额的形式是**工资**。当工人以工资的形式完全得到了产品中他应得的份额时，这些产品便完全归资本家所有了，因为资本家事实上已经购买了工人的份额，并以预付的方式把这个份额支付给工人了。"（第〔33〕—34页）

§1."产品按什么比例在工人和资本家之间进行分配"，或者，工资水平按什么比例调节？（第34页）"确定工人和资本家的份额，是他们之间的商业交易的对象，**讨价还价**的对象。一切自由的商业交易都由竞争来调节，讨价还价的条件随着供求关系的变化而变化。"（第34—35页）"假定有**一定数目的**资本家和**一定数目的**工人。假定他们分配产品的比例也通过某种方法确定了。"如果工人人数增长了而**资本量**没有增加，增加的那一部分工人"就会试图排挤原来在业的那一部分。他们只有按较低报酬提供自己的劳动，才能作到这一点。在这种情况下工资水平必然降低"（第35—36页）。"假定情况与此相反，工人人数保持不变而资本量增加了；资本家拥有用以雇用劳动的大量资金，拥有一笔他们想从中获得利润的剩余资本；因此资本家就需要增加工人。可是所有这些工人都被其他雇主用了，要把工人吸引到自己这里来，只有一个办法，就是提供较高的工资。而其他雇主也处在同样的情况下，并且为了留用这些工人，他们给工人提供更高的工资。这种竞争是不可避免的，它的必然结果是：**提高工资水平**。"（第36页）所以，人口增加而资本量不增加会引起工资下降，在相反的情况下，工资则会提高。"如果这两种量以不同的比例增加，那么结果就是这样：一种量不增加，而另一种量的增加额等于双方实际增长额之差。"例如，人口增加2/8，资本量增加1/8，那么结果就是这样：资本量没有增加，而人口增加1/8。（第36—37页）因此，"如果资本量同人口的比例不变，工资水平也就保持不变；资本量与人口相比增加了，工资水平就提高；人口与资本量相比增加了，工资水平就下降"（第37—38页）。"根据这个规律，就很容易发现那些决定每个国家人民中**绝大多数群众的处境**的条件。如果人民的处境安逸、舒适，那么只要促使资本像人口一样快地增长或者阻止人口比资本增长得快，就足以保持这种状况。如果人民的处境恶劣，那就只有加速资本的增长或者减少人口，才能改善这种处境；这就是说，使民族就业资金同构成这一民族的单个人的人数之间的比例增大。"（第38页）"如果资本增长的自然趋势比人口增长快，那就很容易保持人民的安乐处境。相反，如果人口增长的自然趋势比资本量增长快，那就会有极大的困难；工资就不断趋于下降。工资的下降将使人民越来越贫困，使他们染上恶习，使他们死亡。不管人口按什么比例比资本更快地增长，生活在这种条件下的人也会以同样的比例死亡，这样，资本的增长和人口的增长之间的比例将保持不变，工资水平也就会停止下降。"几乎所有国家里广大人民群众的贫困都证明人口比资本增长得快是一个**自然**趋势。没有这种情况就不可能有这样的贫困。"**人类的普遍贫困**是一个事实，它只能用下述两个前提之一来加以说明：或者是人口具有比资本增长得快的趋势，或者是人们以某些方式阻碍了资本具有的增长趋势。"（第〔38〕—40页）

§2."可以从以下几点推论出人口增长的自然趋势"：

第一，妇女的**生理构造**。妇女最低限度在二十岁到四十岁期间至少每两年能够生**一个**孩子。因此一个妇女的自然生育数是十。（第〔40、42〕、43页）我们把一切不幸事故、不生育等情况都考虑在内，假定一对富有的夫妇只能培育**五个**孩子。（第44页）即使根据这一假定也很清楚，"过不了几年人口将增长一倍"（第44页）。

第二，可以把官方的人口统计表、尤其是出生率和死亡率统计表与这个结论相对照。（第44页）然而这些统计表证明什么呢？证明人口的增长。即使这些统计表表明大多数国家的人口处于不兴旺状态，这也证明不了什么。部分地是贫穷使得大多数在贫苦环境中出生的人口过早死亡，部分地是理智阻止许多婚姻的缔结或者阻止婚后生育的子女超过一定的数目。（第45—46页）

§3. 资本的增长趋势较小，因为"资本的任何增长都来源于储蓄。任何资本都是"年产品的一部分。"要把这部分产品留下来作为资本使用，它的所有者就必须放弃自己对它的消费。"（第46—47页）

年产品必然按两种方式分配。"或者是把一切维持生活和供享受的必需品充分地供给广大人民群众，而把较小部分的年产品用来增加富人的收入；或者是对广大人民群众的供给严格地限制在绝对必需品上，这样，当然就会形成一个收入可观的阶级。"（第48页）在后一种情况下，平民阶级"不可能进行储蓄"（第［48］—49页）；同时"四周都是穷人的富人阶级是不喜欢节约的"；富人非常"渴望立即得到享受；他们何必为了对他们来说没有多大实用意义的积蓄而放弃眼前的享受呢？"（第49页）在前一种情况下，无论是穷人阶级还是富人阶级都"没有要节约的强烈动机"；穷人阶级中**大多数**没有这样的动机，因为他们没有仔细考虑过要为了将来而牺牲现在，即使有例外，**有仔细考虑的人**，他们也没有这种动机，因为他们有顾虑，怕放弃了眼前的享受而将来得不到补偿。（第50—51页）

看一看以下各页继续唠叨的无聊话。

"人口增长的趋势不论是大还是小，它在任何情况下都是均匀的。只要是在同样良好的条件下，人口在某个时期不论以什么样的比例增长，在其他任何时期也将以同样的比例增长。相反，资本增长得越多，增长的困难就越大，直到最终不能增长为止。"（第55—［56］页）

［ⅩⅩ］因此，"无论人口增长得多么慢，由于资本增长得更慢，工资将降低到这样的水平，以致有一部分人口经常由于贫困而死亡"（第56—57页）。

§4."**惩罚和奖励**是立法的权力借以改变人类活动进程的两种主要手段，然而用这两种手段来抑制人类繁衍和增长的趋势是不太适宜的。"（第57—［58］页）

"立法在不直接起作用的情况下，往往能通过间接的作用而获得很大的效果。"如果立法促使人口增长，那么"如此有害的立法就需要修改"（第58—

59页)。"在这种情况下,也像在许多其他情况下一样,利用**人民制裁**的巨大影响也许有很大的好处,对那些由于自己的不慎行为和由于建立人口很多的家庭而陷于贫困和依赖地位的人不遗余力地给予公开谴责,而对那些由于明智的节制态度而保证自己免于贫困和堕落的人给予公开赞扬,这样做也许就够了。"(第59页)"通过教育人民、改进立法、破除迷信将解决这个难题。"(第59页)至于加速资本的增长,则立法拥有**反奢侈浪费法**这一手段,立法可以把节俭提上议事日程而认为浪费是可耻的。(第60页)立法可以直接起作用,**把每年的纯产品的一定部分提出来**,使它变成资本。可是怎么提取呢?——通过所得税。"对于用这种方式取得的资本,立法可以采取两种使用办法:借给要使用资本的人,或者留下自己使用。"(第61页)"最简单的办法是把它借给能够保证偿还的资本家和工厂主。每年由这些债款获得的利息可以用同样的办法在下一年当作资本使用。假定每年获得的份额以这样的方式构成复利,并且保持较合理的利息率,那么资本在很短时间内就可以增加一倍。如果发现工资下降,那就到了提高所得税的时候了。如果工资的提高超出了必须使工人的状况**但求温饱**的水平,那就可以降低所得税。"(第61—62页)这样做的结果是"人口迅速地增加;而把资本投入质量**越来越**低的新开发的土地或分批地连续投入产品一次比一次少的同一块土地的必要性,也同样快地增加"(第62页)。"如果资本带来的产品逐年减少,资本家得到的收入也会按相同的比例减少。经过一定的时间,资本的收入减少到只有拥有大量资本的所有者才能从中取得生存资料;这就是"上述做法的"最后结果"(第62—63页)。"假定工资水平保持不变。所有不靠劳动生活的人都靠资本的收入或者地租生活。上面所假定的情况的趋势是使靠资本为生的人变穷",使土地所有者通过不断提高地租而变富。"除了土地所有者以外,社会上所有其余的人,工人和资本家,几乎是同样的贫穷。每当有土地出售时,人们为了获得它,总要付出巨额资本;因此每个人只能购到数量很有限的土地。"(第63页)"在这种情况下,出售土地可能是**经常的**,也可能是**不多见的**。如果是经常的,那么土地就被分成很小的地块,为数量众多的居民所占有,其中哪一部分人的状况都不比工人好多少。如果自然灾害使得一年或几年的产品大大低于正常年景,那么一场普遍的和无法补救的灾难就会蔓延起来,因为只有在大部分人的收入多于靠工资为生者的收入的国家,才能靠这些富人建立巨大的储备来减轻亏空所造成的后果。"(第[63]—64页)"人类**追求完善化的能力**,或者说,不断地从科学和幸福的一个阶段过渡到另一个更高的阶段的能力,看来在很大程度上取决于这样的人所组成的阶级：他们是自己时代的主人，也就是说，他们相当富有，根本不必为取得能过比较安乐的生活的资财而操心。科学的园地就是由这个阶级的人来培植和扩大的；他们传播知识；他们的子女受到良好的教育，准备担任最重要的和最美好的社会职务；他们成为立法者、法官、行政官员、教师、各个领域的发明家、人类赖以扩大对自然力的控制的一切巨大和有益的工程的领导者。"（第 65 页）"**最幸福**的人是拥有**中等**财产的人。"他们不依赖于人，"他们必然享受全人类所应享受的种种乐趣"。因此，"这个阶级应当成为社会的尽可能大的组成部分。为此，决不容许人口由于加紧资本积累而增长到这样的程度，以致投入土地的资本的收入非常之少。**资本的收入**应当**大**到足够使社会上很大一部分人能够享受**余暇**所提供的好处"。如果人口超过了必要的数量，那么这种情形"就会减少社会幸福在很大程度上所依赖的剩余产品储备，而不是增加年产品中减去必须用来补偿所消耗的资本和维持工人生活之后的剩余产品额"（第 67 页）。

（3）关于资本的利润

"在研究所有用来调节工资和利润的东西的时候，可以把地租除外。因为它是资本家和工人之间必须进行分配的那些产品减少的结果，而不是原因。"（第 76 页）"如果某种东西在两个人中间分配，那么很明显，能调节一个人的份额的东西也能调节另一个人的份额，因为从一个人那里拿走的东西必定给另一个人。"（第 76 页）"可是，因为资本家和工人各自的份额之间的比例取决于人口数和资本量之间的比例，并且因为前者的增长趋势比后者快，所以，这种变化的**能动的本原**〔XXI〕是在人口方面，而且可以把人口数，也可以说是把工资，看作调节者。"（第 76—77 页）"因此，利润——资本家在劳动和资本的共同产品中所占的份额——取决于工资"，并与工资成反比例。（第 77 页）"利润不仅取决于占有者所得到的分配物的份额，而且也取决于分配物的总价值。"（同上）"随着投入农业的资本的利润减少，投入工场工业和所有其他各种工业的资本的利润也会减少。"（第 81 页）"前一种减少是不可避免的；可是以这种方式使用的资本的利润率决定以任何其他方式使用的资本的利润率，因为如果在其他方面投资能获得更大的利益，那就没有人愿意继续把他的资本投入农业。因此，所有的利润都必定降低到农业利润的水平。"（第 81—〔82〕页）

"要经过哪些阶段才达到这个结果呢？当对于额外数量的谷物有了需求，而这个数量的谷物只有通过耕种低质量的土地或者在同一块土地上投入带来利润较少的几份新资本才能生产出来时，耕作者对于以生产成效比以前小的方法来使用自己的资本是否合适，自然是犹豫不决的。这样一来，对谷物的需求就在这种商品的生产没有相应增加的情况下日益增长。其结果自然是谷物的交换价值提高，而且当它提高到一定程度时，耕作者生产的谷物比以前少，却能够从自己的资本中获得和其他的资本所有者同样多的利润。在此之后，不是他的利润保持在原有的水平上，而是所有其他的利润降低到他的利润已经降到的水平上。由于谷物价值的增大，劳动价值也随之增大。工人必须消费一定数量的生活必需品，而不论它们的价钱高还是低。如果它们的价钱比以前高，工人的劳动的价值也就比以前高，虽然他们所消费的生活资料和其他物品的数量一点没有变。因此，可以认为工人的工资提高了，虽然他们的劳动的实际报酬并没有增加。这样，所有的资本家就被迫付出较多的工资，他们的利润也就减少了。由于同一原因，农场主的处境也是如此。因此，随着人口逐渐增多以及必须把资本投入越来越不肥沃的土地，所有资本的利润也逐渐减少。"（第82—［83、84］页）

三 论交换

§1. **交换**是以自己生产的产品的剩余和对他人生产的产品的需求为基础的。交换的代理人"是**承运者**和**商人**"（第85页）。

§2. "如果一种产品和另一种产品相交换的数量取决于供求关系"，那么要问，"这个关系取决于什么"（第89页）。这个关系"归根结底取决于生产费用"（第［91］—92页）。这个生产费用就是劳动。"因此，劳动量决定产品互相交换的比例。"（第99页）

§3. **直接劳动**；资本：**积累劳动**。（第100页）"关于这两种劳动应当指出：（1）它们并不是始终按照同样比率取得报酬的；（2）它们不是始终按照同样比率参加所有商品的生产。"（第100—101页）

"劳动和资本参加生产的过程是不同的，用三种情况就足以说明。两种极端情况和一种中间情况：（1）产品只由**直接**劳动生产，没有资本参加；（2）产品一半由直接劳动生产，一半由资本生产；（3）产品只由资本生产，没有直接劳

动参加。"(第 102—103 页)

"如果在生产中两种劳动都使用,如果在一种劳动的价格上涨时另一种劳动的价格下降,那么在第一种劳动的价格上涨时,大量使用这种劳动生产的商品,同少量使用这种劳动生产的商品相比,其交换价值就提高了。提高的比例每次都取决于两种情况:(1)取决于一种劳动的价格在另一种劳动的价格上涨时下降的比例;(2)取决于生产上述第一种商品所使用的第一种劳动的量同生产另一种商品所使用的这种劳动的量之间的比例。"(第〔103〕—104 页)

因此,首要的和唯一的问题是:"如果工资提高,利润以什么样的比率下降?生产各种商品时所使用的两种劳动的比率取决于每个特殊情况的条件。"(第 104 页)

"我们把上述三种情况用 No_1、No_2、No_3 来表示。如果所有商品都是在 No_1——只用劳动来生产,而资本仅仅用于支付工资——的情况下生产的,那么资本的利润就丝毫不差地按工资提高的比率下降。"(第 104 页)"假定所使用的资本是 1000 镑,利润是 10%。在这种情况下,产品的价值等于 1100 镑,因为这笔款项将补偿资本连同它的利润。这些产品可以看作是由 1100 个相等的部分组成的,其中 1000 属于工人,100 属于资本家。"如果工资提高 5%,那么资本的利润就下降 5%,因为现在资本家必须付给工人 1050 镑,而不是 1000 镑,也就是说,留给资本家的只有 50 镑,而不是 100 镑。"他的产品的价值也不会为了补偿他的损失而提高,〔XIX〕因为我们已假定所有商品是在同一种情况下生产的;这些产品的价值始终为 1100 镑,其中留给资本家的只有 50 镑。

如果所有商品的生产都处在 No_2 的情况下,那么利润下降量只有工资提高量的**一半**。假定 1000 镑资本用于支付工资,另外的 1000 镑用作固定资本;假定利润像以前一样是支出总额的 10%;那么产品的价值是 1200 镑,因为这笔款项将补偿所消耗的资本连同 10%的利润。假定工资提高 5%,那么资本家就要付出 1050 镑的工资,而不是 1000 镑;留给他自己的利润是 150 镑";因此他的每一百个单位资本的利润只减少 2.5%,即工资提高率 5%)的一半。"如果没有用来支付工资的那 1000 镑资本以一定的比例作为流动资本在生产操作的过程中消耗掉并且以后得到补偿,那么情况也完全一样。例如,在把 1000 镑用于支付工资的同时,可以把 500 镑作为固定资本用于供长期使用的机器,500 镑用于购买原料和作其他费用。根据这样的支出预算,产品的价值等于 1700 镑,即应该补偿的资本总数连同其 10%的利润。在产品的 1700 个部分中

马克思《詹姆斯·穆勒〈政治经济学原理〉一书摘要》研究读本

有 1000 是工人的份额；700 是资本家的份额，其中 200 代表利润。如果工资上涨 5%，那么在 1700 个部分中有 1050 是工人的份额，650 是资本家的份额，他在补偿了自己的 500 镑流动资本之后，只有 150 镑的利润。这就是说，他的利润减少了 2.5%，与以前一样。"（第 106—107 页）

"如果所有商品的生产处在 No3 的情况下，那么，因为在这里不支付工资，工资的提高就不可能改变利润的数量。显而易见，这些商品的生产越接近这种极端情况，利润量就越不会由于这种提高而发生变化。"（第 107 页）

"如果我们假定，实际上发生了同样多的从中间到一个极端的情况以及从中间到另一个极端的情况（这是很可能的），那么，行将发生的互相补偿的结果自然就是：利润下降量恰好为工资上涨量的一半。"（第 [107] —108 页）

"如果随着工资上涨，**所有的**利润下降了，那么很清楚，使用比资本小的劳动份额生产的所有商品，同使用较大劳动份额生产的商品相比，其价值就下降了。例如，如果把 No1 情况作为标准，那么在这种情况下生产的所有商品的价值保持不变，而在其他任何一种情况下生产的所有商品的价值则下降。如果把 No2 这种中间情况作为标准，那么在这种情况下生产的所有商品的价值保持不变，而生产条件接近于第一种极端情况的所有商品的价值则提高；生产条件接近于后一种极端情况的所有商品的价值则下降。在 No1 的情况下生产商品的资本家，承担了 5% 的追加支出；可是他们用自己的产品去交换在其他情况下生产的商品。如果他们用自己的商品去交换在 No2 的情况下（这里资本家只承担 2.5% 的追加支出）生产的商品，那么他们就从这些商品中多得到 2.5%。这样，他们由于换得了在 No2 的情况下生产的商品，就得到了一定的补偿，而且工资提高的结果只使他们的利润减少 2.5%。在这种交换中，对于在 No2 的情况下生产商品的资本家来说，结果就完全相反。他们在生产自己的商品时已经多支出了 2.5% 的费用，并且他们由于用自己的产品换取了在 No1 的情况下生产的商品，他们的利润就减少了 2.5%。"（第 108—109 页）"因此，总的结果是：所有的生产者，不管他们是通过生产还是通过交换占有在 No2 的情况下生产的商品，都得承担 2.5% 的损失；其中 [XXIII] 生产条件接近后一种极端情况的商品的占有者，承担的损失较少；最后，如果第一种极端情况的数目和后一种极端情况的数目相等，那么所有的资本家总的说来都承担 2.5% 的损失；这个损失是可以预料到的、利润的减少在实际上所能达到的最大限度。"（第 110 页）"根据这些原则，很容易估计工资的提高对于各种产品的价格所产生的影响。所有的产品通常都同货币或者贵金属相比较。如果假定，货币是在 No2 的情况下即使用等量的劳动和资本的情况下生产的（这大概很接近于实际情况），那么在类似条件下生产的所有商品的价格，都不会由于工资的提高而发生变化；生产条件接近于第一种极端情况的商品的价格将提高；接近于后一种极端情况的商品的价格将降低；最后，对商品总量起作用的是补偿：价格既不提高也不降低。"（第110—111页）

§4. 互相交换产品对各国有利：

（α）如果"被正确理解的分工"要求互相交换；（β）如果由于某些地方有较便宜的生活资料、较多的燃料，或者有能推动机器的充足水源，商品"只能或者**更便于**在这些地方生产"（第112—113页）；（γ）"一般说来，如果一个国家同另一个国家相比，用等量的劳动所生产的两种商品中的一种商品量比另一种商品量大，那么进行交换对两国是**有利的**"（第119页）。

§5. "人们从一种商品与另一种商品的交换中获得的利益，总是来源于**所获得的**、而不是**所提供**的商品。因此，一个国家同另一个国家进行贸易所获得的利益都来源于**进口**的商品；国家通过**进口**而不是通过其他办法获取利益。"（第120页）"如果一个人拥有某种工业品或食品，那么他不可能由于简单地把自己的商品脱手而获利。他只有把自己的商品脱手，换得了另一种商品，才能从获得的商品中得利：要知道，如果他认为自己的商品比他要换取的商品价值高，那他是会把自己的商品保留着的。宁要另一种商品而不要自己的商品这一事实，证明另一种商品在他看来具有更高的**价值**。"（第121页）各个国家的情况也是这样。"任何国家的利益都不在于简单地把自己的产品脱手，而在于用它来获得的东西。"（第121页）

媒　介

§6. "**交换的媒介**是这样一种商品：为了实现其他两种商品之间的交换，首先在同其中一种商品交换时获得它，随后在同另外一种商品交换时把它付出去。"（第125页）金、银、**货币**。

§7. "**货币的价值**等于货币同另外的商品进行交换的比例，或者在同一定量的其他东西交换时付出的货币量。"（第128页）

这个比例是由一个国家现有的货币总量确定的。（同上）"如果假定，一方面把一个国家的所有商品集中起来，另一方面把所有的货币集中起来，那么很清楚，在双方进行交换时，货币的价值"，即与货币进行交换的商品量，

"完全取决于货币本身的量"(第 128—129 页)。"实际上情况完全是这样的。一个国家的商品总量不是一下子同货币总量进行交换的:商品的交换是一部分一部分地,往往是小量地,而且是在一年的各个时期中进行的。同一块铸币,今天用作这种交换,明天可以用作另一种交换。一部分货币用于交换的次数很多,另一部分用于交换的次数很少,第三部分被积蓄起来,不用于交换。在这种纷繁复杂的情况中,假定所有铸币都进行了次数相同的交换,那么就可以找到一个以每块铸币用于交换的次数为基础的平均数。我们可以把这个平均数确定为任意数,例如 10。如果国内现有的每块铸币都已用于十次购买,那么这就如同货币总量增到十倍而每块铸币只用于一次购买一样。在这种情况下,这个国家的所有商品的价值等于所有货币价值的十倍,因为每块铸币的价值等于它能换取的商品量的价值,因为每块铸币在一年之内用于十次交换。"(第 129—130 页)

[XXIV]"如果不是每块铸币在一年之内用于十次交换,而是货币总量增到十倍,并且每块铸币只用于一次交换,那么很清楚,货币总量的每次增加都会引起这些铸币中的每一单个铸币的价值相应降低。因为我们假定,所有货币能换取的商品量保持不变,所以,货币总量的**价值**在其总量增加之后不会变得比以前大,如果我们假定货币量增加 1/10,那么它的每个部分(比如说 1 盎斯)的价值就得减少 1/10。如果货币总量为一百万盎斯并且增加 1/10,那么不管整体的价值怎样减少,这种减少必然相应地反映在整体的每个部分上;一百万的 1/10 与一百万之比如同 1 盎斯的 1/10 与 1 盎斯之比一样。"(第 130—131 页)"如果货币总量只有假定数的 1/10,而它的每个部分在一年之内用于十次购买,那么这就同货币总量与商品总量的 1/10 进行了十次交换一样。可是如果假定数的 1/10,即货币总量,以某种比例增加,那么这就同整体或者假定数以这个比例增加一样。因此,不管货币总量增加或者减少的程度如何,只要其余东西的数量保持不变,那么这个总量的价值和总量的每个部分的价值就相应地减少或者增加。很清楚,这个原理是绝对真理。每当货币的价值提高或者下降,而货币所能换取的商品量以及流通速度保持不变,价值变化的原因就必定是货币量的相应增加或减少,决不能归于其他原因。如果商品量减少而货币总量保持不变,那么这就同货币总量增加一样。反之亦然。类似的种种变化是**流通速度**的每一变化的结果。流通速度可理解为在一定时间内完成的购买次数。购买次数的任何增加所起的作用同货币总量的增加所起的作用一样;购买次数的减少则起相反的作用。"(第 131—132 页)"如果年产品的一部分——

例如，生产者自己消费的部分或不同货币交换的部分——根本不用于交换，那么这部分产品就不能计算在内，**因为不与货币相交换的东西对于货币来说就像根本不存在一样。**"（第 132—133 页）

§8. 用什么来调节货币量呢？"制造货币可以在两种情况下进行。政府要么给予增加或减少货币的自由，要么自行调节货币量，随自己的意愿使之增加或减少。"

在第一种情况下，"政府把它的造币厂向公众开放，并为所有要求把自己的金银条块变成货币的人铸造货币。拥有金银条块的人只有在对自己有利的情况下，也就是说当变成货币的金银条块比其原来的形式具有更高的价值时，才要求把金银条块变成货币。而这种情况只有当货币具有异常的价值时、只有当用同量的铸成货币的金属所换得的其他商品的数量比用同量的条块形式的金属所换得的更多时才能发生。因为货币的价值取决于它的量，所以货币少时价值就高"。于是就把金银条块变为货币；然而，正是由于这样的增加又恢复了原先的比例。因此，如果货币超过了金银条块的价值，那么在事情自由进展的情况下，私人就直接干预，通过增加货币量使平衡恢复。（第 134—136 页）"如果流通中的货币量太大，以致货币的价值低于金银条块的价值，那么就还用同一方式立即把铸币变为金银条块的办法恢复原先的比例。"（第 136 页）

［XXV］"因此，只要货币量可以自由地增加或者减少，这个量就由铸币金属的**价值**调节，因为，是增加货币量还是减少货币量对私人有利，这要看铸币形式的货币价值是大于还是小于金银条块形式的货币价值。"（第 137 页）"可是，如果**货币量**由**铸币金属的价值**决定，那么什么东西来调节这个价值呢？金和银都是商品，是需要使用劳动和资本的产品；因此，金和银的价值，像所有其他产品的价值一样，由生产费用调节。"（同上）

在谈到货币和金属价值的这种平衡并把生产费用作为决定价值的唯一因素来描述时，穆勒——完全和李嘉图学派一样——犯了这样的错误：在表述**抽象规律**的时候忽视了这种规律的变化或不断扬弃，而抽象规律正是通过变化和不断扬弃才得以实现的。如果说，例如生产费用最终——或更准确些说，在需求和供给不是经常地即偶然地相适应的情况下——决定价格（价值），是个**不变的**规律，那么，需求和供给的不相适应，从而价值和生产费用没有必然的相互关系，也同样是个**不变的规**

律。的确，由于需求和供给的波动，由于生产费用和交换价值之间的不相适应，需求和供给只是暂时地相适应，而紧接着暂时的相适应又开始波动和不相适应。这种**现实的**运动——上面说到的规律只是它的抽象的、偶然的和片面的因素——被现代的国民经济学家①歪曲成偶性、非本质的东西。为什么？因为在他们把国民经济学归结为一些严格而准确的公式的情况下，他们要抽象地表达上述运动，基本的公式就必定是：在国民经济学中，规律由它的对立面，由无规律性来决定。国民经济学的真正规律是**偶然性**，我们这些学者可以从这种偶然性的运动中任意地把某些因素固定在规律的形式中。——

穆勒把**货币**称为交换的**媒介**，这就非常成功地用一个概念表达了事情的本质。货币的本质，首先不在于财产通过它转让，而在于人的产品赖以互相补充的**中介活动**或中介运动，**人的**、社会的行动**异化了**并成为在人之外的**物质东西**的属性，成为货币的属性。既然人使这种中介活动本身外化，他在这里只能作为丧失了自身的人、失去人性的人而活动；物的**相互关系**本身、人用物进行的活动变成某种在人之外的、在人之上的本质所进行的活动。由于这种**异己的媒介**——并非人本身是人的媒介，——人把自己的愿望、活动以及同他人的关系看作是一种不依赖于他和他人的力量。这样，他的奴隶地位就达到极端。因为媒介是支配它借以把我间接表现出来的那个东西的**真正的权力**，所以，很清楚，这个**媒介**就成为**真正的上帝**。对它的崇拜成为自我目的。同这个媒介脱离的物，失去了自己的价值。因此，只有在这些物**代表**这个媒介的情况下这些**物**才有价值，而最初似乎是，只有在这个**媒介**代表这些物的情况下这个媒介才有价值。最初关系的这种颠倒是不可避免的。因此，这个**媒介**是私有财产的丧失了自身的、异化的**本质**，是在自身之外的、**外化的**私有财产，在人的生产与人的生产之间起**外化的中介作用**，是人的**外化的**类活动。因此，凡是人的这种类生产活动的属性，都可以转移给这个媒

---

① 马克思所说的现代的国民经济学是指大·李嘉图及其追随着其中包括詹·穆勒的学说，显然，还指其他经济学家即李嘉图的同时代人的学说。

介。因此，这个媒介**富**到什么程度，作为人的人，即同这个媒介相脱离的人也就穷到什么程度。——

基督最初**代表**：（1）上帝面前的人；（2）人面前的上帝；（3）人面前的人。

同样，**货币**按照自己的概念最初代表：（1）为了私有财产的私有财产；（2）为了私有财产的社会；（3）为了社会的私有财产。

但是，基督是**外化**的上帝和外化的**人**。上帝只有在它代表基督时才有价值；人也只有在他代表基督时才有价值。① 货币的情况也是一样。——

为什么私有财产必然发展到**货币**呢？这是因为人作为喜爱交往的存在物必然发展到**交换**［XXV］，因为交换——在存在着私有财产的前提下——必然发展到**价值**。其实，进行交换活动的人的中介运动，不是社会的、人的运动，不是**人的关系**，它是私有财产对私有财产的**抽象的关系**，而这种**抽象**的关系是**价值**。**货币**才是作为价值的价值的现实存在。因为进行交换活动的人不是作为人来互相对待，所以**物**本身就失去人的、个人的财产的意义。私有财产对私有财产的社会关系已经是这样一种关系，在这种关系中私有财产是自身异化了的。因此，这种关系的独立存在，即货币，是私有财产的外化，是排除了私有财产的**特殊**个性的抽象。——

现代国民经济学同货币主义，système monétaire②，的对立之所以不能给前者——尽管它充满智慧——带来决定性胜利，是因为，如果说，人民和政府的粗糙的国民经济学的盲目信仰紧紧抓住**感觉得到、摸得着、看得见**的钱袋不放，并因此而相信贵金属的绝对价值，把对它的占有看作唯一现实的财富；如果说，随后走来一个有见识的、老于世故的

---

① 马克思在外化的上帝和外化的人这些定义中，再现了费尔巴哈在《基督教的本质》一书中，特别是在第二章《宗教的一般本质》和第三章《作为理智本质的上帝》中所表述的思想。

② 货币主义是重商主义的早期形式；它的拥护者认为，所有财富都包含在货币中，包含在贵金属的积累中，由此而禁止从国内出口金银，力图在别国少买多卖，并制定货币顺差的政策。

国民经济学家,向他们证明:货币是一种同任何其他商品一样的商品,因而它的价值也同任何其他商品的价值一样,取决于生产费用同需求(竞争)和供给的关系,取决于生产费用同其他商品的数量或竞争的关系,——那么,这个国民经济学家得到的公正反驳是:物的**真实的**价值仍然是它的**交换价值**;后者归根到底存在于货币之中,而货币又存在于贵金属之中;可见,货币是物的**真正的**价值,所以货币是最希望获得的物。国民经济学家的学说甚至最终也归结为这种明智的道理,所不同的只是他具有一种抽象能力,使他能在所有的商品形式中看到货币的这种存在,从而不相信货币的官方的金属存在的专有价值。——货币的金属存在仅仅是贯穿在资产阶级社会的一切生产环节和一切运动中的货币灵魂的官方的、可感知的表现。

现代国民经济学同货币主义的对立仅仅在于,现代国民经济学是在货币本质的抽象性和普遍性中把握**货币本质的**,因此,它就摆脱了那种认为货币本质只存在于贵金属之中这种盲目信仰的**感性**形式。它用精致的盲目信仰代替粗糙的盲目信仰。但鉴于两者在本质上有着同一个根源,盲目信仰的文明形式不能够完全排除它的粗糙的感性形式,因为遭到攻击的并不是盲目信仰的本质,而只是这种本质的某个形式。

货币越是抽象,它越是同其他商品没有**自然**关系,它越是更多地作为人的产品同时又作为人的非产品出现,它的存在要素越不是**天然生长的**而是人制造的,用国民经济学的话来表达就是,它的**作为货币的价值**越是同交换价值或者同它存在于其中的物质的货币价值成**反**比例,那么,货币作为货币——而且不仅仅是作为商品在流通过程或交换过程中内在的、自在的、潜在的相互关系——的**自身**存在就越适合于货币的本质。因此,**纸币和许多纸的货币代表**(像汇票、支票、借据等等)是**作为货币的货币的较为完善的**存在,是货币的进步发展中必要的因素。

在**信用业**——它的完善的表现是**银行业**——中出现一种假象,似乎异己的物质力量的权力被打破了,自我异化的关系被扬弃了,人又重新处在人与人的关系之中。被这种**假象**所迷惑的**圣西门主义者**把货币的发展、汇票、纸币、纸的货币代表、**信贷**、**银行业**看作是逐渐扬弃人同物、资本同劳动、私有财产同货币、货币同人的分离的各个阶段，看作是逐渐扬弃人同人的分离的各个阶段。因此，他们的理想是组织起来的**银行业**。但是，这种扬弃［XXVI］异化、人向自己因而也向别人**复归**，仅仅是一个**假象**；何况这是**卑劣的**和**极端的**自我异化，非人化，因为它的要素不再是商品、金属、纸币，而是**道德**的存在、**社会的**存在、人自己的**内在生命**，更可恶的是，在人对人的**信任**的假象下面隐藏着极端的**不信任**和完全的异化。

信贷的本质是什么构成的？我们在这里完全不谈信贷的**内容**——这个内容仍然是货币。就是说，我们不谈这种由一个人向另一个人所表示的信任的**内容**：一个人**承认**另一个人，把某种价值贷给他并且——在最好的情况下，不要求为信贷支付利息，就是说他不是一个高利贷者——相信这另一个人不是骗子，而是一个"诚实的"人。在这里，表示信任的人，像夏洛克一样，认为"诚实的"人就是"有支付能力的"人。

信贷在两种关系和两种不同情况下是可以想象的。这两种关系是：一个富人贷款给一个他认为是勤劳和有信用的穷人。这种类型的信贷属于国民经济学的浪漫的、温情的部分，属于它的迷误、过分行为、**例外**，而不属于**常规**。即使假定有这种例外，有这种浪漫的可能性，对富人来说，穷人的生命本身、他的才能和他的努力也都是归还债款的**保证**；也就是说，穷人的全部社会美德，生命活动的全部内容，他的存在本身，在富人看来也都是偿还他的资本连同普通利息的保证。因此，债权人把穷人的死亡看作最坏的事情，因为这是他的资本连同利息的死亡。请想一想，在信贷关系中用**货币**来**估价**一个人是何等的卑鄙！不言而喻，债权人除了有**道德上的**保证以外，还有**法律强制的**保证以及他的债务人方面的或多或少的**实际保证**。如果债务人自己是富裕的，那么，**信贷**就直接成为便于交换的**媒介**，即被提高到纯粹**观念**形式的**货币**本身。

信贷是对一个人的**道德**作出的**国民经济学的**判断。在信贷中，**人**本身代替了金属或纸币，成为交换的**媒介**，但这里人不是作为人，而是作为**某种资本**和利息的**存在**。这样，交换的媒介物的确从它的物质形式返回和复归到人，不过这只是因为人把自己移到自身之外并成了某种外在的物质形式。在信贷关系中，不是货币被人取消，而是人本身变成**货币**，或者是货币和人**并为一体**。**人的个性**本身、人的**道德**本身既成了买卖的物品，又成了货币存在于其中的**物质**。构成**货币**灵魂的物质、躯体的，是我自己的个人存在、我的肉体和血液、我的社会美德和声誉，而不是货币、纸币。信贷不再把货币价值放在货币中，而把它放在人的肉体和人的心灵中。虚伪制度内的一切进步和不一贯全都是最大的倒退和始终一贯的卑鄙。

在信用业的范围内，信用业同人相异化的性质在国民经济学对人给予高度承认的假象下得到双重的证实：（1）资本家同工人之间、大资本家同小资本家之间的对立越来越大，因为信贷只提供给已经富裕的人，并且使富人有进行积累的新机会。至于穷人，他认为富人对他的随意判决就是对他的**整个**存在予以肯定或否定，因为他的整个存在完全取决于这种偶然性。（2）尔虞我诈和假仁假义达到了无以复加的程度，以致对一个得不到信贷的人，不仅简单地判决他是贫穷的，而且还在道德上判决他不配得到信任，不配得到承认，因而是社会的贱民、坏人。穷人除了自己的穷困还遭受这样的屈辱：他不得不低三下四地向富人**请求贷款**。[XXVII]（3）由于货币的这种纯**观念**的存在，**人伪造货币**可以不用任何别的材料，而只用他自己的人格就行了：人不得不把自己变成赝币，以狡诈、谎言等手段来骗取信用，这种信贷关系——不论对表示信任的人来说，还是对需要这种信任的人来说——成了买卖的对象，成了相互欺骗和相互滥用的对象。同时这里还十分清楚地暴露出，这种国民经济学上的信任的基础是**不信任**：疑惑不定地考虑应该还是不应该提供借贷；探察信贷寻求者的私生活的秘密等等；透露这个人的一时困境，使他的信用突然动摇，以便把对方整垮，等等。破产、虚假企业等等的整个体系……在**国家信贷**中，国家地位同上面说到的单个的人的地位完全一样……在公债券的买卖中暴露出国家怎样变成了商人的玩物，等等。

（4）**信用业**最终在**银行业**中完成。银行家所建立的银行在国家中的统治，财产在银行家——国家在国民经济学的**阿雷奥帕格**——手中的集中，可以称得上是货币的完成。

因为在信用业中，**对一个人在道德上的承认**，像对国家等的信任一样，采取了**信贷**的形式，所以隐藏在道德上的承认这种虚情假意之中的秘密，这种道德的**不道德**的卑鄙行为，以及对国家的信任中所包含的假仁假义和利己主义也就暴露了出来，并且显出了自己的真实的性质。

不论是生产本身中人的活动的**交换**，还是**人的产品**的**交换**，其意义都相当于**类活动**和类精神——它们的真实的、有意识的、真正的存在是**社会的**活动和**社会的**享受。因为**人的**本质是人的**真正的社会联系**，所以人在积极实现自己**本质**的过程中**创造**、生产人的**社会联系**、社会本质，而社会本质不是一种同单个人相对立的抽象的一般的力量，而是每一个单个人的本质，是他自己的活动，他自己的生活，他自己的享受，他自己的财富。因此，上面提到的**真正的社会联系**并不是由反思产生的，它是由于有了个人的**需要**和**利己主义**才出现的，也就是个人在积极实现其存在时的直接产物。有没有这种社会联系，是不以人为转移的；但是，只要人不承认自己是人，因而不按照人的样子来组织世界，这种**社会联系**就以**异化**的形式出现。因为这种社会联系的**主体**，即人，是自身异化的存在物。人们——不是抽象概念，而是作为现实的、活生生的、特殊的个人——**就是**这种存在物。这些个人**是怎样的**，这种社会联系本身就是怎样的。因此，以下论点是相同的：**人自身异化了**以及这个异化的人的**社会**是一幅描绘他的**现实的社会联系**，描绘他的真正的类生活的讽刺画；他的活动由此而表现为苦难，他个人的创造物表现为异己的力量，他的财富表现为他的贫穷，把他同别人结合起来的**本质的联系**表现为非本质的联系，相反，他同别人的分离表现为他的真正的存在；他的生命表现为他的生命的牺牲，他的本质的现实化表现为他的生命的失去现实性，他的生产表现为他的非存在的生产，他支配物的权力表现为物支配他的权力，而他本身，即他的创造物的主人，则表现为这个创造物的奴隶。

国民经济学以**交换**和**贸易**的形式来探讨**人们的社会联系**或他们的积

极实现着的**人**的本质，探讨他们在类生活中、在真正的人的生活中的相互补充。

> 德斯杜特·德·特拉西说："社会是一系列的相互交换……它恰好也是这个相互结合的运动。"亚当·斯密说："社会是一个**商业**社会。它的每一个成员都是**商人**。"①

我们看到，国民经济学把社会交往**的异化**形式作为**本质的**和**最初的**形式、作为同人的本性相适应的形式**确定下来了**。

[XXVIII] 国民经济学——同现实的运动一样——以作为**私有者同私有者**的关系的**人同人的关系**为出发点。如果假定一个人是**私有者**，也就是说假定一个人是特殊的占有者，他通过这种特殊的占有证实自己的人格，并使自己同他人既相区分又相联系，——私有财产是他个人的、**有其特点的**、从而也是他的本质的存在，——那么，私有财产的**丧失**或**放弃**，就是**人**和**私有财产**本身的**外化**。我们在这里只谈后一个定义。如果我把我的私有财产出让给另一个人，那它就不再是**我的**了；它成为一种与我无关的、**在我的范围之外**的物，一种对我来说是外在的物。这就是说，我使我的私有财产**外化了**。因此，对于我来说，我把它看作是**外化的私有财产**。但是，如果只对于我来说，我使它外化了，那么，我也不过把它看作是**外化**的物，我扬弃的只是我同它的**个人**的关系，我使它返回到**自发**的自然力的支配之下。私有财产只有当它不再是**我的**了，而且并不因此而不是一般**私有财产**的时候，也就是说，当它同**在我之外的**另**一个人**发生了它以前同我所处的那种关系的时候，换句话说，当它成为**另一个人**的**私有财产**的时候，才成为外化的**私有财产**。如果把**强制**的情况除外——我怎么会非把**我的**私有财产转让给另一个人不可呢？国民经济学回答得很正确：由于**贫困**，由于**需要**。另一个人也是私有者，然而是**另一种物**的私有者，这种物是我需要的，我没有它就不行或者我不愿

---

① 马克思在这里引的是以下著作：德斯杜特·德·特拉西《意识形态原理》第四册和第五册。论意志和它的作用。1826年巴黎版第68、78页；亚当·斯密《国民财富的性质和原因的研究》，热·加尔涅的新版本，1802年巴黎版的第1卷第46页。

意没有它，在我看来，它是补足我的存在和实现我的本质**所必需的**。

使两个私有者发生相互关系的那种联系是**物的特殊的性质**，而这个物就是他们的私有财产的物质。对这两种物的渴望，即对它们的需要，向每一个私有者指明并使他意识到，他同物除了有私有权关系以外，还有另一种**本质的**关系，即他并不是他自认为的那种单独的存在物，而是**总体的**存在物，他的需要也同另一个人的劳动产品有**内在的**所有权关系，因为对某种物的需要最明显、最无可争辩地证明：这种物属于**我的**本质；物的为我的存在、对它的**占有**，就是我的本质的属性和特点。这样，两个所有者都不得不放弃自己的私有财产，不过，是在确认私有权的同时放弃的，或者是在私有权关系的范围内放弃的。因此，每一个人转让给别人的是自己的私有财产的一部分。

因此，两个私有者的**社会的**联系或**社会的**关系表现为私有财产的**相互外化**，表现为双方外化的关系或作为这两个私有者的关系的**外化**，而在简单的私有财产中，**外化**还仅仅是就自身而言、是单方面发生的。

因此，**交换**或**物物交换**是社会的、类的行为，社会的联系，社会的交往和人在**私有权**范围内的联合，因而是外部的、**外化的**、类的行为。正因为这样，它才表现为**物物交换**。因此，它同时也是同**社会的**关系的对立。

私有财产本身由于它的相互外化或异化而获得**外化的**私有财产这个定义。首先，因为它不再是这种财产占有者的劳动产品，不再是占有者的个性的特殊表现，因为占有者使它外化了，它脱离了曾是它的生产者的占有者，并且对于**不是**它的生产者来说获得了私人的意义。私有财产对占有者来说失去了私人的意义。其次，它同另一种私有财产发生关系，并被认为同这种私有财产是相等的。它的地位被**另一种**私有财产所代替，如同它本身代替了**另一种**私有财产一样。因而，私有财产从双方来看都表现为另一种私有财产的代表，表现为同**另一种**自然产物**相等的东西**，并且双方是这样相互发生关系的：每一方都代表**另一方**的存在，双方都作为它的自身和它的异在的**代替物**相互发生关系。因此，私有财产本身的存在就成了它作为**代替物**，作为**等价物**的存在。现在，它不表现为同自身的直接统一，只表现为同某个**他物**的关系。它的作为**等价物**的存在不再是具有它的特点的那种存在了。因此，它成了**价值**并且直接成了**交换价值**。它的作为**价值**的存在是**它自身**的一种不同于它的直接存在的、外在于它的特殊本质的、**外化**的规定［XXIX］；只不过是某种**相对**的**存在**。

如何更详细地规定这个**价值**以及这个价值如何成为**价格**，应当在其他地方加以探讨。

交换关系的前提是**劳动**成为**直接谋生的劳动**。异化的劳动的这种关系之所以达到自己的顶点，是由于（1）一方面，**谋生的劳动**以及工人的产品同工人的需要、同他的**劳动使命**没有任何**直接的**关系，而是不论就哪方面来说，都决定于同工人本身格格不入的社会组合；（2）**购买**产品的人自己不生产，只是换取别人生产的东西。在上面说到的那种**外化的**私有财产的粗糙形式中，在**物物交换**中，两个私有者中任何一人生产的东西都是他的需要、他的才能和手头有的自然材料直接促使他去生产的。因此，其中任何一人只是用自己的产品余额去交换另一人的产品余额。诚然，劳动是劳动者的直接的**生活来源**，但同时也是他的**个人存在**的积极实现。通过交换，他的**劳动**部分地成了**收入的来源**。这种劳动的目的和它的存在已经不同了。产品是作为**价值**，作为**交换价值**，作为**等价物**来生产的，不再是为了它同生产者直接的个人关系而生产的。生产越是多方面的，就是说，一方面，需要越是多方面的，另一方面，生产者完成的制品越是单方面的，他的劳动就越是陷入**谋生的劳动**的范畴，直到最后他的劳动的意义仅仅归于谋生的劳动并成为完全**偶然的**和**非本质的**，而不论生产者同他的产品是否有直接消费和个人需要的关系，也不论他的**活动**、劳动本身的行动对他来说是不是他个人的自我享受，是不是他的天然禀赋和精神目的的实现。

在谋生的劳动中包含着：（1）劳动对劳动主体的异化和偶然联系；（2）劳动对劳动对象的异化和偶然联系；（3）工人的使命决定于社会需要，但是社会需要是同他格格不入的，是一种强制，他由于利己的需要、由于穷困而不得不服从这种强制，而且对他来说，社会需要的意义只在于它是满足他的直接需要的来源，正如同对社会来说，他的意义只在于他是社会需要的奴隶一样；（4）对工人来说，维持工人的个人生存表现为他的活动的**目的**,而他的现实的行动只具有手段的意义;他活着只是为了谋取**生活**资料。

因此,在私有权关系的范围内,社会的权力越大,越多样化,人就变得越**利己**,越没有社会性,越同自己固有的本质相异化。

同人的活动的产品的相互交换表现为**物物交换**,表现为**做买卖**〔Schacher〕① 一样,活动本身的相互补充和相互交换表现为**分工**,这种分工使人成为高度抽象的存在物,成为**旋床**等等,直至变成精神上和肉体上畸形的人。

现在正是人的劳动的**统一**只被看作**分离**,因为社会的本质只在自己的对立物的形式中、在异化的形式中获得存在。**分工**随着文明一同发展。

在分工的前提下,产品、私有财产的材料对单个人来说越来越获得等价物的意义;而且既然人交换的已不再是他的**余额**,而是他所生产的、对他来说是完全**无关紧要的**物,所以他也不再以他的产品直接换取他**需要的**物了。等价物在**货币**中获得自己作为等价物的存在,而货币现在是谋生的劳动的直接结果、是交换的**媒介**(见上文)。

在不论对材料的性质即私有财产的特殊物质还是对私有者的个性都完全无关紧要的**货币**中,表现出异化的物对人的全面统治。过去表现为个人对个人的统治的东西,现在则是**物**对**个人**、产品对生产者的普遍统治。如果说,在**等价物**中,在**价值**中已经包含着私有财产的**外化**这一规定,那么,这种**外化**在**货币**中就获得感性的,甚至是物质的存在。

[**XXX**] 不言而喻,国民经济学能够把这整个发展只作为某种事实,作为偶然需要的产物来把握。

劳动同它自身的分离等于工人同资本家的分离,等于劳动同资

---

① 这里使用行"Schacher"(直译是做买卖)一词而不用德语中通用的"Han‑del"一词来表达贸易的意思,显然,这在一定程度上反映了沙·傅立叶对贸易所抱的极端否定的态度,也反映了当时德国社会批判文献的传统,这种文献千方百计地强调——其中包括使用一些具有明显贬义的术语——自己对那种同"有组织的交换"相对立的、私有财产制度下的自发集市交换的谴责。

本——它的最初形式分为**地产**和**动产**——的分离……私有财产的最初定义是垄断；因此，一旦私有财产获得政治结构，这就是垄断的结构。完成了的垄断是竞争。在国民经济学家看来，**生产**、**消费**以及作为两者之间的媒介的**交换**和**分配**是孤立地存在的。生产和消费、活动和精神在不同的人之间和在同一个人身上的分离，是**劳动**同它的**对象**以及同它那作为精神的自身的**分离**。**分配**是私有财产的积极实现自身的力量。——劳动、资本和地产彼此的分离，以及一种劳动同另一种劳动、一种资本同另一种资本、一种地产同另一种地产的分离，最后，劳动同劳动报酬、资本同利润、利润同利息以至地产同地租的分离，使得自我异化不仅以自我异化的形式而且以相互异化的形式表现出来。

现在假定有这样一个情况：政府想把货币的增加量或减少量固定下来。"如果它力求把货币量保持在能保证物的自由流通的限度内，那么，它就提高已铸成货币的金的价值，因此，大家都愿意把自己的金块变成铸币。在这种情况下就发生私造货币的事，于是，政府不得不用惩罚的方法加以制止。如果政府要把货币量保持在必需的水平之上，那么，它就压低货币的价值，这样，每一个人都竭力把货币铸成金块，对此政府只好又采用惩罚的办法。但是，利欲胜过对惩罚的恐惧。"（第137—138页）

§9. "如果两个人各欠对方100镑，他们就不必相互支付这笔款项，而只要相互交换他们的债券就行了。两个国家之间的情况也是如此。因此，就有了**汇票**，这在实行不文明的政策的时期尤为必要，因为这种政策禁止并严惩贵金属**出口**。"（第142、[143—144]页）

§10. 通过纸币来节省**非生产性**消费。（第146页及以下各页）

§11. "使用纸币的弊端表现在：（1）发行纸币的人逃避履行自己的义务。（2）伪造。（3）外汇行市，行市变化。"（第149页）

§12. 贵金属是商品。"人们只出口那些输出国比输入国价廉的商品，而只进口那些输入国比输出国价贵的商品。"这样，"贵金属应该进口还是出口，取决于该国贵金属的价值"（第175页及以下各页）。

§13. "贵金属的价值相当于用来同贵金属相交换的其他物品的数量。"（第177页）这个比例在不同的国家是不同的，甚至在同一个国家的不同地区也是不同的。"'生活费用不高'的意思是：在某个地方能用较少的货币买到

生活资料。"(第177页)

§14. 国家之间的关系同商人之间的关系一样,"它们总是尽量设法贱买贵卖"(第215页)。

四 论消费

"**生产、分配、交换**只是**手段**。谁也不为生产而生产。"所有这一切都是中间的、中介的活动。"目的是**消费**。"(第237页)

§1. 消费分为:(1)**生产性**消费。它包括为了生产物品所花费的一切,也包括工人的生活资料;其次是生产操作所需的机器、工具、厂房、牲畜;最后是原料——"或者是直接用以制成产品的东西,或者是可以从中提取产品的东西"(第238—239页)。"只有第二类物品在生产操作的过程中不完全消费掉。"(第239页)

(2)**非生产性**消费

"仆役的工资,凡不是为了产品、不是为了借助一物品而生产另一等价物的消费,都是非生产性消费。"(第240页)"生产性消费本身是一种手段,即生产手段;非生产性消费不是手段,而是目的;是通过消费得到的**享受**,是消费前的一切活动的动机。"(第241页)经过前一种消费一无所失,而经过后一种消费则失去一切。(同上)"**生产地**消费的东西总是**资本**。这就是生产性消费的一个特别值得注意的属性。生产地消费的东西"**就是**资本,并且通过消费才"**成为**资本"(第[241]—242页)。"一国的生产力在一年中所创造的全部东西构成年总产品。其中绝大部分用于补偿消费掉的资本。总产品中补偿资本以后剩余的部分构成纯产品;它只作为资本的利润或地租进行分配。"(第[242]—243页)"它是一种基金,国民资本的一切追加部分通常都来源于这种基金。"(第243页)与**生产性消费**和**非生产性消费**相应的是**生产性**劳动和**非生产性**劳动。(第244页)

§2. "在一年内生产的一切,在下一年就消费掉"——生产地消费掉或非生产地消费掉。(第246页)

§3. "消费随着生产的扩大而扩大,一个人进行生产只是由于他需要**占有**。如果所生产的物品就是他想要的东西,那么在他获得自己所需要的数量后,他就停止劳动。"如果他生产出多余的物品,那么这是因为他想在交换中用这种"多余的物品"去换取任何其他的物品。他生产这种东西，是因为他渴望占有另一种东西。这种东西的生产对他说来是获得另一种东西的唯一手段，而他获得的这另一种东西要比他被迫自己去生产时便宜。在分工的情况下，他只限于生产某一种东西或这种东西的一部分；他自己只使用自己产品中的一小部分，其余部分则用来购买他所需要的所有其他的商品；如果一个人只限于生产某种单一的东西，并用自己的产品去交换所有其他的东西，那么他就会发现，他从他所渴求的各种东西中得到的要比他自己［XXXI］生产这些东西时得到的多。"如果一个人只为自己生产，那就不会有**交换**。这种人不需要购买什么东西，也不提供什么东西去出售。他占有一种物品，他生产了这种物品，但不打算把它们脱手。如果在这种场合拿'供给和需求'这一用语来作比喻，那么供给和需求在这里是完全符合的。至于可卖物品的供给和需求，我们完全可以把年产品中每个生产者消费掉的部分——不管是他生产的或是购买到的——撇开不谈。"（第［249—250］、251页）

"我们在这里谈论供给和需求，也只是就总的情况来说的。如果我们谈到某个国家在某个时期的供给等于它的需求，那么我们谈的并不是一种或两种商品，而是想说，该国对所有商品的需求整个说来等于该国能够提供交换的所有商品。尽管总的说来供给和需求相等，但是完全可能发生这样的情况：某种或几种单个商品的生产多于或少于对这些商品的需求。"（第251—252页）"构成**需求**必须有两个条件：要有得到某种商品的愿望和拥有可以提供交换的等价物品。'需求'这一用语意味着购买**愿望**和购买**手段**。如果缺少其中之一，购买就不能实现。拥有等价物品是任何一种需求的必要基础。一个人想占有某些物品，但是又不提供什么东西来换取这些物品，那这种希望是徒劳的。一个人所提供的等价物品就是需求的**工具**。他的需求量就是用这个等价物品的价值来衡量的。需求和等价物品是两个可以**相互**代替的用语。我们已经看到，每个从事生产的人都力图占有不同于他所生产的物品的另一些物品，而这种意图即这种愿望的大小是以他不想留下供自己消费的产品总量来**衡量**的。同样明显的是，一个人可以把自己生产的而又不想自己消费的物品拿出来同其他物品相交换。可见，他的**购买愿望**和**购买手段**是相等的，或者说，他的需求，正好等于他不想供自己消费的产品总量。"（第252—253页）

穆勒在这里以其惯于嘲讽的尖锐性和明确性分析了私有制基础上的

交换。

人——这就是私有制的基本前提——进行**生产**只是为了**占有**。生产的目的就是**占有**。生产不仅有这样一种**功利**的目的,而且有一种**自私自利**的目的;人进行生产只是为了自己**占有**;他生产的物品是他**直接的**、**自私自利**的**需要**的物化。因此,人本身——在未开化的野蛮状态下——以他自己直接需要的**量**为他生产的尺度,这种需要的内容直接是他所生产的物品本身。

因此,人在这种状态下生产的东西**不多于他直接的需要**。**他需要的界限**也就是**他生产的界限**。因此需求和供给就正好相抵。他的生产是以他的需要来**衡量的**。在这种情况下就没有交换,或者说,交换归结为他的劳动同他劳动的产品相交换,这种交换是真正的交换的潜在形式(萌芽)。

一旦有了交换,就有了超过占有的直接界限的剩余产品。但是这种剩余产品并没有超出自私自利的需要。相反,它只是用以满足这样的需要的中介**手段**,这种需要不是直接物化在**本人**的产品中,而是物化在另一个人的产品中。生产成为**收入的来源**,成为谋生的劳动。可见,在第一种情况下,需要是生产的尺度,而在第二种情况下,产品的生产,或者更确切地说,**产品的占有**,是衡量能够在多大程度上使需要得到满足的尺度。

我是为自己而不是为你生产,就像你是为自己而不是为我生产一样。我的生产的结果本身同你没有什么关系,就像你的生产的结果同我没有直接的关系一样。换句话说,我们的生产并不是人为了作为人的人而从事的生产,即不是**社会的**生产。也就是说,我们中间没有一个人作为人同另一个人的产品有消费关系。我们作为人并不是为了彼此为对方生产而存在。因此,我们的交换也就不可能是那种证明我的产品[XXIX]是为你而生产的产品的中介运动,因为我的产品是你自己的本质即你的需要的**物化**。问题在于,不是**人的本质**构成我们彼此为对方进行生产的纽带。交换只能导致**运动**,只能证明我们每一个人对自己的产品从而对另一个人的产品的关系的**性质**。我们每个人都把自己的产品只看作是**自己的**、物化的私利，从而把另一个人的产品看作是**另一个人的**、不以他为转移的、异己的、物化的私利。

当然，你作为人同我的产品有一种人的关系；你**需要**我的产品；因此，我的产品对你来说是作为你的愿望和你的意志的对象而存在的。但是，你的需要、你的愿望、你的意志对我的产品来说却是软弱无力的需要、愿望和意志。换句话说，你的**人的**本质，因而也就是同我的人的产品必然有内在联系的本质，并不是你支配这种产品的**权力**，并不是你对这种产品的所有权，因为我的产品所承认的不是人的本质的**特性**，也不是人的本质的**权力**。相反，你的需要、你的愿望、你的意志是使你依赖于我的**纽带**，因为它们使你依赖于我的产品。它们根本不是一种赋予你支配我的产品的**权力**的**手段**，倒是一种赋予我支配你的权力的**手段**！

如果我生产的物品**超过了**我自己能够直接消费的，那么，我的**剩余**产品是精确地**估计**到你的需求的。我只是**在表面上多生产了**这种物品。实际上我生产了**另一种**物品，即我想以自己的剩余产品来换取的、你所生产的物品，这种交换在我思想上已经完成了。因此，我同你的**社会**关系，我为你的需要所进行的劳动只不过是**假象**，我们相互的补充，也只是一种以相互掠夺为基础的**假象**。在这里，掠夺和欺骗的企图必然是秘而不宣的，因为我们的交换无论从你那方面或从我这方面来说都是自私自利的，因为每一个人的私利都力图超过另一个人的私利，所以我们就不可避免地要设法互相欺骗。我认为我的物品对你的物品所具有的权力的大小，当然需要得到你的**承认**，才能成为真正的权力。但是，我们互相承认对方对自己的物品的权力，这却是一场斗争。在这场斗争中，谁更有毅力，更有力量，更高明，或者说，更狡猾，谁就胜利。如果身强力壮，我就直接掠夺你。如果用不上体力了，我们就互相讹诈，比较狡猾的人就欺骗不太狡猾的人。就**整个**关系来说，谁欺骗谁，这是偶然的事情。双方都进行**观念上**和**思想上**的欺骗，也就是说，每一方都已在自己的判断中欺骗了对方。

总之，双方的交换必然是以每一方生产的和占有的**物品**为中介的。当然，我们彼此同对方产品的观念上的关系是我们彼此的需要。但是，

现实的、实际的、真正的、在事实上实现的关系，只是彼此排斥对方对自己产品的**占有**。在我心目中，唯一能向你对我的物品的需要提供**价值、身价、实效**的，是你的**物品**，即我的物品的**等价物**。因此，我们彼此的产品是满足我们彼此需要的**手段、媒介、工具、公认的权力**。因此，你的**需求**和**你所占有的等价物**，对我来说是具有**同等意义的**、相同的术语。你的需求只有在对我具有意义和效用时，才具有效用，从而具有**意义**；如果单纯把你看作一个没有这种交换工具的人，那么，你的需求从你这方面来说是得不到满足的愿望，而在我看来则是实现不了的幻想。可见，你作为人，同我的物品毫无关系，因为**我自己**同我的物品也不具有人的关系。但是，**手段**是支配物品的**真正的权力**。因此，我们彼此把自己的产品看作一个人支配另一个人而且也支配自己的**权力**，这就是说，我们自己的产品顽强地不服从我们自己，它似乎是我们的财产，但事实上我们是它的财产。我们自己被排斥于**真正的**财产之外，因为我们的**财产**排斥他人。

我们彼此进行交谈时所用的唯一可以了解的语言，是我们的彼此发生关系的物品。我们不懂得人的语言了，而且它已经无效了；它被一方看成并理解为请求、哀诉，［XXXIII］从而被看成**屈辱**，所以使用它时就带有羞耻和被唾弃的感情；它被另一方理解为**不知羞耻**或**神经错乱**，从而遭到驳斥。我们彼此同人的本质相异化已经到了这种程度，以致这种本质的直接语言在我们看来成了对**人类尊严的侮辱**，相反，物的价值的异化语言倒成了完全符合于理所当然的、自信的和自我认可的人类尊严的东西。

当然，在你心目中，你的产品是占有我的产品从而满足你的需要的**工具、手段**。但是，在我心目中，它是我们交换的**目的**。相反，对我来说，你是生产那在我看来是目的的物品的手段和工具，而你对我的物品也具有同样的关系。但是，（1）我们每个人实际上把自己**变成了**另一个人心目中的东西；你为了占有我的物品实际上把自己变成了手段、工具、**你的物品的生产者**。（2）你自己的物品对你来说仅仅是我的物品的**感性的外壳、潜在的形式**，因为你的生产**意味着并表明想谋取**我的物品的意图。这样，你为了你自己而在事实上成了你的物品的**手段、工具**，你的愿望则是你的物品的**奴隶**，你像奴隶一样从事劳动，目的是为了你所愿望的对象永远不再给你恩赐。如果我们被物品弄得互相奴役的状况在发展的初期实际上就表现为**统治**和**被奴役**的关系，那么这仅仅是我们的**本质**关系的**粗糙的**和**直率的**表现。

对我们来说，我们**彼此的**价值就是我们彼此拥有的物品的**价值**。因此，在我们看来，一个人本身对另一个人来说是某种**没有价值的**东西。

假定我们作为人进行生产。在这种情况下，我们每个人在自己的生产过程中就**双重地**肯定了自己和另一个人：（1）我在我的生产中物化了我的**个性**和我的个性的**特点**，因此我既在活动时享受了个人的**生命表现**，又在对产品的直观中由于认识到我的个性是**物质的、可以直观地感知的**因而是**毫无疑问的**权力而感受到个人的乐趣。（2）在你享受或使用我的产品时，我**直接**享受到的是：既意识到我的劳动满足了**人的**需要，从而物化了**人的**本质，又创造了与另一个**人的**本质的需要相符合的物品。（3）对你来说，我是你与类之间的**中介人**，你自己意识到和感觉到我是你自己本质的补充，是你自己不可分割的一部分，从而我认识到我自己被你的思想和你的爱所证实。（4）在我个人的生命表现中，我直接创造了你的生命表现，因而在我个人的活动中，我直接**证实**和**实现**了我的真正的本质，即我的**人的本质**，我的**社会的本质**。

我们的生产同样是反映我们本质的镜子。

情况就是这样：你那方面所发生的事情同样也是我这方面所发生的事情。

让我们来考察一下在我们的假定中出现的不同因素。

我的劳动是**自由的生命表现**，因此是**生活的乐趣**。在私有制的前提下，它是**生命的外化**，因为我劳动是为了**生存**，为了得到生活资料。我的劳动**不是我的生命**。

第二：因此，我在劳动中肯定了自己的**个人生命**，从而也就肯定了我的个性的**特点**。劳动是我**真正的、活动的财产**。在私有制的前提下，我的个性同我自己疏远到这种程度，以致这种**活动**为我所**痛恨**，它对我来说是一种**痛苦**，更正确地说，只是活动的**假象**。因此，劳动在这里也仅仅是一种**被迫**的活动，它加在我身上仅仅是由于**外在的**、偶然的需要，而**不是**由于**内在的必然**的需要。

我的劳动是什么，它在我的物品中就只能表现为什么。它不能表现为它本来**不是**的那种东西。因此，它只是我的**自我损失**和我的**无权**的表现，而这种表现是物质的、可以直观地感知的因而是毫无疑问的。

（3）"显然，每个人加在产品总供给量上的，是他生产出来但不准备自己消费的一切东西的总量。无论年产品的一定部分以什么形式落到这个人的手里，只要他决定自己一点也不消费，他就希望把这一部分产品完全脱手；因此，这一部分产品就全部用于增加供给。如果他自己消费这个产品量的一部分，他就希望把余额全部脱手，这一余额就全部加在供给上。"（第253页）"可见，因为每个人的需求等于他希望脱手的那一部分年产品，或者换一种说法，等于他希望脱手的那一部分财富，并且因为每个人的供给也完全是一样的，所以每个人的供给和需求必然是相等的。供给和需求处于一种特殊的相互关系之中。每一种被供给的、被运往市场的、被出卖的商品，始终同时又是需求的对象，而成为需求对象的商品，始终同时又是产品总供给量的一部分。每一个商品都始终同时是需求的对象和供给的对象。当两个人进行交换时，其中一个人不是为了仅仅创造供给而来，另一个人也不是仅仅为了创造需求而来；**他的供给对象**、**供给品**，必定给他带来他需求的对象，因此，他的需求和他的供给是完全相等的。但是如果每一个人的供给和需求始终相等，那么，一个国家的全体人员的供给和需求，总起来说，也是这样。因此，无论年产品总额如何巨大，它永远不会超过年需求总额。有多少人分配年产品，年产品总量就成多少部分。需求的总量，等于所有这些部分产品中所有者不想留下供自己消费的东西的总额。但是，所有这些部分的总量，恰恰等于全部年产品。"（第253—255页）

人们对此提出异议："同需求相比，生活资料和商品经常大大过剩。我们并不否认这一事实，然而它也否认不了我们观点的正确性"（第255页）。

"虽然每一个到市场上去进行交换的人的需求等于他的供给，但是仍然可能发生这种情况，他在这里碰不到他想找的那一类买者；可能没有一个人愿意要他**想**用来交换的那种物品。尽管如此，严格地说，需求还是等于供给，因为他想用他提供的物品去换取某种物品；因为**货币**本身是一种商品，除了

马克思《詹姆斯·穆勒〈政治经济学原理〉一书摘要》研究读本

把它用于生产性或非生产性消费,谁也不想把它用于其他目的。"(第 256 页)"既然每个人的需求和供给彼此相等,那么当市场上有一种商品或生活资料**超过**需求时,就会有另一种商品或生活资料**低于**需求。"(同上)如果个人的供给和需求相等,那么总的供给和需求就始终相等。"在这种情况下,无论年产品怎样多,也不会有任何商品过剩。现在假定,需求和供给的完全一致被部分地破坏了,例如,对谷物的需求不变,而呢绒的供给却显著增加。这时,呢绒就过剩了,因为对呢绒的需求并没有增加,但是必然会发生另一些商品的相应短缺,因为所生产的呢绒的追加量只能靠一种方法获得,即从其他一些商品的生产中抽出一笔资本,因此这些商品的产量减少了。但是,如果某一商品的数量减少了,而**需求**的量仍然较大,那么这种商品就会短缺。因此,在同一个国家中,一种或几种商品的量,在另外一种或几种商品的量不低于其需求量的情况下,是决不可能相应地超过其需求量的。"(第 256、257—258 页)

"需求和供给之间的不一致所造成的实际结果是众所周知的。供给过剩的商品跌价,而短缺的商品则涨价。前一种商品跌价,很快会由于利润减少而把一部分资本从这类商品的生产中抽出来。短缺商品涨价,就会把一部分资本吸收到这个生产部门。这种运动一直要进行到利润平均化为止,就是说,一直要进行到需求和供给一致为止。"(第 258 页)"可以用来证明年产品能够比消费增加得更快这一论断的最强有力的论据,是这样一种情况:每个人只消费最必需的物品,因而年产品的全部剩余就会节约下来。但是这种情况是不可能的,因为它与人类天性的原则是不相容、不符合的。"尽管如此,我们还是研究它的结果,以便证实产品和对产品的需求之间的平衡。(第 258—259 页)

"在这种情况下,每个人获得的部分年产品——除去他消费的**最必需的**物品——就用于生产。整个国民的资本用于生产原料和小量的日用品,因为这就是唯一需求的商品。既然每个人在年产品中所占的份额,除去他所消费的,都用于生产,这一部分年产品就**花费**在供原料生产和某些日用品生产所需的物品上。但是这些物品本身恰恰就是原料和日用品,因此不仅每个人的需求完全包括在这些物品之中,而且全部供给也包括在这些物品之中。已经证明:总需求等于总供给,因为年产品中超过消费部分的余额成了需求的对象,而这全部余额又成了供给的对象。可见,同需求相比,生产决不会提高太快。生产是需求的原因,而且是**唯一的原因**。生产只有在创造需求时才创造供给,是在同一时间内创造的,并且使二者相等。"(第 259—260 页)

(4)"所有的消费都是由个人或政府进行的。政府消费的东西**没有作为**

资本被消费掉，没有以产品的形式得到补偿，它仅仅被消费掉，并不生产任何东西。但是，这种消费是保护任何生产得以进行的原因。不过，如果其他东西不是以不同于政府消费的方式来消费，那就根本没有产品了。"

（因此，穆勒可以进一步说，那时也就根本没有政府了。）（第261—262页）

"国家收入是从土地租金或地租，从资本的利润或从工资中抽取的。"（第226页）"国家收入按什么比例并以何种方式从这三种来源〈在斯卡尔培克看来，利息有：（1）货币利息，（2）地租，（3）作为地租特殊形式的租金。〉①之一中抽取呢？这就是这里唯一使我们感兴趣的问题。"（第262页）抽取国家收入的方式有**直接的**和**间接的**两种。我们先考察第一种。（第262—263页）

（5）如果国家的支出从地租中支付，那就不"影响国家的工业。土地的耕种取决于**资本家**，他投身于这一事业是因为它会给他的资本带来通常的利润。对于资本家来说，把剩余的产品以地租的形式支付给土地所有者，还是以赋税的形式支付给政府税吏，这是无所谓的"（第264页）。以前，君主靠归属于他的地产（领地）支付他的绝大部分日常费用，而军费则靠他的贵族支付，也只有在这个明确的条件下才把地产分封给贵族。"可见，在那时，政府的全部支出，少数除外，都是从地租中支付的。"（第［264］—265页）因此，国家的支出从地租中支付，有很大的好处。"资本占有者可以从这里获取利润，工人可以得到自己的工资而没有任何扣除，每个人可以用最有利的方法使用自己的资本，而不会由于捐税的有害影响，被迫把自己的资本从国内生产效率较高的领域转到另一个生产效率较低的领域。"（第266页）

显然，穆勒像李嘉图一样，反对向任何政府提出关于把地租作为税收的唯一来源的想法，因为这对一个特殊的单个人阶级说来是偏颇不公的负担。**但是**——这是一个重要而又狡诈的"但是"——地租税从国民经济学的观点来看是唯一**无害的**，因而**从国民经济学的观点来看**也是**唯一公正的税收**。国民经济学提出的与其说是吓人的不如说是诱人的唯一顾虑是："即使在一个具有一般的人口密度和面积的国家里，地租水

---

① 本卷引文中凡是在尖括号〈 〉内的话都是马克思和恩格斯加的。——译者注

平也会超过政府的需求。"——

"人们**买**和**卖**现存的地租,做买卖的人是把希望寄托在地租上的。因此,它应当不计入任何特别税之内",或者至少应当给它以可望有所提高的前景。人们做买卖的念头是不会超出这个范围的。"现在我们假定,在立法机关的支配下,借助于它制定的法令,并在一切其他因素都保持不变的情况下,土地纯产品的数量增加一倍。在这种场合,没有任何法律根据去阻碍立法机关行使权力,而是有许许多多理由让它来行使权力",以便"从这种新的来源中支付国家的支出,免除公民们对支付这些支出的任何负担。这样的措施不会给土地所有者带来不公正。他所得到的地租额,在大多数情况下甚至由于农业上的某种改良可望得到的地租额,仍然会保持不变,而社会的其他成员得到的好处却很大"(第268—269页)。

"立法机关实际上具有我们所设想的权力。它采取一切措施增加人口,从而增加对生活资料的需求,这样,它就迅速地增加了农业的纯产品,就像出了奇迹一样。如果立法机关实际上有步骤地去做它想象中会通过某种直接的行动完成的事情,那么这也不会使现状有什么改变。"(第269—270页)"随着人口的增长和在土地上或多或少更有效地使用资本,在一国农业的纯产品中就有一个越来越大的部分进入地租,而资本的利润则相应地减少。由**社会**而不是由土地所有者的私人行动所创造的条件使地租不断增多,看来,这会形成一种基金,这种基金对于满足全国需要来说,其适应程度不小于从未实行土地私有制的国家的土地收入。"保持原有收入的土地所有者,收租人,"没有权利对并没花费他什么东西的新收入来源成为供国家之用的基金这一点发怨言"(第270—271页)。

(6)"**资本利润**的直接税,只由资本家负担,不能转嫁给社会的其他部分。"此外,"一切物品的价值都会保持不变"(第272—273页)。

卡·马克思写于1844年上半年 　　　　　　原文是德文
第一次发表于《马克思恩格斯全集》
1932年国际版第1部分第3卷

选自《马克思恩格斯全集》中文第1版第42卷,北京:人民出版社1979年版,第5—42页。

卡·马克思

1844年经济学哲学手稿（节选）

[第一手稿]①

工 资

［I］**工资**决定于资本家和工人之间的敌对的斗争。胜利必定属于资本家。资本家没有工人能比工人没有资本家活得长久。资本家的联合是很通常而卓有成效的，工人的联合则遭到禁止并会给他们招来恶果。此外，土地所有者和资本家可以把产业收益加进自己的收入，而工人除了劳动所得既无地租，也无资本利息。所以，工人之间的竞争是很激烈的。从而，资本、地产和劳动三者的分离，只有对工人说来才是必然的、本质的、有害的分离。资本和地产无须停留于这种分离，而工人的劳动则不能摆脱这种分离。

因而，资本、地租和劳动三者的分离对工人说来是致命的。

最低的和唯一必要的工资额就是工人在劳动期间的生活费用，再加上使工人能够养家活口并使工人种族不致死绝的费用。按照斯密的意

---

① 马克思把第一手稿的各页都分成并列的三栏，分别加上《工资》、《资本利润》和《地租》这样的标题。每一栏都有按上述题目写的正文。但这样分三部分的论述没有贯彻到底，而到手稿的结尾实质上失去了任何意义。马克思所加的三个标题相当于资产阶级政治经济学的三个范畴，而按照亚当·斯密的学说，这三个范畴则是当时资产阶级社会的三个基本阶级——工人阶级、工业资产阶级和土地所有者——的三种收入形式。

见,通常的工资就是同"普通人"① 即畜类的生活水平相适应的最低工资。

对人的需求必然调节人的生产,正如其他任何商品生产的情况一样。如果供给大大超过需求,那么一部分工人就要沦为乞丐或者饿死。因而工人的生存被归结为其他任何商品的存在条件。工人成了商品,如果他能找到买主,那就是他的幸运了。工人的生活取决于需求,而需求取决于富人和资本家的兴致。如果供给的量超过需求,那么价格构成部分(利润、地租、工资)之一就会低于**价格**而支付,结果,价格构成的一部分就会脱离这种应用,从而市场价格也就向作为中心点的自然价格靠近。但是,第一,在分工大大发展的情况下,工人要把自己的劳动转用于其他方面是极为困难的;第二,在工人从属于资本家的情况下,吃亏的首先是工人。

因此,当市场价格向自然价格靠近时,工人无条件地要遭到最大的损失。正是资本家把自己的资本转用于其他方面的这种能力,才使得束缚于一定劳动部门的工人失去面包,或者不得不屈服于这个资本家的一切要求。

[Ⅱ] 市场价格的偶然的和突然的波动,对地租的影响比对分解为利润和工资的价格部分的影响小;而对利润的影响又比对工资的影响小。一般情况是,在某个地方工资提高时,另外的地方工资保持**不变**,再有的地方工资在**降低**。

当资本家赢利时工人不一定得到好处,而当资本家亏损时工人就一定跟着吃亏。例如,当资本家由于制造业秘密或商业秘密,由于垄断或自己地段的位置有利而使市场价格保持在自然价格以上的时候,工人也得不到任何好处。

其次,**劳动价格要比生活资料的价格远为稳定**。二者往往成反比。在物价腾贵的年代,工资因对劳动的需求下降而下降,因生活资料价格

---

① "普通人"("simple humanité")一词引自亚当·斯密的主要著作《国民财富的性质和原因的研究》第 1 卷(第 8 章)。马克思在这里以及下面的所有引文都引自热尔门·加尔涅所译的、1802 年在巴黎出版的法译本。"普通人"一词见该书第 1 卷第 138 页。

提高而提高。这样，二者互相抵销。无论如何，总有一定数量的工人没有饭吃。在物价便宜的年代，工资因对劳动的需求提高而提高，因生活资料价格下降而下降。这样，二者互相抵销。

工人还有一个不利的方面：

不同行业的工人的劳动价格的差别，比不同投资部门的利润的差别要大得多。在劳动时，个人活动的全部自然的、精神的和社会的差别会表现出来，因而所得的报酬也各不相同，而死的资本总是迈着同样的步子，根本不在乎**实际**的个人活动如何。

总之，应当看到，工人和资本家同样在苦恼时，工人是为他的生存而苦恼，资本家则是为他的死钱财的赢利而苦恼。

工人不仅要为物质的生活资料而斗争，而且要为谋求工作，即为谋求实现自己的活动的可能性和手段而斗争。

我们且举社会可能所处的三种主要状态，并且考察一下工人在其中的地位。

（1）如果社会财富处于衰落状态，那么工人所受的痛苦最大。因为，即使在社会的幸福状态中工人阶级也不可能取得像所有者阶级所取得的那么多好处，"没有一个阶级像工人阶级那样因社会财富的衰落而遭受深重的苦难"①。

［Ⅲ］（2）现在且拿财富正在增进的社会来看。这是对工人唯一有利的状态。这里资本家之间展开竞争。对工人的需求超过了工人的供给。

但是，**第一**，工资的提高引起工人的**过度劳动**。他们越想多挣几个钱，他们就越不得不牺牲自己的时间，并且完全放弃一切自由来替贪婪者从事奴隶劳动。这就缩短了工人的寿命。工人寿命的缩短对整个工人阶级是一个有利状况，因为这样就必然会不断产生对劳动的新需求，这个阶级始终不得不牺牲自己的一部分，以避免同归于尽。

其次，社会在什么时候才会处于财富日益增进的状态呢？那就是在

---

① 引自斯密的著作第 2 卷（第 1 篇第 11 章）第 162 页。

一国的资本和收入增长的时候。但是，这只有由于下述情况才可能：

（α）大量劳动积累起来，因为资本是积累的劳动；就是说，工人的劳动产品越来越多地从他手中被剥夺了，工人自己的劳动越来越作为别人的财产同他相对立，而他的生存资料和活动资料越来越多地集中在资本家手中。

（β）资本的积累扩大分工，而分工则增加工人的人数；反过来，工人人数的增加扩大分工，而分工又增加资本的积累。一方面随着分工的扩大，另一方面随着资本的积累，工人日益完全依赖于劳动，依赖于一定的、极其片面的、机器般的劳动。随着工人在精神上和肉体上被贬低为机器，随着人变成抽象的活动和胃，工人越来越依赖于市场价格的一切波动，依赖于资本的运用和富人的兴致。同时，由于单靠劳动为生者阶级的人数增加，[IV] 工人之间的竞争加剧了，因而他们的价格也降低了。在工厂制度下，工人的这种状况达到了顶点。

（γ）在福利增长的社会中，只有最富有的人才能靠货币利息生活。其余的人都不得不用自己的资本经营某种行业，或者把自己的资本投入商业。这样一来，资本家之间的竞争就会加剧，资本的积聚就会增强，大资本家使小资本家陷于破产，一部分先前的资本家就沦为工人阶级，而工人阶级则由于这样增加，部分地又要经受工资降低之苦，同时更加依赖于少数大资本家。资本家由于人数减少，他们为争夺工人而进行的竞争几乎不再存在；而工人由于人数增加，彼此间的竞争变得越来越激烈、反常和带有强制性。因此，工人等级中的一部分人必然陷于行乞或饿死的境地，正像一部分中等资本家必然沦为工人等级一样。

由此可见，即使在对工人最有利的社会状态中，工人的结局也必然是：劳动过度和早死，沦为机器，沦为资本的奴隶（资本的积累作为某种有危险的东西而与他相对立），发生新的竞争以及一部分工人饿死或行乞。

[V] 工资的提高在工人身上引起资本家般的发财欲望，但是工人只有牺牲自己的精神和肉体才能满足这种欲望。工资的提高以资本的积累为前提并且导致资本的积累；因而劳动产品越来越作为某种异己的东西与工人相对立。同样，分工使工人越来越片面化和从属化；分工不仅

导致人的竞争，而且导致机器的竞争。因为工人被贬低为机器，所以机器就能作为竞争者与他相对抗。最后，正像资本的积累增加工业的数量，从而增加工人的数量一样，由于这种积累，同一数量的工业生产出**更大量的产品**；于是发生生产过剩，而结果不是有很大一部分工人失业，就是工人的工资下降到极其可怜的最低限度。

这就是对工人最有利的社会状态，即财富**正在增长、增进**的状态所产生的后果。

然而，这种正在增长的状态终究有一天要达到自己的顶点。那时工人的处境会怎样呢？

（3）"在财富已经达到它可能达到的顶点的国家，工资和资本利息二者都会极低。工人之间为就业而进行的竞争如此激烈，以致工资缩减到仅够维持现有工人人数的程度，而国家的人口这时已达到饱和，所以这个人数不能再增加了。"①

超过这个人数的部分注定会死亡。

因此，在社会的衰落状态中，工人的贫困日益加剧；在财富增进的状态中，工人的贫困具有错综复杂的形式；在达到繁荣顶点的状态中，工人的贫困持续不变。

［Ⅵ］但是，既然按照斯密的意见，大多数人遭受痛苦的社会是不幸福的，既然社会的最富裕的状态会造成大多数人的这种痛苦，而国民经济学（一般是私人利益占统治地位的社会）又会导致这种最富裕的状态，那么国民经济学的目的也就在于社会的不幸。

关于工人和资本家之间的关系还应指出，工资的提高对资本家说来，可以由劳动时间总量的减少而绰绰有余地得到补偿；工资的提高和资本利息的提高会像单利和复利②那样影响商品的价格。

---

① 引自斯密的著作第 1 卷（第 1 篇第 9 章）第 193 页。
② 复利是一种不仅按照本金，而且按照本金定期的增加量来连贯计算的利息。因此，本金是像几何级数的项那样增长的，例如：$2 \times 2 = 4 \times 2 = 8 \times 2 = 16$ 等等。

现在让我们完全站在国民经济学家的立场上，并且仿效他把工人的理论要求和实践要求比较一下。

国民经济学家对我们说，劳动的**全部产品**，本来属于工人，并且按照理论也是如此。但是他同时又对我们说，实际上工人得到的是产品中最小的、没有就不行的部分，也就是说，只得到他不是作为人而是作为工人生存所必要的那一部分以及不是为繁衍人类而是为繁衍工人这个奴隶阶级所必要的那一部分。

国民经济学家对我们说，一切东西都可用劳动来购买，而资本无非是积累的劳动；但是同时他又对我们说，工人不但远不能购买一切东西，而且不得不出卖自己和自己的人性。

懒惰的土地所有者的地租大都占土地产品的三分之一，忙碌的资本家的利润甚至两倍于货币利息，而剩余部分即工人在最好的情况下挣得的部分，只有这么多；如果他有四个孩子，其中两个必定要饿死。

［Ⅶ］① 按照国民经济学家的意见，劳动是人用来增大自然产品的价值的唯一东西，劳动是人的能动的财产；而根据同一国民经济学，土地所有者和资本家——作为土地所有者和资本家不过是有特权的和闲散的神仙——处处对工人占上风，并对他发号施令。

按照国民经济学家的意见，劳动是唯一不变的物价；可是再没有什么比劳动价格更具有偶然性、更受波动的了。

分工提高劳动的生产力，增进社会的财富，促使社会日益精致，同时却使工人陷于贫困并变为机器。劳动促进资本的积累，从而也促进社会福利的增长，同时却使工人越来越依附于资本家，引起工人间更剧烈的竞争，使工人卷入生产过剩的疯狂竞赛中去；而跟着生产过剩而来的是同样猛烈的生产衰落。

按照国民经济学家的意见，工人的利益从来不同社会的利益相对立，而社会却总是而且必然地同工人的利益相对立。

---

① 在第一手稿第Ⅶ页上，同以前各页不同，马克思在所有的三栏里都论述《工资》这个题目。在第Ⅷ页上，论述了两个题目：在左面的第一栏里论述《工资》，而在右面第二栏里论述《资本的利润》。

按照国民经济学家的意见，工人的利益从来不同社会的利益相对立，（1）因为工资的提高可以由劳动时间量的减少和上述其他后果而绰绰有余地得到补偿；（2）因为对社会来说全部总产品就是纯产品，而区分纯产品只对私人来说才有意义。

劳动本身，不仅在目前的条件下，而且一般只要它的目的仅仅在于增加财富，它就是有害的、造孽的，这是从国民经济学家的阐发中得出的结论，尽管他并不知道这一点。

———————

按照理论，地租和资本利润是工资的**扣除**。但是在现实中，工资却是土地和资本让给工人的一种扣除，是从劳动产品中给工人、劳动所打的回扣。

在社会的衰落状态中，工人遭受的痛苦最深重。他遭受特别沉重的压迫是由于自己所处的工人地位，但他遭受压迫则由于社会状况。

而在社会财富增进的状态中，工人的沦亡和贫困化是他的劳动的产物和他生产的财富的产物。就是说，贫困从现代劳动本身的**本质**中产生出来。

社会的最富裕状态，这个大致还是可以实现并且至少是作为国民经济学和市民社会的目的的理想，对工人说来却是**持续不变的贫困**。

不言而喻，国民经济学把**无产者**，即既无资本又无地租，只靠劳动而且是片面的、抽象的劳动为生的人，仅仅当作**工人**来考察，因此，它才会提出这样一个论点：工人完全和一匹马一样，只应得到维持劳动所必需的东西。国民经济学不考察不劳动时的工人，不把工人作为人来考察；它把这种考察交给刑事司法、医生、宗教、统计表、政治和乞丐管理人去做。

现在让我们超出国民经济学的水平，试从前面几乎是用国民经济学家的原话所作的论述中来回答以下两个问题：

（1）把人类的最大部分归结为抽象劳动，这在人类发展中具有什么意义？

（2）细节上的改良主义者不是希望**提高**工资并以此来改善工人阶

级的状况就是（像蒲鲁东那样）把工资的**平等**看作社会革命的目标，他们究竟犯了什么错误？

劳动在国民经济学中仅仅以**谋生活动**的形式出现。

————————

　　[Ⅷ] "可以肯定地说，那些要求特殊才能或较长期预备训练的职业，总的来说已变得较能挣钱；而任何人都可以很容易很快学会的那种机械而单调的活动的相应工资，则随着竞争的加剧而降低并且不得不降低。但正是**这类**劳动在劳动组织的现状下最为普遍。因此，如果说第一类工人现在所挣得的是五十年前的七倍，而第二类工人所挣得的和五十年前一样，那么二者所挣得的**平均起来**当然是以前的四倍。但是，如果在一个国家里，从事第一类劳动的只有一千人，而从事第二类劳动的有一百万人，那么就有 999000 人并不比五十年前生活得好，如果生活必需品的价格同时上涨，那么他们会比以前生活得**更坏**。而人们却想用这种肤浅的**平均计算**，在关系到居民人数最多的阶级的问题上欺骗自己。此外，**工资**多少只是估计**工人收入**的因素之一，因为对衡量收入来说更重要的是要把他们获得收入的有保障的**持续性**估计进去。但是在波动和停滞不断出现的所谓自由竞争的无政府状态下，是根本谈不到这种持续性的。最后，还应注意过去和现在的通常**劳动时间**。最近二十五年来，也正是从棉纺织业采用节省劳动的机器以来，这个部门的英国工人的劳动时间已由于企业主追逐暴利 [Ⅸ] 而增加到每日十二至十六小时，而在到处还存在着富人无限制地剥削穷人的公认权利的情况下，一国和一个工业部门的劳动时间的延长必然也或多或少地影响到其他地方。"（舒耳茨《生产运动》第 65 页）

　　"然而，即使所谓社会**一切**阶级的平均收入都增长这种不真实的情况属实，一种收入同另一种收入的区别和**相对的**差距仍然可能扩大，从而贫富间的对立也可能更加尖锐。因为正是**由于生产总量的增长**，并且随着生产总量的增长，需要、欲望和要求也提高了，于是**绝对的**贫困减少，而**相对的**贫困可能增加。靠鲸油和腐鱼为生的萨莫耶特人并不穷，因为在他们那种与世隔绝的社会里一切人都有同样的需要。但是在一个**前进着的国家**，生产总量在大约十年内与人口相比增加了三分之一，而工人挣得的工资仍和十年前一样多，他们不但不能保持过去的福利水平，而且比过去穷三分之一。"（同上，第 65—66 页）

但是，国民经济学把工人只当作劳动的动物，当作仅仅有最必要的肉体需要的牲畜。

"国民要想在精神方面更自由地发展，就不应该再当自己的肉体需要的奴隶，自己的肉体的奴仆。因此，他们首先必须有**能够**进行精神创造和精神享受的**时间**。劳动组织方面的进步会赢得这种时间。的确，今天由于有了新的动力和完善的机器，棉纺织厂的一个工人往往可以完成早先100甚至250—350个工人的工作。在一切生产部门中都有类似的结果，因为外部自然力日益被用来加入［Ⅹ］人类劳动。如果说为了满足一定量的物质需要必需耗费的时间和人力现在比过去减少了一半，那么，与此同时，在不损害物质福利的情况下，给精神创造和精神享受提供的余暇也就增加一倍。但是，在我们甚至从老克伦纳士自己领域中夺得的房获物的分配方面，仍然取决于像掷骰子那样的盲目的、不公正的偶然性。法国有人计算过，在目前的生产状况下，每个有劳动能力的人平均每日劳动五小时，就足以满足社会的一切物质利益……尽管因机器改进而节省了时间，工厂中奴隶劳动的时间对多数居民说来却有增无已。"（同上，第67—68页）

"从复杂的手工劳动过渡，首先要将这种手工劳动分解为简单的操作。但是，最初只有**一部分**单调的重复的操作由机器来承担，而另一部分由人来承担。根据事物的本性和一致的经验，可以说这种连续不断的单调的活动无论对于精神还是对于肉体都同样有害。因此，在机器工作同较大量人手间的简单分工相**结合**的状况下，这种分工的一切弊病也必然要表现出来。工厂工人的死亡率较高尤其表明了这种分工的弊病……［Ⅺ］人们**借助**于机器来劳动和人们**作为**机器来劳动，这两者之间的巨大差别……并没有受到人们的注意。"（同上，第69页）

"但是在各国人民未来的生活里，通过机器起作用的盲目的自然力，将成为我们的奴隶和奴仆。"（同上，第74页）

"在英国的纺纱厂中就业的只有158818个男工和196818个女工。朗卡斯特郡的棉纺织厂每有100个男工就有103个女工，而在苏格兰甚至达到209个。在英国里子的麻纺厂中每100个男工就有147个女工；在丹第和苏格兰东海岸甚至达到280个。在英国的丝织厂中有很多女工；在需要较强体力的毛纺织厂中主要是男工。1833 年在北美的棉纺织厂中就业的，除了 18593 个男工以外，至少有 38927 个女工。可见，由于劳动组织的改变，妇女就业的范围已经扩大……妇女在经济上有了比较独立的地位……男性和女性在社会关系方面互相接近了。"（同上，第 71—72 页）

"1835 年，在拥有蒸汽动力和水力动力的英国纺纱厂中劳动的有 8—12 岁的儿童 20558 人，12—13 岁的儿童 35867 人，13—18 岁的儿童 108208 人……当然，机械的进一步改进使人日益摆脱单调劳动操作，促使这种弊病逐渐［ⅠⅩ］消除。但是，资本家能够最容易最便宜地占有下层阶级以至儿童的劳动力，以便使用和消耗这种劳动力来**代替**机械手段，正是这种情况妨碍机械的迅速进步。"（舒耳茨《生产运动》第 70—71 页）

"布鲁姆勋爵向工人大声疾呼：'做资本家吧！'……不幸的是，千百万人只有通过糟蹋身体、损害道德和智力的紧张劳动，才能挣钱勉强养活自己，而且他们甚至不得不把找到**这样一种**工作的不幸看作是一种幸运。"（同上，第 60 页）

"于是，为了生活，一无所有者不得不直接地或间接地替有产者**效劳**，也就是说，要受他们的摆布。"（贝魁尔《社会经济的新理论》第 409 页）

"**佣人——月钱；工人——工资；职员——薪金或报酬**。"（同上，第 409—410 页）

"出租自己的劳动"，"出借自己的劳动换取利息"，"代替别人劳动"。

"出租劳动材料"，"出借劳动材料换取利息"，"让别人代替自己劳动"。（同上，［第 411 页］）

［ⅩⅢ］"这种经济结构注定人们去干如此低贱的职业，遭受如此凄惨沦落之苦，以致野蛮状态与之相比似乎也是王公的生活了。"（同上，第 417—418 页）

"一无所有者以各种各样的形式卖淫。"（同上，第 421—［422］页）拣破烂者。

查·劳顿在《人口等问题的解决办法》①（1842 年巴黎版）一书中估计英国卖淫者的数目有 6 万—7 万人。"品德可疑的妇女"也有那么

---

① 查·劳顿《人口和生计问题的解决办法》1842 年巴黎版。

大的数目。（第 228 页）

"这些不幸的马路天使的平均寿命，从她们走上淫荡的生活道路算起，大约是 6—7 年。因此，要使卖淫者保持 6 万—7 万这个数目，在联合王国每年至少要有 8000—9000 名妇女为这个淫秽的职业献身，也就是说，每天大约要有 24 名新的牺牲者，或者每小时平均要有**一名**新的牺牲者；如果这个比例适用于整个地球，那么这种不幸者的人数势必经常有 150 万人。"（同上，第 229 页）

"贫困的人口随着贫困的增长而增长；最大量的人在极端贫困的状态下挣扎，彼此争夺着受苦受难的权利……1821 年爱尔兰的人口是 6801827 人。1831 年增加到 7764010 人，也就是说，在十年中间增加了 14%。在最富裕的伦斯特省，人口只增加 8%，而在最贫困的康诺特省，人口反而增加 21%（《在英格兰公布的关于爱尔兰的统计调查摘要》，1840 年维也纳版）。"（毕莱《论贫困》① 第 1 卷第 [36]—37 页）

国民经济学把劳动抽象地看作物；"劳动是商品"；价格高，就意味着对商品的需求很大；价格低，就意味着商品的供给很多；"劳动作为商品，其价格必然日益降低"；这种情况之所以必然发生，一部分是由于资本家和工人之间的竞争，一部分是由于工人之间的竞争。

"出卖劳动的工人人口，不得不满足于产品的最微小的一份……关于劳动是商品的理论，难道不是伪装起来的奴隶制的理论吗？"（同上，第 43 页）"为什么人们把劳动只看成交换价值呢？"（同上，第 44 页）"大企业宁可购买妇女和儿童的劳动，因为这种劳动比男子的劳动便宜。"（同上）"工人在雇用他的人面前不是处于**自由的卖者**地位……资本家总是自由雇用劳动，而工人总是被迫出卖劳动。如果劳动不是每一瞬间都在出卖，那么它的价值就会完全消失。与真正的商品不同，劳动既不能积累，也不能储蓄。[XIV] 劳动就是生命，而生命如果不是每天用食物进行新陈代谢，就会衰弱并很快死亡。为了使人的生命成为商品，也就必须容许奴隶制。"（同上，第 49—50 页）

---

① 欧·毕莱《论英法工人阶级的贫困》1840 年巴黎版第 1 卷。

可见,如果劳动是商品,那么它就是一种具有最不幸的特性的商品。然而,甚至根据国民经济学的基本原理,劳动也不是商品,因为它不是"**自由交易的自由结果**"。(同上,第 50 页)现存的经济制度

"既降低了劳动的价格,同时也降低了劳动的报酬;它造就了工人,却贬低了人"。(同上,第 52—53 页)"工业成了战争,而商业成了赌博。"(同上,第 62 页)

"单是加工棉花的机器(在英国)就完成 8400 万手工劳动者的工作。"(同上,第 193 页,注)

工业直到现在还处于掠夺战争的状态:

"它像大征服者那样冷酷无情地浪费那些构成它的军队的人的生命。它的目的是占有财富,而不是人的幸福"。(毕莱,同上,第 20 页)"这种利益〈即经济利益〉如果听之任之……就必然要互相冲突;它们除了战争再无其他仲裁者,战争的判决就是使一些人失败和死亡,使另一些人获得胜利……科学在对抗力量的冲突中寻求秩序和平衡;按照科学的意见,**连绵不断的战争**是获得和平的唯一方法;这种战争就叫作竞争。"(同上,第 23 页)

"为了卓有成效地进行这场工业战争,需要有人数众多的军队,这种军队能调集到一个地点,不惜牺牲地投入战斗。这种军队的士兵所以能忍受强加在他们身上的重担,既不是出于忠诚,也不是由于义务;只不过为了逃避那必不可免的饥饿威胁。他们对自己的长官既不爱戴,也不感恩。长官对自己的部下没有任何好意。在他们眼中,这些部下不是人,仅仅是以尽可能少的花费带来尽可能多的收入的生产工具。这些日益密集的工人群众甚至没有信心会有人经常雇用他们;把他们集合起来的工业只是在它需要他们的时候才让他们活下去;而一旦能够撇开他们,它就毫不踌躇地抛弃他们;于是工人不得不按照人家同意的价格出卖自己的人身和力气。加在他们身上的劳动,时间越长,越令人痛苦和厌恶,他们所得的报酬也就越少;可以看到有些工人每天连续紧张劳动十六小时,才勉强买到不致饿死的权利。"(同上,第[68]—69 页)

[XV]"我们确信——那些调查手工织布工的状况的委员会委员们也会相

信——大工业城市如果不是时时刻刻都有健康人、新鲜的血液不断从邻近农村流入，那就会在短期内失去自己的劳动人口。"（同上，第362页）

资本的利润

一　资本

［Ⅰ］（1）**资本**，即对他人劳动产品的私有权，是建立在什么基础上的呢？

"如果资本本身并非来源于盗窃和诈骗，那么，为了使继承神圣化，仍然需要有立法的协助。"（萨伊，第1卷第136页，注）①

人怎样成为生产基金的所有者？他怎样成为用这些生产基金生产出来的产品的所有者？

根据**成文法**。（萨伊，第2卷第4页）

人们依靠资本，例如，依靠大宗财产的继承，可以得到什么？

"继承了大宗财产的人不一定因此直接得到政治权力。财富直接提供给他的权力无非是**购买的权力**，这是一种支配当时市场上拥有的一切他人劳动或者说他人劳动的一切产品的权力。"（斯密，第1卷第61页）

因此，资本是对劳动及其产品的**支配权**。资本家拥有这种权力并不是由于他的个人的或人的特性，而只是由于他是资本的**所有者**。他的权力就是他的资本的那种不可抗拒的**购买**的权力。

下面我们首先将看到，资本家怎样利用资本来行使他对劳动的支配权，然后将看到资本的支配权怎样支配着资本家本身。

什么是资本？

---

① 让·巴·萨伊《论政治经济学》1817年巴黎第3版第1—2卷。

"一定量的**积累的**和储存的**劳动**。"（斯密，第 2 卷第 312 页）

资本就是**积累的劳动**。

（2）**基金**，资金是土地产品和工业劳动产品的任何积累。资金只有当它给自己的所有者带来收入或利润的时候，才叫作**资本**。（斯密，第 2 卷第 191 页）[①]

二　资本的利润

"**资本的利润**或**赢利**与**工资**完全不同。二者的差别表现在两个方面：首先，资本的利润完全决定于所使用的资本的价值，尽管监督和管理的劳动在不同的资本之下可能是一样的。其次，在大工厂，这方面的劳动完全委托给一个主管人，这个主管人的薪金同由他监督如何使用的〔Ⅱ〕资本并不保持一定的比例。"尽管这里的资本所有者的劳动几乎等于零，他仍然要求利润和他的资本保持一定的比例。（斯密，第 1 卷第 97—99 页）

为什么资本家要求利润和资本之间保持这种比例呢？

"如果资本家从出卖工人生产的产品中，除了用于补偿"他预付在工资上的"基金所必需的数额以外，不指望再多得一个余额，他就不会有**兴趣**雇用这些工人了"；同样，如果他的利润不同所使用的资本的量成一定的比例，他就不会有**兴趣**使用较大的资本来代替较小的资本。（斯密，第 1 卷第 96—97 页）

因此，资本家赚得的利润首先同工资成比例，其次同预付的原料成比例。

那么，利润和资本的比例是怎样的呢？

[①] 这一整段不是属于亚当·斯密的，而是属于《国富论》一书的法译者热尔门·加尔涅的。

如果说确定一定地点和一定时间的通常的、平均的工资额已经很困难，那么确定资本的利润就更困难了。资本所经营的那些商品的价格的变化，资本的竞争者和顾客的运气好坏，商品在运输中或在仓库中可能遇到的许许多多意外事故，——这一切都造成利润天天变动，甚至是时刻变动。（斯密，第1卷第179—180页）尽管精确地确定资本利润的数额是不可能的，但是根据**货币利息**仍可大略知道这个数额。如果使用货币可以得到的利润多，那么为使用货币所付出的利息就多；如果使用货币得到的利润少，那么付出的利息也少。（斯密，第1卷第181页）"通常的利息率和纯利润率之间应当保持的比例，必然随着利润的高低而变化。在英国，人们认为，相当双倍利息的利润就是商人所称的**正当的、适度的、合理的利润**；这些说法无非就是指**通常的普通的利润**。"（斯密，第1卷第198页）

什么是**最低的**利润率呢？什么是**最高的**利润率呢？

"资本的**最低的**普通利润率，除了足以补偿资本在各种使用中遇到的意外损失，必须始终**有些剩余**。只有这种剩余才是纯利润或净利润。"最低利率的情况也是如此。（斯密，第1卷第196页）

[Ⅲ]"**最高的**普通利润**率**可能是这样的，它吞没大多数商品的价格中**地租的全部**，并且使供应的商品中所包含的工资降到**最低价格**，即只够维持工人在劳动期间的生活的价格。在工人被雇用从事劳动时，人们总得设法养活他们；地租却可以完全不付。"例如，在孟加拉的东印度贸易公司的经理们。（斯密，第1卷第［197］—198页）

资本家除了在这种情况下可以**利用**微小竞争的一切好处之外，还能用堂堂正正的方式把市场价格保持在自然价格之上：

首先，如果那些在市场上销售商品的人离市场很远，就利用**商业秘密**；这就是说，对价格变动即价格高于自然价格保密。这种保密，可以使其他资本家不致把自己的资本投到这个部门来。

其次，利用**制造业秘密**；这种秘密使资本家可以用较少的生产费用按照同样的价格甚至比竞争者低的价格供应商品，从而获得较多的利润。——

(以保密来欺骗不是不道德吗？交易所的交易。)——**再次**，把生产限制在特定的地点（例如，名贵的葡萄酒），以致**有效的需求**永远不能得到满足。**最后**，利用个别人和公司的**垄断**。垄断价格是可能达到的最高价格。(斯密，第1卷第120—124页)

可能提高资本利润的另一些偶然的原因：

新领土的获得或新行业的出现甚至在富国也往往可以提高资本利润，因为它们可以从旧行业抽走一部分资本，缓和竞争，减少市场的商品供应，从而促使这些商品的价格提高；在这种情况下，这些商品的经营者就能够对贷款支付较高的利息。(斯密，第1卷第190页)

"商品加工越多，商品越变成加工对象，商品价格中分解为工资和利润的部分就比分解为地租的部分增长得越大。随着商品加工的进展，不仅利润的数目增大了，而且每个后来的利润总比先前的利润大，因为产生利润的资本[Ⅳ]必然越来越大。雇用织工的资本必然大于雇用纺工的资本，因为前一种资本，不仅要补偿后一种资本和利润，而且要支付织工的工资，而利润必定总是同资本保持一定的比例的。"(第1卷第102—103页)

由此可见，在对自然产品加工和再加工时人的劳动的增加，不是使工资增加，而是一方面使获利资本的数额增大，另一方面使每个后来的资本比先前的资本大。

关于资本家从分工中得到的好处，后面再讲。

资本家得到双重的好处：第一，从分工；第二，从一般加在自然产品上的人的劳动的增长。人加进商品的份额越大，死资本的利润就越大。

"在同一社会，与不同工种的工资相比，资本的平均利润率更接近于同一水平。"(第1卷第228页)"各种不同用途的资本的普通利润率随着收回资本的可靠性的大小而不同。利润率随着风险增大而提高，尽管二者并不完全成比例。"(同上，[第226—227页])

不言而喻，资本利润还由于流通手段（例如，纸币）的简便或低廉而增长。

三 资本对劳动的统治和资本家的动机

"追逐私人利润是资本所有者决定把资本投入农业还是投入工业，投入批发商业的某一部门还是投入零售商业的某一部门的唯一动机。至于资本的哪一种用途能推动多少**生产劳动**，[Ⅴ] 或者会使他的国家的土地和劳动的年产品增加多少价值，他是从来不会想到去计算的。"（斯密，第 2 卷第 400—401 页）

"对资本家说来，资本的最有利的使用，就是在同样风险的条件下给他带来最大利润的使用。这种使用对社会说来并不总是最有利的。最有利的资本使用就是用于从自然生产力中取得好处。"（萨伊，第 2 卷第 130—131 页）

"最重要的劳动操作是按照投资者的规划和盘算来调节和指挥的。而投资者所有这些规划和操作的目的就是**利润**。然而，利润率不像地租和工资那样，随社会的繁荣而上升，随社会的衰退而下降。相反地，利润率很自然在富国低，在穷国高，而在最迅速地走向没落的国家中最高。因此，这一阶级的利益不像其他两个阶级的利益那样与社会的一般利益联系在一起……经营某一特殊商业部门或工业部门的人的特殊利益，在某一方面总是和公众利益不同，甚至常常同它相敌对。商人的利益始终在于扩大市场和限制卖者的竞争……这是这样一些人的阶级，他们的利益决不会同社会利益完全一致，他们的利益一般在于欺骗和压迫公众。"（斯密，第 2 卷第 163—165 页）

四 资本的积累和资本家之间的竞争

资本的增加使工资提高，但由于资本家之间的**竞争**又有使资本家利润减少的趋向。（斯密，第 1 卷第 179 页）

"例如，一个城市的食品杂货业所需的资本如果分归两个食品杂货商经营，那么他们之间的竞争会使双方都把售价降到比一个人独营时便宜；如果分归二十个 [Ⅵ] 杂货商经营，那么他们之间的竞争会更剧烈，而他们结合起来抬高他们的商品价格的可能性也变得更小。"（斯密，第 2 卷第 372—373 页）

既然我们已经知道，垄断价格是可能达到的最高价格；既然资本家的利益甚至按照一般国民经济学的观点看来是同社会利益相敌对的；既然资本利润的提高像复利一样影响商品的价格（斯密，第1卷第199—201页），——所以，**竞争**是对抗资本家的唯一手段；根据国民经济学的论述，竞争既对工资的提高，也对商品价格的下降产生有利于消费公众的好影响。①

但是，只有当资本增加而且分散在许多人手中的时候，竞争才有可能。只有通过多方面的积累才可能出现许多资本，因为资本一般只有通过积累才能形成，而多方面的积累必然转化为单方面的积累。各个资本之间的竞争扩大各个资本的积累。在私有制的统治下，积累就是资本在少数人手中的**积聚**，只要听任资本的自然趋向，积累一般来说是一种必然的结果；而资本的这种自然使命恰恰是通过竞争来为自己开辟自由的道路的。

我们已经听到，资本的利润同资本的量成正比。因此，即使一开始就把蓄谋的竞争完全撇开不谈，大资本也会按其量的大小相应地比小资本积累得快。[Ⅵ]

[Ⅷ] 由此可见，完全撇开竞争不谈，大资本的积累比小资本积累快得多。不过我们要进一步探讨这个过程。

随着资本的增长，资本利润由于竞争而减少。因此，遭殃的首先是小资本家。

资本的增长和大量资本的存在以一国财富的日益增进为前提。

"在财富达到极高程度的国家，普通利润率非常低，从而这个利润能够支付的利息很低，以致除了最富有的人以外任何人都不能靠利息生活。因此，

---

① 马克思在这里转述了亚·斯密在他的主要著作《国富论》中讲过的关于竞争具有良好作用的思想。斯密认为，假如资本分散在二十个商人中间，那么他们之间的竞争就会加剧，而这将给消费者和生产者都带来直接的利益，因为这时各个商人都不得不比整个部门由一两个人垄断时卖得贱些和买得贵些。按照斯密的意见，各个资本之间的竞争加剧，将促进劳动报酬的提高，而且不降低利润。在对劳动力的需求日益增长和资本家之间进行竞争的条件下，资本家必然要破坏关于不是提高工资的"天然协议"。

所有中等有产者都不得不自己使用资本,经营一种实业,或参与某种商业。"(斯密,第1卷第[196]—197页)

这种状态是国民经济学最喜爱的状态。

"资本和收入之间的比例无论在什么地方都决定着勤劳和懒惰的比例:资本占优势的地方,普遍勤劳;收入占优势的地方,普遍懒惰。"(斯密,第2卷第325页)

在竞争扩大的条件下,资本使用的情况如何呢?

"随着资本的增加,生息信贷基金的数量也必然不断增长。随着这种基金的增加,货币利息会日益降低,(1)因为一切物品的市场价格随着物品数量的增加而降低;(2)因为随着**一国资本的增加**,新资本要找到有利的用途**越来越困难**。不同资本之间就产生了竞争,一个资本的所有者千方百计夺取其他资本所占领的行业。但是,如果他不把自己的交易条件放宽一些,那么他就多半不能指望把其他资本排挤掉。他不仅要廉价销售物品,而且往往为了寻找销售的机会,还不得不高价收购物品。因为用来维持生产劳动的基金逐日增加,所以对生产劳动的需求也与日俱增:工人容易找到工作,[IX] 而资本家却难以找到他们能够雇用的工人。资本家的竞争使工资提高,利润下降。"(斯密,第2卷第358—359页)

因此,小资本家必须在二者中选择其一:(1)他由于已经不能靠利息生活而把自己的资本吃光,从而不再做资本家;(2)亲自经营实业,比更富有的资本家贱卖贵买,并且支付较高的工资;因为市场价格由于假定的激烈竞争而已经很低,所以小资本家就陷于破产。相反,如果大资本家想挤掉小资本家,那么,与小资本家相比,他拥有资本家作为资本家所具有的对工人的一切优越条件。对他来说,较少的利润可以由大量的资本来补偿;他甚至可以长久地容忍暂时的亏损,直至小资本家破产,直至他摆脱小资本家的竞争。他就是这样把小资本家的利润积累在自己手里。

其次，大资本家总是比小资本家买得便宜，因为他的进货数量大，所以，他贱卖也不会亏损。

但是，如果说货币利息下降会使中等资本家由食利者变为企业家，那么反过来，企业资本的增加以及因此引起的利润的减少，会造成货币利息下降。

"随着使用资本所能取得的利润减少，为使用这笔资本所能支付的价格也必然降低。"（斯密，第 2 卷第 359 页）

"财富、工业、人口越增长，货币利息，从而资本家的利润就越降低。利润尽管减少，资本本身却不但继续增加，而且比以前增加得更迅速。大资本利润虽低，但比利润高的小资本一般也增长得更迅速。俗语说得好：钱能生钱。"（斯密，第 1 卷第 189 页）

如果像在假定的那种激烈竞争状态下所发生的那样，利润低的小资本同这个大资本相对立，那么大资本会把它们完全压垮。

在这种竞争中，商品质量普遍低劣、伪造、假冒、普遍有毒等等，正如在大城市中看到的那样，都是必然的结果。

［X］此外，**固定资本**和**流动资本**之间的比例，也是大资本和小资本的竞争中的一个重要情况。

"**流动资本**就是用于生产食物、制造业或商业的资本。只要它仍然留在所有者手中或者保持原状，它就不会给自己的所有者带来收入或利润。它不断以一种形式用出去，再以另一种形式收回来，而且只有依靠这种流通，即依靠这种连续的转化和交换，才带来利润。**固定资本**就是用于改良土地，购置机器、工具、手工业工具之类物品的资本。"（斯密，第 2 卷第 197—198 页）

"固定资本维持费的任何节约都意味着纯利润的增长。任何企业家的总资本必然分成固定资本和流动资本，只要资本总额不变，其中一部分越小，另一部分就越大。流动资本用于购买原料、支付工资和推动生产。因此，固定资本的任何节约，只要不减少劳动生产力，都会增加生产基金。"（斯密，第

2卷第226页）

从一开头就可以看出，固定资本和流动资本的比例，对大资本家要比对小资本家有利得多。最大的银行家所需要的固定资本只比最小的银行家略多一点，因为二者的固定资本都只限于银行办公的费用。大土地所有者的生产工具决不会按照他的土地面积而相应地增多。同样，大资本家所享有的比小资本家高的信用，就是对于固定资本即一笔必须经常准备着的货币的相当大的节约。最后，不言而喻，凡是工业劳动高度发展的地方，也就是几乎所有手工劳动都变成工厂劳动的地方，小资本家仅仅为了拥有必要的固定资本，把他的全部资本都投入也是不够的。大家知道，大农业的劳动，通常只占用不多的劳动人手。

与较小的资本家相比，在大资本积累时，一般还发生固定资本的相应的集中和简化。大资本家为自己［XI］采用某种对劳动工具的组织方法。

"同样，在工业领域，每个工场和工厂就已经是相当大一批物质财富为了生产的**共同**目的而同多种多样的智力和技能实行的广泛结合……凡是立法维护大地产的地方，日益增长的人口的过剩部分就会涌向工商业，结果，正如在英国那样，大批无产者主要聚集在工业领域。凡是立法容许土地不断分割的地方，正如在法国那样，负债的小所有者的数目就会增加起来，这些小所有者由于土地进一步分割而沦为穷人和不满者的阶级。最后，当这种分割和过重的负债达到更高程度时，大地产就重新吞掉小地产，正像大工业吃掉小工业一样；而且因为相当大的地产重新形成，大批不再为土地耕作所绝对需要的贫穷的工人就又涌向工业。"（舒耳茨《生产运动》第［58］—59页）

"同一种商品的性质由于生产方法改变，特别是由于采用机器而发生变化。只是由于排除了人力，才有可能用价值3先令8便士的一磅棉花，纺出350束总长167英里（即36德里）、价值为25基尼的纱。"（同上，第62页）

"四十五年来英国的棉纺织品价格平均降低11/12，并且据马歇尔计算，相同数量的制品，在1814年需要付16先令，而现在只值1先令10便士。工业产品的大落价既扩大了国内消费，也扩大了国外市场；因此，英国棉纺织工业的工人人数在采用机器以后不仅没有减少,反而从 4 万增加到 150 万。[IX] 至于工业企业家和工人的收入,那么由于厂主之间的竞争加剧,厂主的利润同他们供应的商品量相比必然减少了。在 1820—1833 年这一期间,曼彻斯特的工厂主在每匹印花布上所得的总利润由 4 先令 $1\frac{1}{3}$ 便士减少到 1 先令 9 便士。但是,为了补偿这个损失,生产量更加增大了。结果,在某些工业部门有时出现生产过剩;破产频频发生,在资本家和雇主的阶级**内部**造成财产的波动不定和动荡,这种波动和动荡把一部分经济破产的人投入无产阶级队伍;同时常常不得不突然实行停工或缩减生产,而雇佣劳动者阶级总是深受其害。"(同上,第 63 页)

"出租自己的劳动就是开始自己的奴隶生活;而出租劳动材料就是确立自己的自由……劳动是人,相反地,劳动材料则根本不包括人。"(贝魁尔《社会经济和政治经济的新理论》第 411—412 页)

"**材料**要素如没有**劳动**要素就根本不能创造财富;在材料所有者看来,材料所具有创造财富的魔力,仿佛是他们用自身的活动给材料加进了这种不可缺少的要素。"(同上)"假定一个工人的日常劳动每年给他平均带来 400 法郎,而这个数目足够一个成年人维持最起码的生活,那么,这等于说,一个每年拥有 2000 法郎利息、地租、房租等等收入的所有者在间接地迫使 5 个人为他劳动;10 万法郎的收入表示 250 人的劳动,而 100 万法郎则表示 2500 人的劳动,"(同上,第 412—413 页)从而,3 亿法郎(路易·菲力浦)表示 75 万工人的劳动。

"人们制定的法律赋予所有者以使用和滥用即随心所欲地处置任何劳动材料的权利……法律并不责成所有者始终及时地给那些一无所有的人提供工作,并且始终付给他们足够的工资,等等。"(同上,第 413 页)"对生产的性质、数量、质量和适时性的确定是完全自由的;对财富的使用和消费以及对一切劳动材料的支配是完全自由的。每个人都可以只考虑他自己的个人利益,随心所欲地自由交换自己的物品。"(同上,第 413 页)

"竞争不过是任意交换的表现,而任意交换又是使用和滥用任何生产工具的个人权利的直接和合乎逻辑的结果。实质上构成一个统一整体的这三个经济因素——使用和滥用的权利,交换的自由和无限制的竞争——引起如下的后果:每个人都可以按照他乐意的方式,在他乐意的时间和地点,生产他乐意生产的东西;他可以生产得好或坏、过多或过少、过迟或过早、过贵或过贱；没有人知道，他能否卖出去、卖给谁、如何卖、何时卖、在何处卖。买进的情况也是如此。[ⅩⅢ] 生产者既不知道需要也不知道原料来源，既不知道需求也不知道供给。他在他愿意卖和能够卖的时候，在他乐意的地点，按照他乐意的价格，卖给他乐意卖的人。买进的情况也是如此。他在这一切方面总是偶然情况的玩偶，是强者、宽裕者、富有者所强加的法律的奴隶……一个地方是财富的不足，而另一个地方则是财富的过剩和浪费。一个生产者卖得很多或者卖得很贵并且利润丰厚，而另一个生产者卖不出去或者亏本……供给不知道需求，而需求不知道供给。你们根据消费者中的爱好和时兴进行生产；可是，当你们准备好提供这种商品的时候，他们的兴头已经过去而转到另一种产品上去了……这一切情况的必然结果就是连续不断的和范围日益扩大的破产；失算，突如其来的破落和出乎意料的致富；商业危机，停业、周期性商品滞销或脱销；工资和利润的不稳定和下降；财富、时间和精力在激烈竞争的舞台上的损失或惊人的浪费。"（同上，第414—416页）

李嘉图在他的书（地租）中说：各国只是生产的工场；人是消费和生产的机器；人的生命就是资本；经济规律盲目地支配着世界。在李嘉图看来，人是微不足道的，而产品则是一切。在法译本第二十六章中说：

"对于一个拥有2万法郎资本，每年获得利润2000法郎的人来说……不管他的资本是雇100个工人还是雇1000个工人……都是一样的。一个国家的实际利益不也是这样吗？只要这个国家的实际纯收入，它的地租和利润不变，这个国家的人口有1000万还是有1200万，都是无关紧要的。"德·西斯蒙第先生说（第2卷第331页）："真的，就只能盼望国王孤零零地住在自己的岛上，不断地转动把手，通过自动机来完成英国的全部工作了。"①

"雇主用只够满足工人最迫切需要的低价格来购买工人的劳动，对于工资不足或劳动时间过长，他不负任何责任，因为他自己也要服从他强加给别人的法律……贫困的根源与其说在于人，不如说在于物的力量。"（[毕莱]，同

---

① 这一整段，包括引自李嘉图的《政治经济学和赋税原理》一书和西斯蒙第的《政治经济学新原理》一书的引文，是从欧·毕莱的《论英法工人阶级的贫困》（1840年巴黎版第1卷第6—7页）中摘录来的。

上，第82页）

"英国许多地方的居民没有足够的资本来改良和耕种他们的土地。苏格兰南部各郡的羊毛，因为缺乏就地加工的资本，大部分不得不通过很坏的道路，长途运送到约克郡去加工。英国有许多小工业城市，那里的居民缺乏足够的资本把他们的工业产品运到可以找到需求和消费者的遥远市场上去。这儿的商人[XIV]只不过是住在某些大商业城市中的大富商的代理人。"（斯密，第2卷第382页）"要增加土地和劳动的年产品的价值，只有两种办法：增加**生产工人的人数**，或者提高已被雇用的**工人的劳动生产率**……两种情况都几乎总是必须增加资本。"（斯密，第2卷第338页）

"因为按照事物的本性，资本的**积累**是分工的必要的前提，所以只有资本的积累越来越多，分工才会越来越细。分工越细，同样数目的人所能加工的原料数量也就增加得越多；因为这时每个工人的任务越来越简单，所以减轻和加速这些任务的新机器就大量发明出来。因此，随着分工的发展，为了经常雇用同样数目的工人，就必须预先积累和从前同样多的生活资料，以及比从前不大发达时更多的原料、工具和器具。在任何生产部门，工人人数总是随着这一部门分工的发展而增长，更正确地说，正是工人人数的这种增长才使工人有可能实现这种细密的分工。"（斯密，第2卷第193—194页）

"劳动生产力的大大提高，非有预先的资本积累不可，同样，资本的积累也自然会引起劳动生产力的大大提高。资本家希望利用自己的资本来生产尽可能多的产品，因此他力求在自己的工人中间最恰当地进行分工，并把尽可能好的机器供给工人使用。他这两方面成功的可能性如何，[XV]要看他有多少资本，或者说，要看这个资本能够雇用多少工人。因此，在一个国家里，不仅劳动量随着推动劳动的**资本的扩大**而增加，而且，同一劳动量所生产的产品，也由于资本的扩大而大大增加。"（斯密，同上，第194—195页）

由此出现了**生产过剩**。

"由于在更大规模的企业中实行更大数量和更多种类的人力和自然力的结合，在工业和商业中……生产力更广泛地联合起来。到处……主要的生产部门彼此已经更密切地结合起来。例如，大工厂主也力图购置大地产，以便他们的工业企业所需要的原料至少有一部分不必从他人手中得到；或者他们结合自己的工业企业开办商业，不仅为了销售他们自己的产品，而且为了购买其他种类的产品并把这些产品卖给他们的工人。在英国，那里一个工厂主有时拥有 10000—12000 个工人……不同生产部门在**一个**主管人的领导之下的这种结合，这种所谓国家中的小国家或国家中的属领，已经屡见不鲜。例如，**伯明翰**的矿主近来已把制铁的**全部**生产过程掌握起来，而过去制铁的全部生产过程是分散在许多企业家和所有者手里的。见 1838 年《德意志季刊》第 3 期《伯明翰矿区》一文。——最后，我们在目前已如此众多的大股份公司中，还看到许多股东的财力同另一些担任实际工作的人的科技知识和才能的广泛结合。这样一来，资本家就有可能以更多种多样的方式来利用自己的积蓄，甚至还可以把积蓄同时用于农业、工业和商业。因此他们的利益就更是多方面的了，［XVI］而农业、工业和商业的利益之间的对立也缓和下来并趋于消灭。然而，正是这种增大的按不同方式使用资本的可能性本身，必定会加深有产者阶级和无产者阶级之间的对立。"（舒耳茨，同上，第 40—41 页）

房东从穷人身上取得巨额利润。房租和工业贫困成反比。

从沦落的无产者的恶习中也抽取利息。（卖淫，酗酒，抵押放债人。）

当资本和地产掌握在同一个人手中，并且资本由于数额庞大而能够把各种生产部门结合起来的时候，资本的积累日益增长，而资本间的竞争日益减少。

对人的漠不关心。斯密的二十张彩票。①

萨伊的纯收入和总收入。［XVI］

地　租

［I］**土地所有者的权利**来源于掠夺。（萨伊，第 1 卷第 136 页，

---

① 指斯密关于决定工作者的成败和工资的大小的因素的议论。在这些因素中包括"成功的可能性或不可能性"。例如，斯密说道："送子去学鞋匠，无疑他能学会制鞋技术；但是送他去学法律，那么精通法律并靠这个职业过活的可能至少是二十对一。就完全公平的彩票说，中彩者应得到落彩者所失的全部。就成功者一人而不成功者二十人的职业说，这成功的一人应得到不成功者二十人应得而未得的全部。"

注）土地所有者也像所有其他人一样，喜欢在他们未曾播种的地方得到收获，甚至对土地的自然成果也索取地租。（斯密，第 1 卷第 99 页）

"也许有人认为，地租不过是土地所有者用来改良土地的资本的利润……有时候，地租可能部分地是这样……但是，（1）土地所有者甚至对未经改良的土地也要求地租，而可以看作改良费用的利息或利润的东西，则往往是这种原始地租的追加额（附加费）；（2）此外，这种改良并不总是用土地所有者的资本，而有时是用租地农场主的资本来进行的；虽然如此，在重订租约时，土地所有者通常要求提高地租，仿佛这种改良全是由他出资本进行的；（3）而且，他有时甚至对那根本不能用人力来改良的东西也要求地租。"（斯密，第 1 卷第 300—301 页）

为说明后一种情况，斯密举叉明草（海藻 Seekrapp，Salicorme）为例，

"这是一种海洋植物，一经燃烧便可成为制造玻璃、肥皂等等所用的碱性盐。这种植物生长在英国，特别是苏格兰各地，但是只生长在涨潮能达到的岩石上；这些岩石每日两次被海潮淹没，因此这些岩石上的产物决不能通过人的劳动而增多。然而，生长这种植物的地段的所有者也要求地租，就像对谷田要求地租一样。设德兰群岛附近海域盛产鱼类。该群岛的大部分居民[Ⅱ]都靠捕鱼为生。但是要从水产品获利，就必须在近海地带有住所。这里的地租不是同租地农场主可能从土地取得的东西成比例，而是同他可能从土地和海洋这两方面取得的东西的总和成比例。"（斯密，第 1 卷第 301—302 页）

"可以把地租看成土地所有者租给租地农场主使用的那些**自然力**的产物。这种产物的多少，取决于那些自然力的大小，换句话说，取决于土地的自然肥力或人工肥力的大小。地租是扣除或补偿一切可以看作人工产物的东西之后所留下的自然的产物。"（斯密，第 2 卷第 377—378 页）

"这样一来，被看成是为使用土地而支付的价格的**地租**，自然是一种**垄断价格**。它完全不是同土地所有者改良土地所支出的费用成比例，也不是同土地所有者为了不亏损而必须取得的数额成比例，而是同租地农场主在不亏损的情况下所能提供的数额成比例。"（斯密，第 1 卷第 302 页）

"在这三大阶级中,土地所有者是这样一个阶级,他们的收入既不花劳力也不用劳心,而是所谓自然而然地落到他们手中的,并且用不着进行任何谋算和计划。"(斯密,第 2 卷第 161 页)

我们已经听到,地租的数量取决于土地的**肥力**。
决定地租数量的另一个因素是土地的**位置**。

"不管土地的产品怎样,地租随着土地的**肥力**而变动;不管土地的肥力怎样,地租随着土地的**位置**而变动。"(斯密,第 1 卷第 306 页)
"如果土地、矿山或渔场的自然富饶程度相等,它们的产量就取决于用来耕作或开发的资本数额以及 [Ⅲ] 使用这种资本的本领的大小。如果资本数额和使用资本的本领都相等,它们的产量就同土地、矿山或渔场的富饶程度成比例。"([斯密],第 2 卷第 210 页)

斯密的这些论点之所以重要,是因为在生产费用和资本额相等的条件下把地租归结为土地肥力的大小。这清楚地证明了国民经济学把土地肥力变成土地所有者的属性的这种概念的颠倒。

现在让我们来考察一下地租,看它在现实的关系中是如何形成的。

地租是通过**租地农场主**和**土地所有者之间的斗争**确定的。在国民经济学中,我们到处可以看到,各种利益的敌对性的对立、斗争、战争被认为是社会组织的基础。

我们就来看一看土地所有者和租地农场主之间的相互关系是怎样的。

"当决定租约条件时,土地所有者设法使租地农场主所得的数额,仅够补偿他用于置备种子,支付工资,购买、维持耕畜和其他生产工具的资本,并使他取得当地农场的普通利润。显然,这个数额是租地农场主在不亏本的条件下所愿意接受的最低数额,而土地所有者决不会多留给他。产品或产品价格超过这一部分的余额,不论它有多大,土地所有者都力图把它作为地租攫为己有。这种地租就是租地农场主在土地现状下所能支付的最高额。[Ⅳ] 这

个余额始终可以看作自然地租，即大多数土地在出租时自然而然地应该得到的地租。"（斯密，第 1 卷第 299—300 页）

萨伊说："土地所有者对租地农场主实行某种垄断。对他们的商品即土地的需求可能不断增长；但是他们的商品数量只能扩展到某一点……土地所有者和租地农场主之间所达成的交易，总是对前者尽可能有利……除了天然的好处以外，他还从自己的地位、较大的财产、信誉、声望中得到好处；但是，仅仅前一种好处就足以使他能够**独享**他的土地的一切有利条件。运河或道路的修建，当地人口和福利的增长，都会提高地租……诚然，租地农场主本人也可能自己花钱来改良土壤；但是他只能在租期内从这笔投资中得到好处；租期一满，全部利益就转归土地所有者了；从这时起，土地所有者虽然没有预付分文，却取得利息，因为地租相应地增加了。"（萨伊，第 2 卷第 [142]—143 页）

"因此被看成是为使用土地而支付的价格的地租，自然是租地农场主在土地现状下所能支付的最高价格。"（斯密，第 1 卷第 299 页）

"因此，土地地面的地租大都占总产品的三分之一，并且这个数额大都是固定的，[V] 不受收成的意外变动的影响。"（斯密，第 1 卷第 351 页）"低于总产品的四分之一的地租是很少的。"（同上，第 2 卷第 378 页）

并非从一切商品上都能取得**地租**。例如，在许多地区，对石头就不支付地租。

"通常只有这样一部分土地产品才能送往市场出卖，即这种产品的普通价格足够补偿把它们运往市场所需的资本，并能提供这笔资本的普通利润。如果普通价格超过足够价格，它的余额自然会归入地租。如果普通价格恰好是这个足够价格，商品虽然能够完全进入市场，但是不能给土地所有者提供地租。价格是否超过这个足够价格，这取决于需求。"（斯密，第 1 卷第 302—303 页）

"地租是以与工资、资本利润**不同的方式**加入**商品价格**的构成。**工资和利润的高低**是商品价格高低的**原因**，而地租的高低是这一价格的**结果**。"（斯密，第 1 卷第 303—[304] 页）

食物是始终提供**地租**的**产品**之一。

"因为像其他一切动物一样，人的繁殖自然同其生存资料相适应，所以对食物总是有或大或小的需求。食物总是能够购买或多或少的［Ⅵ］劳动量，并且总是有人愿意为获得食物去做某种事情。诚然，由于有时要支付高工资，食物所能购买的劳动量，并不总是同食物被分配得最经济时所能维持的劳动量**相等**。但是，食物总是能够购买到它按照当地普通生活标准所能维持的那个数量的劳动。土地几乎在任何情况下都能生产出较大量的食物，也就是说，除了维持使食物进入市场所必需的全部劳动外还有剩余。这个余额又始终超过那个足够补偿推动这种劳动的资本并提供利润的数量。所以这里始终有一些余额用来向土地所有者支付地租。"（斯密，第1卷第305—306页）"不仅食物是地租的原始源泉，而且，如果后来其他任何土地产品也提供地租，那么它的价值中的这个剩余部分，也是土地的耕种和改良使生产食物的劳动生产力提高的结果。"（斯密，第1卷第345页）"人的食物看来是始终提供地租的。"（第1卷第337页）"一国有多少人口，不是看这个国家的产品能够保证多少人的衣服和住宅，而是看这个国家的产品能够保证多少人的食物。"（斯密，第1卷第342页）

"除了食物之外，衣服和住宅（连同取暖设备）就是人类的两大需要。"这些东西大都可以带来地租，但并非必定如此。（同上，第1卷第［337］—338页）［Ⅵ］

［Ⅷ］现在让我们来看看土地所有者如何榨取社会的一切利益。

（1）地租随着人口的增长而增加①。（斯密，第1卷第335页）

（2）我们已经从萨伊那里听到，地租如何随着铁路等等的修建，随着交通工具的改善、增多和日益安全而增加。

---

① 马克思在这里引用的是亚·斯密的这样一个论点：居民对某种大众消费品如马铃薯的需求的增长，这种产品的消费者人数的增加，即使这种产品是从中等土地上收获的，也将使租地农场主在补偿基本开支和维持劳动力的开支以后仍有巨额赢余。而这种赢余的一大部分则将归于土地所有者。因此得出结论说：随着人口数目的增长，地租也将提高。

(3)"社会状况的任何改善都有**直接**或**间接地**提高地租、扩大土地所有者的实际财富即扩大土地所有者购买他人劳动或劳动产品的权力的趋势……在土壤改良和耕作上的进步可以直接造成这种结果。土地所有者在产品中得到的那个份额,必然随着这个产品数量的增加而增加……这种原产品实际价格例如家畜价格的提高,也可以直接地并以更大的比例提高地租。随着产品的实际价值的增长,不仅土地所有者所得份额的实际价值,从而他支配他人劳动的实际权力增长了,而且土地所有者得到的份额在总产品中所占的比重也增长了。这种产品的实际价格提高以后,生产它所需的劳动并不比以前多。这样,产品中一个比过去小的份额,就足够补偿所使用的资本及其普通利润。因此,现在留归土地所有者的那一部分产品同总产品比较起来,将比过去大得多。"(斯密,第 2 卷第 157—159 页)

[Ⅸ] 对原料的需求的增长以及由此而产生的原料价值的提高,可能部分地是人口及其需要增长的结果。但是,每一项新的发明,工业对于过去从未利用或很少利用的原料的每一次新的采用,都提高地租。例如,随着铁路、轮船等等的出现,煤矿的地租大大增长了。

除了土地所有者从工业、各种发现和劳动取得的这种利益以外,我们现在再看一看另一种利益。

(4)"提高劳动生产力的各种方法既能直接降低工业品的实际价格,也能间接提高实际地租。土地所有者用超过他个人消费的这部分原料或这部分原料的价格来交换工业品。凡是降低工业品实际价格的措施,都能提高农产品的实际价格。这时,同量原料将相当于较多的工业品,而土地所有者就能得到较多的享乐品、装饰品和奢侈品。"(斯密,第 2 卷第 159 页)

但是,斯密从土地所有者榨取社会一切利益这一事实得出 [Ⅹ] 结论说(第 2 卷第 161 页),土地所有者的利益始终同社会利益一致,这就荒谬了。根据国民经济学,在私有制占统治的条件下,个人从社会得到的利益同社会从个人得到的利益成反比,正像高利贷者靠浪费者得到的利益决不同浪费者的利益相一致一样。

我们现在只是顺便提一下土地所有者针对外国地产的垄断欲；例如，谷物法就来源于这种垄断欲。同样，我们在这里不谈中世纪的农奴制、殖民地的奴隶制、英国农民、短工的贫困。让我们遵循国民经济学本身的原理吧。

（1）按照国民经济学的原理，土地所有者从社会的繁荣得到利益；他从人口、工业生产的增长，从社会需要的增长，一句话从社会财富的增长得到利益，正如我们上面所考察的，这种增长与贫困和奴役的增长是一致的。房租上涨和贫困增长之间的关系，就是土地所有者从社会得到利益的一个例子，因为随着房租的上涨，地租，即房基地的租金也增长。

（2）根据国民经济学家们本身的看法，土地所有者的利益同租地农场主即社会的相当大一部分人的利益是敌对的。①

[XI]（3）因为租地农场主支付的工资越少，土地所有者能够向租地农场主索取的地租就越高，又因为土地所有者向租地农场主索取的地租越高，租地农场主就把工资压得越低，所以，土地所有者的利益同雇农的利益是敌对的，正如工厂主的利益同他的工人的利益是敌对的一样。土地所有者的利益也要求把工资压到最低限度。

（4）因为工业品价格的实际降低可以提高地租，所以，土地所有者从工业工人工资的降低、资本家之间的竞争、生产过剩以及工业发展所造成的一切灾难直接得到利益。

（5）由此看来，如果说土地所有者的利益同社会的利益完全不一致，并且同租地农场主、雇农、工业工人和资本家的利益相敌对，那么，从另一方面来看，一个土地所有者的利益，由于竞争的缘故，也决不会同另一个土地所有者的利益一致。我们现在就来考察一下这种

---

① 马克思在这里表述的是从所谓现代国民经济学的代表（首先是李嘉图）的全部议论得出的关于土地所有者（他根据作为基本生产资料的土地的所有权，可以不劳动而获得地租）和农产品生产者（即在资本主义的工场手工业时代和工厂生产初期是占英国大部分人口的租地农场主）之间的关系的结论。至于亚·斯密，则追随重农学派，还证明土地所有者的利益和社会的利益的所谓一致性。

竞争。

大地产和小地产之间的相互关系一般是与大资本和小资本之间的相互关系一样的。但是，还有一些特殊情况必然引起大地产的积累和大地产对小地产的吞并。

[IX]（1）工人和劳动工具的相对数量，在任何地方也不像在地产中那样随着基金的增大而减少得那么多。同样，全面利用的可能性，生产费用的节约和巧妙的分工，在任何地方也不像在地产中那样随着基金的增大而提高得那么多。不管地块多么小，耕种这块土地所必要的劳动工具如犁、锯等等的数量到一定限度便不能再减，而地产的面积则可以大大缩小，不受此限。

（2）大地产把租地农场主用于改良土地的那笔资本的利息供自己积累。小地产则不得不把自己的资本投入这方面。因而，对它来说，这全部利润便化为乌有。

（3）每一项社会改良都对大地产有利而对小地产有害，因为这种改良总是要求小地产付出越来越多的现款。

（4）还要考察一下关于这种竞争的两个重要规律：

（α）生产人们食物的耕地的地租，决定其他大部分耕地的地租。（斯密，第1卷第331页）

归根结底只有大地产才能生产家畜之类的食物。因此，大地产决定其他土地的地租，并能把它降低到最低限度。

在这种情况下，自耕的小土地所有者和大土地所有者的关系，正像拥有**自己的**工具的手工业者和工厂主的关系一样。小地产简直成了劳动工具。[XVI] 对小土地所有者说来，地租完全消失了，留给他的至多只是他的资本的利息和他的工资；因为通过竞争，地租可能降低到刚好相当于并非土地所有者本人所投入的那笔资本的利息。

（β）此外，我们已经听说，如果土地、矿山或渔场的富饶程度相等和经营水平相等，那么产品就同资本的大小成比例。因而，大土地所有者总是取得胜利。同样，如果资本相等，那么产品就同土地的肥力成比例。因而，在资本相等的条件下，胜利属于较肥沃土地的所有者。

（γ）"一般说来，一个矿山是富饶还是贫瘠，要看用一定量的劳动从这个矿山所取得的矿物量是多于还是少于用同量劳动从其他大部分同类矿山所取得的矿物量。"（斯密，第1卷第345—346页）"最富饶的煤矿的产品价格也调节邻近其他一切矿井的煤的价格。土地所有者和企业主都会发现，如果他们的产品的卖价比邻矿低一些，土地所有者就能得到更多的地租，企业主就能得到更多的利润。在这种情况下，邻矿也不得不按同一价格出卖自己的产品，虽然他们不大有能力这样做，虽然这种价格会越来越降低，有时还会使他们完全失去地租和利润。结果，一些矿井完全被放弃，另外一些矿井提供不了地租，而只能由土地所有者本人开采。"（斯密，第1卷第350页）"秘鲁银矿发现以后，欧洲的银矿大都废弃……在波托西银矿发现以后，古巴和圣多明各的银矿，甚至秘鲁的老矿，也都发生同样的情况。"（第1卷第353页）

斯密在这里关于矿山所讲的这些话，或多或少也适用于一般的地产。

（δ）"应该指出，土地的普通市场价格始终取决于普通市场利息率……如果地租大大低于货币利息，那么，谁也不愿购买土地，土地的普通市场价格会很快下跌。反之，如果地租的收益抵补货币利息而绰绰有余，那么，所有的人都愿争购土地，土地的普通市场价格同样会很快回升。"（[斯密] 第2卷第［367］—368页）

从地租和货币利息之间的这种关系可以得出结论说，地租必然越来越降低，以致最后只有最富有的人才能靠地租过活。因而土地不出租的土地所有者之间的竞争便不断加剧。一部分土地所有者破产。大地产进一步集中。

［XⅡ］其次，这种竞争还会使大部分地产落入资本家手中，资本

家同时也就成为土地所有者,正如较小的土地所有者现在一般仅仅作为资本家存在一样。同样,一部分大土地所有者同时也成为工业家。

因此,最终的结果是资本家和土地所有者之间的差别消失,以致在居民中大体上只剩下两个阶级:工人阶级和资本家阶级。地产买卖,地产转化为商品,意味着旧贵族的彻底没落和金钱贵族的最后形成。

(1)浪漫主义者为此流下的感伤的眼泪①是我们所不取的。他们总是把**土地的买卖**②中的卑鄙行为同土地**私有权的买卖**中包含的那些完全合理的、在私有制范围内必然的和所期望的后果混为一谈。首先,封建地产按其本质说来已是买卖了的土地,已是同人相异化并因而以少数大领主的形态与人相对立的土地。

封建的土地占有已经包含土地作为某种异己力量对人们的统治。农奴是土地的附属物。同样,长子继承权享有者即长子,也属于土地。土地继承了他。私有财产的统治一般是从土地占有开始的;土地占有是私有财产的基础。但是,在封建的土地占有制下,领主至少**在表面上看来**是领地的君主。同时,在封建领地上,领主和土地之间还存在着比单纯**物质**财富的关系更为密切的关系的假象。地块随它的主人一起个性化,有它的爵位,即男爵或伯爵的封号;有它的特权、它的审判权、它的政治地位等等。土地仿佛是它的主人的无机的身体。因此俗语说:"没有无主的土地。"这句话表明领主的权势是同领地结合在一起的。同样,地产的统治在这里并不直接表现为单纯的资本的统治。属于这块地产的人们对待这块地产无宁说就像对待自己的祖国一样。这是一种最狭隘的民族性。

[XIII]正像一个王国给它的国王以称号一样,封建地产也给它的领主以称号。他的家族史,他的家世史等等——对他来说这一切都使他

---

① 这句话可能说的是西斯蒙第的那种把宗法制私有地产关系理想化的小资产阶级观点。
② "买卖"这个术语的原文是个难译的词:"Verschacherung"。当时的社会批判性著作,按照傅立叶的传统,把私人商业和一切市场交易一概蔑视为卑鄙丑恶的勾当。在这里以及在《经济学哲学手稿》的其他地方,可以看出马克思的先驱者在论述商业方面对马克思的某种至少是术语上的影响。

的地产个性化，使地产名正言顺地变成他的家世，使地产人格化。同样，那些耕种他的土地的人并不处于**短工**的地位，而是一部分像农奴一样本身就是他的财产，另一部分对他保持着尊敬、忠顺和纳贡的关系。因此，领主对他们的态度是直接政治的，同时又有某种**感情**的一面。风尚、性格等等依地块而各不相同；它们仿佛同地块连结在一起，但是后来把人和地块连结在一起的便不再是人的性格、人的个性，而仅仅是人的钱袋了。最后，封建领主并不力求从自己的地产取得最大可能的收益。相反地，他消费那里的东西，而心安理得地让农奴和租地农场主去操心新财源的开辟。这就是**贵族**对领地的态度，它给领主罩上浪漫主义的灵光。

这种假象必将消失，地产这个私有财产的根源必然完全卷入私有财产的运动而成为商品；所有者的统治必然要失去一切政治色彩，而表现为私有财产、资本的单纯统治；所有者和劳动者之间的关系必然归结为剥削者和被剥削者的经济关系；所有者和他的财产之间的一切人格的关系必然终止，而这个财产必然成为纯**实物的**、物质的财富；与土地的荣誉联姻必然被基于利害关系的联姻代替，而土地也像人一样必然降到买卖价值的水平。地产的根源，即卑鄙的自私自利，也必然以其无耻的形式表现出来。稳定的垄断必然变成动荡的、不稳定的垄断，即变成竞争，而对他人血汗成果的悠闲享受必然变成对他人血汗成果的忙碌交易。最后，在这种竞争的过程中，地产必然以资本的形式既表现为对工人阶级的统治，也表现为对那些随着资本运动的规律而升降浮沉的所有者本身的统治。从而，中世纪的俗语"没有无主的土地"被现代俗语"金钱没有主人"所代替。后一俗语清楚地表明了死的物质对人的完全统治。

[XIX]（2）关于地产的分割或不分割的争论，应该指出下面一点：

地产的分割是对地产**大垄断**的否定；但是分割只有使垄断**普遍化**才消灭垄断。地产的分割并不消灭垄断的基础——私有制。它只触及垄断的存在形式，而不触及垄断的本质。结果，地产的分割成了私有制规律的牺牲品。因为地产的分割是适应工业领域的竞争运动的。除了工具分散和劳动相互分离（应当同分工区别开来：这里不是一件工作由许多人来分担，而是大家各自从事同样的劳动，这就是无数次地重复同样的劳动）这种经济上的不利之外，这种分割也和上述的竞争一样，必然重新转化为积累和积聚。

因此，凡是进行地产分割的地方，就只能或者回到更加丑恶的形态的垄断，或者否定、扬弃地产分割本身。但是这不是回到封建的土地占有制，而是消灭整个土地私有制。对垄断的最初扬弃总是使垄断普遍化，也就是使它的存在范围扩大。扬弃了具有最广泛的、无所不包的存在形式的垄断，才算完全消灭了垄断。联合一旦应用于土地，就享有大地产在经济上的好处，并第一次实现分割的原有倾向——平等。同样，联合也就通过合理的方式，而不再借助于农奴制度、老爷权势和有关所有权的荒谬的神秘主义来恢复人与土地的温情脉脉的关系，因为土地不再是买卖的对象，而是通过自由的劳动和自由的享受，重新成为人的真正的自身的财产。地产分割的巨大好处是，一大批不再甘心忍受农奴制奴役的人，将以不同于工业的方式，由于财产而灭亡。

至于说到大地产，它的维护者总是用诡辩的方式把大农业在经济上的好处同大地产混为一谈，仿佛这种好处不是恰恰通过［这种］财产的废除，［XX］才能一方面最充分地发挥出来，另一方面第一次成为社会的利益。同样，这些维护者还攻击小地产的商贩心理，仿佛大地产甚至在它的封建形式下也不是潜在地包藏着商贩行为，更不用说现代英国的地产形式了，在那里，土地所有者的封建主义是同租地农场主的牟利和勤勉结合在一起的。

大地产可以把地产分割对垄断的责难回敬给地产分割，因为地产分割也是以私有财产的垄断为基础的，同样，地产分割可以把对分割的责难回敬给大地产，因为那里也是分割占统治地位，只不过采取不动的、冻结的形式罢了。总之，私有财产是以分割为基础的。此外，正如地产分割要重新导致资本主义类型的大地产一样，封建的地产，不管它怎样设法挣脱，也必然要遭到分割，或者至少要落到资本家手中。

这是因为大地产，像在英国那样，把绝大多数居民推进工业的怀抱，并把它自己的工人压榨到赤贫的程度。因此大地产把国内的贫民和全部活动都推到敌对方面,从而促使自己的敌人即资本、工业的势力的产生和壮大。大地产把国内的大多数居民变成工业人口,从而使他们成为大地产的敌人。如果工业实力达到高度发展,像现在英国那样,那么工业就会逐步地迫使大地产把它的垄断针对外国,迫使它同外国的地产进行竞争。因为,在工业的统治下,地产只有通过针对外国的垄断才能确保自己的封建权威,从而不受与它的封建本质矛盾的一般商业规律支配。而地产一旦卷入竞争,它就要像其他任何受竞争支配的商品一样遵循竞争的规律。它同样会动荡不定,时而缩减,时而增加,从一个人手中转入另一个人手中,任何法令都无法使它再保持在少数特定的人手中。[XXI] 直接的结果就是地产分散到许多所有者手中,并且无论如何要服从于工业资本的权力。

最后,那种靠强力维持下来并在自己旁边产生了可怕的工业的大地产,要比地产分割更快地导致危机,因为在地产分割条件下工业的权力总是处于次要地位。

正如在英国那样,大地产就它力求搞到尽可能多的货币而言,已经失去自己的封建性质,而具有工业的性质。它给所有者带来尽可能多的地租,而给租地农场主带来尽可能多的资本利润。结果,农业工人的工资就被降到最低限度,而租地农场主阶级就在地产范围内代表着工业和资本的权力。由于同外国竞争,地租在大多数情况下不再形成一种独立的收入了。大部分土地所有者不得不取代租地农场主的地位,而租地农场主则有一部分沦为无产阶级。另一方面,有许多租地农场主也占有地产;这是因为有优裕收入的大土地所有者大都沉湎于挥霍,并且一般都没有能力领导大规模的农业;他们往往既无资本又无能力来开发土地。因此,他们中间也有一部分人完全破产。最后,为了经得起新的竞争,已经降到最低限度的工资不得不进一步降低。而这就必然导致革命。

工业必然以垄断的形式和竞争的形式走向破产,以便学会相信人,同样,地产必然以这种方式或那种方式发展起来,以便以这些方式走向必不可免的灭亡。[XXI]

[异化劳动]

[XXII] 我们是从国民经济学的各个前提出发的。我们采用了它的语言和它的规律。我们把私有财产,把劳动、资本、土地的互相分离,工资、资本利润、地租的互相分离以及分工、竞争、交换价值概念等等当作前提。我们从国民经济学本身出发,用它自己的话指出,工人降低为商品,而且是最贱的商品;工人的贫困同他的产品的力量和数量成正比[①];竞争的必然结果是资本在少数人手中积累起来,也就是垄断的更可怕的恢复;最后,资本家和靠地租生活的人之间、农民和工人之间的区别消失了,而整个社会必然分化为两个阶级,即**有产者**阶级和没有财产的**工人**阶级。

国民经济学从私有财产的事实出发,但是,它没有给我们说明这个事实。它把私有财产在现实中所经历的**物质**过程,放进一般的、抽象的公式,然后又把这些公式当作**规律**。它不**理解**这些规律,也就是说,它没有指明这些规律是怎样从私有财产的本质中产生出来的。国民经济学没有给我们提供一把理解劳动和资本分离以及资本和土地分离的根源的钥匙。例如,当它确定工资和资本利润之间的关系时,它把资本家的利益当作最后的根据;也就是说,它把应当加以论证的东西当作前提。同样,竞争无孔不入,人们却用外部情况来说明。国民经济学也根本没有告诉我们,这种似乎偶然的外部情况在多大程度上仅仅是一种必然的发展过程的表现。我们已经看到,交换本身在它看来是偶然的事实。**贪欲以及贪婪者之间的战争即竞争**,是国民经济学家所推动的唯一的车轮。

正因为国民经济学不理解运动的相互联系,所以才会把例如竞争的学说同垄断的学说,营业自由的学说同同业公会的学说,地产分割的学说同大地产的学说对立起来。因为竞争、营业自由、地产分割仅仅被理解和描述为垄断、同业公会和封建所有制的偶然的、蓄意的、强制的结果,而不是必然的、不可避免的、自然的结果。

因此,我们现在必须弄清楚私有制,贪欲同劳动、资本、地产三者

---

① 原文是:"反比"。——编者注

的分离之间的本质联系，以及交换和竞争之间、人的价值和人的贬值之间、垄断和竞争等等之间、这全部异化和**货币**制度之间的本质联系。

我们不像国民经济学家那样，当他想说明什么的时候，总是让自己处于虚构的原始状态。这样的原始状态什么问题也说明不了。国民经济学家只是使问题堕入五里雾中。他把应当加以推论的东西即两个事物——例如分工和交换——之间的必然的关系，假定为事实、事件。神学家也是这样用原罪来说明罪恶的起源，也就是说，他把他应当加以说明的东西假定为一种历史事实。

我们从**当前的**经济事实出发吧：

工人生产的财富越多，他的产品的力量和数量越大，他就越贫穷。① 工人创造的商品越多，他就越变成廉价的商品。物的世界的**增值**同人的世界的**贬值**成正比。劳动不仅生产商品，它还生产作为**商品**的劳动自身和工人，而且是按它一般生产商品的比例生产的。

这一事实不过表明：劳动所生产的对象，即劳动的产品，作为一种**异己的**存在物，作为**不依赖于**生产者的**力量**，同劳动相对立。劳动的产品就是固定在某个对象中、物化为对象的劳动，这就是劳动的对象化。劳动的实现就是劳动的**对象化**。在被国民经济学作为前提的那种状态下，劳动的这种实现表现为工人的**失去现实性**，对象化表现为**对象的丧失和被对象奴役**，占有表现为**异化、外化**②。

劳动的实现竟如此表现为失去现实性，以致工人从现实中被排除，直至饿死。对象化竟如此表现为对象的丧失，以致工人被剥夺了最必要的对象——不仅是生活的必要对象，而且是劳动的必要对象。甚至连劳

---

① 这个结论在当时的社会批判性著作中相当流行。例如魏特林在他的《和谐与自由的保证》一书中就曾写道："正像在筑堤时要产生坑一样，在积累财富时也要产生贫穷。"

② 马克思在本手稿中往往并列使用两个术语"Entfremdung"（异化）和"Entäuβerung"（外化）来表示异化这一概念。但是有时把"Entäuβerung"这个术语用于另一种意义，例如，用于表示交换活动、从一种状态向另一种状态转化、获得，也就是说，用于表示那些并不意味着敌对性和异己性的关系的经济和社会现象。除了"Entfremdung"这个术语外，马克思还使用"Selbstentfremdung"（直译是"自我异化"）这个术语。他用这个术语来表示：工人在资本主义基础上的活动、劳动是回过来反对工人自己的、不以工人为转移的和不属于工人的活动。

动本身也成为工人只有靠最紧张的努力和极不规则的间歇才能加以占有的对象。对对象的占有竟如此表现为异化，以致工人生产的对象越多，他能够占有的对象就越少，而且越受他的产品即资本的统治。

这一切后果包含在这样一个规定中：工人同**自己的劳动产品**的关系就是同一个**异己**的对象的关系。因为根据这个前提，很明显，工人在劳动中耗费的力量越多，他亲手创造出来反对自身的、异己的对象世界的力量就越强大，他本身、他的内部世界就越贫乏，归他所有的东西就越少。宗教方面的情况也是如此。人奉献给上帝的越多，他留给自身的就越少。① 工人把自己的生命投入对象；但现在这个生命已不再属于他而属于对象了。因此，这个活动越多，工人就越丧失对象。凡是成为他的劳动产品的东西，就不再是他本身的东西。因此，这个产品越多，他本身的东西就越少。工人在他的产品中的**外化**，不仅意味着他的劳动成为对象，成为**外部的**存在，而且意味着他的劳动作为一种异己的东西不依赖于他而**在他之外**存在，并成为同他对立的独立力量；意味着他给予对象的生命作为敌对的和异己的东西同他相对抗。

［XXIII］现在让我们来更详细地考察一下**对象化**，即工人的生产，以及对象即工人的产品在对象化中的**异化**、**丧失**。

没有**自然界**，没有**感性的外部世界**，工人就什么也不能创造。它是工人用来实现自己的劳动、在其中展开劳动活动、由其中生产出和借以生产出自己的产品的材料。

但是，自然界一方面在这样的意义上给劳动提供**生活资料**，即没有劳动加工的对象，劳动就不能**存在**，另一方面，自然界也在更狭隘的意义上提供**生活资料**，即提供**工人**本身的肉体生存所需的资料。

因此，工人越是通过自己的劳动**占有**外部世界、感性自然界，他就

---

① 马克思在这里以改造过的形式转述了费尔巴哈哲学把宗教看作人的本质的异化这样一个论点。费尔巴哈在他的《基督教的本质》这一著作中曾经证明，因为在神的本质的观点中肯定的东西仅仅是人的东西，所以作为意识对象的人的观点就只能是否定的。费尔巴哈说，为了使上帝富有，人就必须贫穷；为了使上帝成为一切，人就必须成为乌有。人在自身中否定了他在上帝身上加以肯定的东西。

越是在两个方面失去**生活资料**：第一，感性的外部世界越来越不成为属于他的劳动的对象，不成为他的劳动的**生活资料**；第二，这个外部世界越来越不给他提供直接意义的**生活资料**，即劳动者的肉体生存所需的资料。

因此，工人在这两方面成为自己的对象的奴隶：首先，他得到**劳动的对象**，也就是得到工作；其次，他得到**生存资料**。因而，他首先作为**工人**，其次作为**肉体的主体**，才能够生存。这种奴隶状态的顶点就是：他只有作为**工人**才能维持作为**肉体的主体**的生存，并且只有作为**肉体的主体**才能是工人。

（按照国民经济学的规律，工人在他的对象中的异化表现在：工人生产得越多，他能够消费的越少；他创造价值越多，他自己越没有价值、越低贱；工人的产品越完美，工人自己越畸形；工人创造的对象越文明，工人自己越野蛮；劳动越有力量，工人越无力；劳动越机巧，工人越愚钝，越成为自然界的奴隶。）

国民经济学以不考察工人（即劳动）**同产品的直接关系来掩盖劳动本质的异化**。当然，劳动为富人生产了奇迹般的东西，但是为工人生产了赤贫。劳动创造了宫殿，但是给工人创造了贫民窟。劳动创造了美，但是使工人变成畸形。劳动用机器代替了手工劳动，但是使一部分工人回到野蛮的劳动，并使另一部分工人变成机器。劳动生产了智慧，但是给工人生产了愚钝和痴呆。

劳动同它的产品的直接关系，是工人同他的生产的对象的关系。有产者同生产对象和生产本身的关系，不过是前一种关系的结果和证实。对问题的这另一个方面我们将在后面加以考察。

因此，当我们问劳动的本质关系是什么的时候，我们问的是**工人**同生产的关系。

以上我们只是从一个方面，就是从工人**同他的劳动产品的关系**这个方面，考察了工人的异化、外化。但异化不仅表现在结果上，而且表现在**生产行为**中，表现在生产活动本身中。如果工人不是在生产行为本身中使自身异化，那么工人怎么会同自己活动的产品像同某种异己的东西那样相对立呢？产品不过是活动、生产的总结。因此，如果劳动的产品是外化，那么生产本身就必然是能动的外化，或活动的外化，外化的活动。在劳动对象的异化中不过总结了劳动活动本身的异化、外化。

那么，劳动的外化表现在什么地方呢？

首先，劳动对工人说来是**外在的东西**，也就是说，不属于他的本质的东西；因此，他在自己的劳动中不是肯定自己，而是否定自己，不是感到幸福，而是感到不幸，不是自由地发挥自己的体力和智力，而是使自己的肉体受折磨、精神遭摧残。因此，工人只有在劳动之外才感到自在，而在劳动中则感到不自在，他在不劳动时觉得舒畅，而在劳动时就觉得不舒畅。因此，他的劳动不是自愿的劳动，而是被迫的**强制劳动**。因而，它不是满足劳动需要，而只是满足劳动需要以外的需要的一种**手段**。劳动的异化性质明显地表现在，只要肉体的强制或其他强制一停止，人们就会像逃避鼠疫那样逃避劳动。外在的劳动，人在其中使自己外化的劳动，是一种自我牺牲、自我折磨的劳动。最后，对工人说来，劳动的外在性质，就表现在这种劳动不是他自己的，而是别人的；劳动不属于他；他在劳动中也不属于他自己，而是属于别人。在宗教中，人的幻想、人的头脑和人的心灵的自己活动对个人发生作用是不取决于他个人的，也就是说，是作为某种异己的活动，神灵的或魔鬼的活动的，同样，工人的活动也不是他的自己活动。① 他的活动属于别人，这种活动是他自身的丧失。

结果，人（工人）只有在运用自己的动物机能——吃、喝、性行为，至多还有居住、修饰等等的时候，才觉得自己是自由活动，而在运用人的机能时，却觉得自己不过是动物。动物的东西成为人的东西，而人的东西成为动物的东西。

吃、喝、性行为等等，固然也是真正的人的机能。但是，如果使这

---

① 这里所表述的思想是跟费尔巴哈的论点呼应的。费尔巴哈认为宗教和唯心主义哲学是人的存在及其精神活动的异化。费尔巴哈写道，上帝作为对人说来某种至高的、非人的东西，是理性的客观本质；上帝和宗教就是幻想的客观本质。他还写道，黑格尔逻辑学的本质是主体的活动，是主体的被窃走的思维，而绝对哲学则使人自身的本质、人的活动在人那里异化。

些机能脱离了人的其他活动,并使它们成为最后的和唯一的终极目的,那么,在这种抽象中,它们就是动物的机能。

我们从两个方面考察了实践的人的活动即劳动的异化行为。第一,工人同**劳动产品**这个异己的、统治着他的对象的关系。这种关系同时也是工人同感性的外部世界、同自然对象这个异己的与他敌对的世界的关系。第二,在**劳动**过程中劳动同**生产行为**的关系。这种关系是工人同他自己的活动——一种异己的、不属于他的活动——的关系。在这里,活动就是受动;力量就是虚弱;生殖就是去势;工人**自己的**体力和智力,他个人的生命(因为,生命如果不是活动,又是什么呢?),就是不依赖于他、不属于他、转过来反对他自身的活动。这就是**自我异化**,而上面所谈的是**物**的异化。

[XXIV] 我们现在还要根据**异化劳动**的已有的两个规定推出它的第三个规定。

人是类存在物,不仅因为人在实践上和理论上都把类——自身的类以及其他物的类——当作自己的对象;而且因为——这只是同一件事情的另一种说法——人把自身当作现有的、有生命的类来对待,当作**普遍的**因而也是自由的存在物来对待。①

无论是在人那里还是在动物那里,类生活从肉体方面说来就在于:人(和动物一样)靠无机界生活,而人比动物越有普遍性,人赖以生活的无机界的范围就越广阔。从理论领域说来,植物、动物、石头、空气、光等等,一方面作为自然科学的对象,一方面作为艺术的对象,都是人的意识的一部分,是人的精神的无机界,是人必须事先进行加工以便享用和消化的精神食粮;同样,从实践领域说来,这些东西也是人的生活和人的活动的一部分。人在肉体上只有靠这些自然产品才能生活,不管这些产品是以食物、燃料、衣着的形式还是以住房等等的形式表现出来。

---

① 马克思在本段和下一段利用了费尔巴哈的术语,并且创造性地吸取了他的思想:人把他的"类本质"、他的社会性质异化在宗教中;宗教以人同动物的本质区别为基础,以意识为基础,而意识严格说来只是在存在物的类成为存在物的对象、本质的地方才存在;人不像动物那样是单个的存在物,而是普遍的、无限的存在物。

在实践上，人的普遍性正表现在把整个自然界——首先作为人的直接的生活资料，其次作为人的生命活动的材料、对象和工具——变成人的**无机的身体**。自然界，就它本身不是人的身体而言，是人的**无机的身体**。人靠自然界**生活**。这就是说，自然界是人为了不致死亡而必须与之不断交往的、人的**身体**。所谓人的肉体生活和精神生活同自然界相联系，也就等于说自然界同自身相联系，因为人是自然界的一部分。

异化劳动，由于（1）使自然界，（2）使人本身，他自己的活动机能，他的生命活动同人相异化，也就使**类**同人相异化；它使人把**类生活**变成维持个人生活的手段。第一，它使类生活和个人生活异化；第二，把抽象形式的个人生活变成同样是抽象形式和异化形式的类生活的目的。①

因为，首先，劳动这种**生命活动**、这种**生产生活**本身对人说来不过是满足他的需要即维持肉体生存的需要的**手段**。而生产生活本来就是类生活。这是产生生命的生活。一个种的全部特性、种的类特性就在于生命活动的性质，而人的类特性恰恰就是自由的自觉的活动。生活本身却仅仅成为**生活的手段**。

动物和它的生命活动是直接同一的。动物不把自己同自己的生命活动区别开来。它就是**这种生命活动**。人则使自己的生命活动本身变成自己的意志和意识的对象。他的生命活动是有意识的。这不是人与之直接融为一体的那种规定性。有意识的生命活动把人同动物的生命活动直接区别开来。正是由于这一点，人才是类存在物。或者说，正因为人是类存在物，他才是有意识的存在物，也就是说，他自己的生活对他是对象。仅仅由于这一点，他的活动才是自

---

① 类、类生活、类本质——都是费尔巴哈的术语，表示人的概念、真正人的生活的概念。真正人的生活以友谊和善良的关系，即以爱为前提，这些都是类的自我感觉或关于个人属于人群这种能动意识。费尔巴哈认为，类本质使每个具体的个人能够在无限多的不同个人中实现自己。费尔巴哈也承认人们之间真实存在着利益的相互敌对和对立关系，但是他认为这种关系不是来自阶级社会的历史的现实条件，即资产阶级社会的经济生活条件，而是来自人的真正的即类的本质的异化，来自人的人为的、绝非不可避免的同大自然本身所预先决定了的和谐的类生活的脱离。

由的活动。异化劳动把这种关系颠倒过来,以至人正因为是有意识的存在物,才把自己的生命活动,自己的**本质**变成仅仅维持自己**生存**的手段。

通过实践创造**对象世界**,即**改造**无机界,证明了人是有意识的类存在物,也就是这样一种存在物,它把类看作自己的本质,或者说把自身看作类存在物。诚然,动物也生产。它也为自己营造巢穴或住所,如蜜蜂、海狸、蚂蚁等。但是动物只生产它自己或它的幼仔所直接需要的东西;动物的生产是片面的,而人的生产是全面的;动物只是在直接的肉体需要的支配下生产,而人甚至不受肉体需要的支配也进行生产,并且只有不受这种需要的支配时才进行真正的生产;动物只生产自身,而人再生产整个自然界;动物的产品直接同它的肉体相联系,而人则自由地对待自己的产品。动物只是按照它所属的那个种的尺度和需要来建造,而人却懂得按照任何一个种的尺度来进行生产,并且懂得怎样处处都把内在的尺度运用到对象上去;因此,人也按照美的规律来建造。

因此,正是在改造对象世界中,人才真正地证明自己是**类存在物**。这种生产是人的能动的类生活。通过这种生产,自然界才表现为他的作品和他的现实。因此,劳动的对象是**人的类生活的对象化**:人不仅像在意识中那样理智地复现自己,而且能动地、现实地复现自己,从而在他所创造的世界中直观自身。因此,异化劳动从人那里夺去了他的生产的对象,也就从人那里夺去了他的**类生活**,即他的现实的、类的对象性,把人对动物所具有的优点变成缺点,因为从人那里夺走了他的无机的身体即自然界。

同样,异化劳动把自我活动、自由活动贬低为手段,也就把人的类生活变成维持人的肉体生存的手段。

因而,人具有的关于他的类的意识也由于异化而改变,以致类生活对他说来竟成了手段。

这样一来,异化劳动造成如下的结果:

(3) **人的类本质**——无论是自然界,还是人的精神的、类的能力——变成人的**异己**的本质,变成维持他的**个人生存的手段**。异化劳动使人自己的身体,以及在他之外的自然界,他的精神本质,他的**人的本质**同人相异化。

(4)人同自己的劳动产品、自己的生命活动、自己的类本质相异化这一事实所造成的直接结果就是**人同人相异化**。当人同自身相对立的时候,他也同**他人**相对立。凡是适用于人同自己的劳动、自己的劳动产品和自身的关系的东西,也都适用于人同他人、同他人的劳动和劳动对象的关系。

总之,人同他的类本质相异化这一命题,说的是一个人同他人相异化,以及他们中的每个人都同人的本质相异化。

人的异化,一般地说人同自身的任何关系,只有通过人同其他人的关系才得到实现和表现。

因而,在异化劳动的条件下,每个人都按照他本身作为工人所处的那种关系和尺度来观察他人。

[XXV]我们已经从经济事实即工人及其产品的异化出发。我们表述了这一事实的概念:**异化的、外化的**劳动。我们分析了这一概念,因而我们只是分析了一个经济事实。

现在我们要进一步考察异化的、外化的劳动这一概念在现实中必须怎样表达和表现。

如果说劳动产品对我说来是异己的,是作为异己的力量同我相对立,那么,它到底属于谁呢?

如果我自己的活动不属于我,而是一种异己的活动、被迫的活动,那么,它到底属于谁呢?

属于有别于我的**另一个**存在物。

这个存在物是谁呢?

是**神**吗?确实,起初主要的生产活动,如埃及、印度、墨西哥的神殿建造等等,是为了供奉神的,而产品本身也是属于神的。但是,神从来不单独是劳动的主人。**自然界**也不是主人。而且,下面这种情况会多么矛盾:人越是通过自己的劳动使自然界受自己支配,神的奇迹越是由于工业的奇迹而变成多余，人就越是不得不为了讨好这些力量而放弃生产的欢乐和对产品的享受！

劳动和劳动产品所归属的那个**异己的**存在物，劳动为之服务和劳动产品供其享受的那个存在物，只能**是人本身**。

如果劳动产品不属于工人，并作为一种异己的力量同工人相对立，那么，这只能是由于产品属于**工人之外的另一个人**。如果工人的活动对他本身来说是一种痛苦，那么，这种活动就必然给另一个人带来**享受**和**欢乐**。不是神也不是自然界，只有人本身才能成为统治人的异己力量。

还必须注意上面提到的这个命题：人同自身的关系只有通过他同他人的关系，才成为对他说来是**对象性的、现实的**关系。因此，如果人同他的劳动产品即对象化劳动的关系，就是同一个**异己的、敌对的**、强有力的、不依赖于他的对象的关系，那么，他同这一对象所以发生这种关系就在于有另一个异己的、敌对的、强有力的、不依赖于他的人是这一对象的主人。如果人把自身的活动看作一种不自由的活动，那么，他是把这种活动看作替他人服务的、受他人支配的、处于他人的强迫和压制之下的活动。

人同自身和自然界的任何自我异化，都表现在他使自身和自然界跟另一个与他不同的人发生的关系上。因此，宗教的自我异化也必然表现在俗人同僧侣或者俗人同耶稣基督（因为这里涉及精神世界）等等的关系上。在实践的、现实的世界中，自我异化只有通过同其他人的实践的、现实的关系才能表现出来。异化借以实现的手段本身就是**实践的**。因此，通过异化劳动，人不仅生产出他同作为异己的、敌对的力量的生产对象和生产行为的关系，而且生产出其他人同他的生产和他的产品的关系，以及他同这些人的关系。正像他把他自己的生产变成使自己失去现实性，使自己受惩罚一样，正像他丧失掉自己的产品并使它变成不属于他的产品一样，他也生产出不生产的人对生产和产品的支配。正像他使他自己的活动同自身相异化一样，他也使他人占有非自身的活动。

上面，我们只是从工人方面考察了这一关系；下面我们还要从非工人方面来加以考察。

总之，通过**异化的、外化的劳动**，工人生产出一个跟劳动格格不入的、站在劳动之外的人同这个劳动的关系。工人同劳动的关系，生产出资本家（或者不管人们给雇主起个什么别的名字）同这个劳动的关系。从而，**私有财产**是**外化劳动**即工人同自然界和自身的外在关系的产物、结果和必然后果。

因此，我们通过分析，从**外化劳动**这一概念，即从**外化的人**、异化劳动、异化的生命、**异化的人**这一概念得出**私有财产**这一概念。

诚然，我们从国民经济学得到作为**私有财产运动**之结果的**外化劳动**（**外化的生命**）这一概念。但是对这一概念的分析表明，与其说私有财产表现为外化劳动的根据和原因，还不如说它是外化劳动的结果，正像神**原先**不是人类理性迷误的原因，而是人类理性迷误的结果一样。后来，这种关系就变成相互作用的关系。

私有财产只有发展到最后的、最高的阶段，它的这个秘密才重新暴露出来，私有财产一方面是外化劳动的**产物**，另一方面又是劳动借以外化的**手段**，是这一外化的实现。

这些论述使至今没有解决的各种矛盾立刻得到阐明。

（1）国民经济学虽然从劳动是生产的真正灵魂这一点出发，但是它没有给劳动提供任何东西，而是给私有财产提供了一切。蒲鲁东从这个矛盾得出了有利于劳动而不利于私有财产的结论。然而我们看到，这个表面的矛盾是**异化劳动**同自身的矛盾，而国民经济学只不过表述了异化劳动的规律罢了。

因此，我们也看到**工资**和**私有财产**是同一的，因为用劳动产品、劳动对象来偿付劳动本身的工资，不过是劳动异化的必然的后果，因为在工资中，劳动本身不表现为目的本身，而表现为工资的奴仆。下面我们要详细说明这个问题，现在不过再作出［XXVI］几点结论。

强制提高工资（不谈其他一切困难，也不谈这种强制提高工资作为一种反常情况，也只有靠强制才能维持），无非是**给奴隶以较多报酬**，而且既不会使工人也不会使劳动获得人的身份和尊严。

甚至蒲鲁东所要求的**工资平等**，也只能使今天的工人同他的劳动的关系变成一切人同劳动的关系。这时社会就被理解为抽象的资本家。①

工资是异化劳动的直接结果,而异化劳动是私有财产的直接原因。因此,随着一方衰亡,另一方也必然衰亡。

(2) 从异化劳动同私有财产的关系可以进一步得出这样的结论:社会从私有财产等等的解放、从奴役制的解放,是通过**工人解放**这种**政治**形式表现出来的,而且这里不仅涉及工人的解放,因为工人的解放包含全人类的解放;其所以如此,是因为整个人类奴役制就包含在工人同生产的关系中,而一切奴役关系只不过是这种关系的变形和后果罢了。

正如我们通过**分析**从**异化的、外化的劳动**的概念得出**私有财产**的概念一样,我们也可以借助这两个因素来阐明国民经济学的一切**范畴**,而且我们将发现其中每一个范畴,例如商业、竞争、资本、货币,不过是这两个基本因素的**特定的、展开了的表现**而已。

但是在考察这些范畴的形成以前,我们还打算解决两个任务:

(1) 从私有财产同**真正人的和社会的财产**的关系来说明作为异化劳动的结果的**私有财产**的普遍**本质**。

(2) 我们已经承认**劳动的异化、外化**这个事实,并对这一事实进行了分析。现在要问,人怎么使他的**劳动外化、异化**?这种异化又怎么以人类发展的本质为根据?我们把**私有财产的起源**问题变**为异化劳动**同人类发展的关系问题,也就为解决这一任务得到了许多东西。因为当人们谈到**私有财产**时,认为他们谈的是人之外的东西。而当人们谈到劳动时,则认为是直接谈到人本身。问题的这种新的提法本身就已包含问题

---

① 这里讲的是马克思在批判蒲鲁东的名著《什么是财产?》中所论述的资本主义关系基础上的"平等"观念时所持的基本论点。蒲鲁东的空想的、改良主义的、小资产阶级的药方规定,私有财产要由"公有财产"代替,而这种"公有财产"将以平等的小占有的形式,在"平等"交换产品的条件下掌握在直接生产者手中。这实际上指的是均分私有财产。蒲鲁东是这样设想交换的"平等"的,即"联合的工人"始终得到同等的工资,因为在相互交换他们的产品时,即使产品实际上不同等,但每个人得到的仍然是相同的,而一个人的产品多于另一个人的产品的余额将处于交换之外,不会成为社会的财产,这样就完全不会破坏工资的平等。马克思说,在蒲鲁东的理论中,社会是作为抽象的资本家出现的。他指出蒲鲁东没有考虑到即使在小("平等")占有制度下也仍然起作用的商品生产的现实矛盾。不久后,马克思在《神圣家族》中表述了这样一个结论:蒲鲁东在经济异化范围内克服经济异化,也就是说,实际上根本没有克服他。

的解决。

补入（1）私有财产的普遍本质以及私有财产同真正人的财产的关系。

这里外化劳动分解为两个组成部分，它们互相制约，或者说它们只是同一种关系的不同表现，**占有**表现为**异化、外化**，而**外化**表现为**占有**，异化表现为真正得到**公民权**。

我们已经考察了一个方面，考察了**外化劳动同工人本身的关系**，也就是说，考察了**外化劳动同自身的关系**。我们发现，这一关系的产物或必然结果是**非工人同工人和劳动的财产关系**。私有财产作为外化劳动的物质的、概括的表现，包含着这两种关系：**工人同劳动、自己的劳动产品和非工人的关系，以及非工人同工人和工人的劳动产品**的关系。

我们已经看到，对于通过劳动而**占有**自然界的工人说来，占有就表现为异化，自我活动表现为替他人活动和他人的活动，生命过程表现为生命的牺牲，对象的生产表现为对象的丧失，即对象转归异己力量、**异己的人**所有。现在我们就来考察一下这个对劳动和工人是**异己的人**同工人、劳动和劳动对象的关系。

首先必须指出，凡是在工人那里表现为**外化、异化的活动**的，在非工人那里都表现为**外化、异化的状态**。

其次，工人在生产中的**现实的、实践的态度**，以及他对产品的态度（作为一种精神状态），在同他相对立的非工人那里表现为**理论的**态度。

［XXⅦ］第三，凡是工人做的对自身不利的事，非工人都对工人做了，但是，非工人做的对工人不利的事，他对自身却不做。

我们进一步考察这三种关系。（XXⅦ）

大约写于1844年5月底6月初—8月　　　　　原文是德文
第一次全文发表于《马克思恩格斯全集》1932年历史考证版第1部分第3卷

节选自《马克思恩格斯全集》中文第1版第42卷，北京：人民出版社1979年版，第43—181页。

第五部分 附 录

附录 I　研究文献精选

一　〔日〕望月清司:《社会交往的理论和历史认识》①

（一）《穆勒评注》中社会交往视座的设定——从"类"到"社会"

1. "失去的一环"究竟指什么？我们从马克思在《经济学哲学〈第一〉手稿》"异化劳动"片断的思索过程中可以发现：他本人虽然确保了从私人所有推不出异化劳动这一正确表象，但还是犯了如下错误，即从贯穿整个历史的劳动过程异化即"自然=事物的异化"出发，通过资本统治下的苦恼这一劳动异化，来描写异化劳动第二个规定"劳动的外化"。至少他用劳动的外化"表现在什么地方"（Worin besteht?）这一即使在日常用语中也是多义的，在理论上更是含混不清的表述模糊了问题的实质。

究竟是因为欠缺什么逻辑才使他进行了一种暴力性的飞跃呢？

我们在上一节的字里行间中已经做过暗示，马克思的这一"欠缺"

---

① 选自〔日〕望月清司著:《马克思历史理论的研究》，韩立新译自1973年版，北京师范大学出版社2009年版，第79—115页。望月清司认为，马克思在《1844年经济学哲学手稿》的《第一手稿》中关于"异化"的第一规定是"自然=事物的异化"。他提出马克思在这里存在以"孤立的人"进行叙事的"异化"规定与后面以"社会关系"叙事的"异化"规定的逻辑断裂，并将其称为"失去的一环"。文中提到的《经济学哲学〈第一〉手稿》指《1844年经济学哲学手稿》中的《第一手稿》，下文出现类似形式的分别指《第二手稿》、《第三手稿》。

并不是什么决定性的"欠缺",即不是他在撰写《经济学哲学〈第一〉手稿》时根本就未曾想到过这一问题,因为他早就知道在循环伊始就失去开端的状态中析出"概念",并将私人所有视为"异化劳动"的根据和原因只不过是国民经济学的粗浅认识。

而且,到了"异化劳动"片断的结尾,他本人还提出要在从私人所有进入分析货币和资本之前先解决两个任务:第一,如刚才所考察的那样,"从**私人所有**对**真正人的**和**社会的**所有(das wahrhaft *menschliche und soziale Eigentum*)的关系来规定作为异化劳动的结果的**私人所有**的普遍**本质**"①。尽管由于此时"社会"(Gesellschaft)概念本身还远未成熟,在《第三手稿》中才确立起来的那一牢固的等号关系即"人的=社会的"(menschliche und gesellschaftliche)关系还只能采取"人的=社会的"(menschliche und soziale)形式,但马克思已经给自己指明了要从私人所有的深处去发现"真正人的所有"(即未冠有"私人"这一形容词的"所有",因为"私人"使颓废、不法和异己等具体化)这一前进方向。但是,这里的"所有"绝不是"孤立人的占有"。要想从概念上理解人的"所有"必须从概念上理解"人"(这是前面提到的"两个任务"中的第二个任务),也即必须从概念上理解"社会"。在"异化劳动"片断中出现的孤立人与自然(第一个规定)→他人与工人(第二个规定)→类生活和个体生活(第三个规定)这一进程,常让人联想起黑格尔,因为他曾以自由享有者的人数为标尺描绘了那一世界历史图示(东方=唯一的人、古代世界=少数人、日耳曼世界=一切人),也许是受这一形式主义辩证逻辑运动的束缚,此时的马克思还不能自如地应用"社会"(Gesellschaft)形象这一经济学理论化的方法和范畴,尽管这是与国民经济学"市民社会"分析根本不同的、属于他本人的方法。

我们还可以从下述关系来推断这一结论的可靠性。即《经济学哲学

---

① 《马克思恩格斯文集》第1卷,北京:人民出版社2009年版,第167页。在这篇引文里,有关马克思恩格斯经典著作的译文与中译本稍有不同,为体现原作者的意图,故在此对原作者所用引文不作改动。——编者注

〈第一〉手稿》在对"市民社会"的使用禁止问题上绝不比后来的《经济学哲学〈第三〉手稿》做得差,在后者中甚至连明确地表象化了的"社会"概念都没有使用,也就是说马克思还没有完成对自己作品的塑造过程。

所谓马克思还没能塑造和获得"社会"(Gesellschaft)形象是指:第一,在后面我们将看到,马克思还没能将费尔巴哈"类"的共同存在(Gemeinwesen)概念理解为产品的"交往"体系,而费尔巴哈"类"的共同存在与国民经济学意义上的社会即"市民社会"正好相反;因此,第二,马克思还没有建立起不存在私人所有的共同体和在私人所有基础上的(市民)社会等历史理论范畴。

马克思一方面把"类生活"理解为一种没有私人所有但同时在其内部又有一定"交往"活动的、在历史中形成的共同体;另一方面还明确提出"类生活"是在整个人类历史中造成劳动者(类共同体成员="个体")与自然相异化、劳动者与事物以及生命活动外化=异化的发祥地。那么,共同体成员之间的"交往"又具有什么特征呢?外化=异化又以何种形式的"享受=领有"来结束呢?这显然是必须要回答的问题。

正是因为如此,马克思暂时停止了《经济学哲学〈第一〉手稿》的写作,决定先绕开"工资—资本的利润—地租"这一三大收入理论的视角(直视"资本主义"的视角),重新对国民经济学固有的社会像即"市民社会"的结构进行分析。马克思的这种变化反映在他的研究积累,即他有意识地对某些著作所作的摘录和批判性评注之中,尤其是在《詹姆斯·穆勒〈政治经济学原理〉一书摘要》当中。

我在前面说过,《詹姆斯·穆勒〈政治经济学原理〉一书摘要》是马克思在巴黎时期实现的决定性飞跃。现在,日本一般把以该《摘要》为核心的摘要和评注按日译书名统称为《经济学笔记》,译者杉原四郎和重田晃一在日译本第2版"后记"中以"《经济学笔记》的版本和解释"为题对目前的研究动向和文献作了详细的介绍,从这些介绍来看,目前《经济学笔记》应该是与《经济学哲学手稿》同等重要的必读的基本资料。例如，在以卢森贝的经典意见即"从对劳动价值论的否定到肯定"为代表的马克思价值理论形成史领域，《经济学笔记》就占据了基础文献的地位。最近，经济学史领域中所取得的研究成果开始对其他领域的早期马克思研究产生巨大影响，特别是它使过去只关注异化论、只关注《经济学哲学手稿》的哲学家们也开始对《经济学笔记》，尤其是对《穆勒评注》产生浓厚的兴趣。而他们握有对《经济学哲学手稿》研究的主导权。我们还是继续以上一节提出的问题意识来对《穆勒评注》进行解读，以期从历史理论的高度补充和完善《经济学哲学手稿》中劳动过程异化理论的逻辑。

2. 马克思对詹姆斯·穆勒《政治经济学原理》所作的评注可分为几个部分：首先是从该书的第 3 章"交换"第 8 节"限制货币的数量"作摘录以及评注，中间又对第 9 章的第 9—13 节以及第 16 节作了摘录，然后对第 4 章"消费"第 2 节"年年生产年年消费"作摘录和评注（在《穆勒评注》的结尾马克思还写下了有关地租税的简短评注，但这部分和现在要讨论的问题无关）。我们按照森田桐郎的说法把前者称作"第一评注"①，把后者称为"第二评注"②。

"第一评注"的任务是通过对以穆勒货币理论为代表的国民经济学货币本质论的分析，来揭示"交换"规定"市民社会"的结构。在《穆勒评注》的开头，马克思这样写道：

> 穆勒把**货币**称为交换的**中介**（Vermittler），这就非常成功地用一个概念表达了事情的本质。货币的本质，首先不在于财产通过它转让，而在于人的产品赖以互相补充的中介活动或**中介运动**，人的、社会的行动**异化了**并成为在人之外的**物质东西**的属性，成为货币的属性。③

---

① 《马克思恩格斯全集》第 42 卷，北京：人民出版社 1979 年版，第 12—31 页。
② 同上书，第 31—42 页。
③ 同上书，第 18 页。

这段话表明,《穆勒评注》要比《经济学哲学〈第一〉手稿》对市民社会＝类的认识要深刻得多。因为,首先在《经济学哲学〈第一〉手稿》中对"所有"规定还停留在极其直观的层面上,而在这段论述中,我们可以清晰地看到"所有"与"货币"建立了直接的联系。货币不是"真正的人的＝社会的（sozial）所有"的外化形态（外在形态）,而是互相补充这一"人的＝社会的（gesellschaftlich）行为"的异化＝外化形态。"所有"并不是一下子就外化为作为价值块的货币的,而是互相补充的类活动和类生活——其背后包含着这样一种对人的认识,即个体如果不互相补充就无法完善,而这要比那种对人的"孤立人"的理解高明——首先被异化。至于"人的劳动产品"的互相补充,私人所有体系要通过货币的"中介"力量,也只有通过这一力量才能实现。

既然如此,我们马上就会遭遇这样一个问题,即在没有私人所有的"人的所有"的世界里,互相补充的活动又会采取何种形式的结构呢？如果把"所有"定义为先验的,在逻辑上就不可能走到所有物的"互相补充"＝"交换"这一步,因此必须要首先将理论出发点设定为"交换",因为交换本来就反映着多数人,至少是两个人的社会联系。马克思在《经济学哲学〈第一〉手稿》中已经意识到了这一方法的重要性。这也就是他为什么没有按照私人所有→异化劳动,而是按照异化＝外化劳动→私人所有这一顺序展开论述的原因,因为以"所有"为前提将重蹈覆辙。

本来,马克思没必要将这一视点直接应用于对"眼前"货币本质（das Geldwesen）的分析。由于货币的存在本身是"外化的私人所有",那么就只能从外化的事物在"眼前"的市民社会中发挥的作用着手。通过分析,马克思首先发现了"异己的中介"这一外化层面上的货币本质,然后又进一步得出了以下结论,即货币的本质最终将与私人所有"是人的生产与人的生产之间的外化的中介（die Vermittlung）,［因此］是人的外化的类活动"[①] 这一规定相一致。

[①] 《马克思恩格斯全集》第42卷,北京：人民出版社1979年版,第19页。

货币和私人所有。在被外化的事物和外化的事物这两个层次上，马克思发现了两者之间人和人的社会联系＝中介，这是《穆勒评注》的关键思想。在《论犹太人问题》中，马克思认为，"货币是人的劳动和人的存在的同人相异化的本质；这种异己的本质统治了人，而人则向它顶礼膜拜"①，他的货币异化论还停留在实体性货币认识的水平上。也就是说，即使没有货币是金银这一货币主义＝重商主义的逻辑，货币在直观上也被理解为"做肮脏买卖"的"利己主义"的货币，是财神，它与其说是交换＝流通的手段＝中介，还不如说是出色的积累和储存货币的手段。因此，基督教是利己主义崇高的理论完成形态，它统治着"市民社会"，而市民社会则"扯断人的一切类联系，代之以利己主义和自私自利的需要"②，这种关于"类"的认识是和上述理解相重合的。也就是说，市民社会在这里还是异化形态，而绝不是"类"。

在《穆勒评注》中，货币是私人所有的外化形态，这表明马克思对"类"的认识已经有了一定的发展，正因为如此马克思才没有回到《经济学哲学〈第一〉手稿》的死路上去，而是开辟了"私人所有＝外化的类活动（die Gattungstätigkeit）"这样一片新天地。这是一个认识逐渐深化的过程，关于这一过程我们可以表示如下。

（1）《论犹太人问题》——货币＝外化劳动。类的解体。

（2）《经济学哲学〈第一〉手稿》——私人所有＝外化劳动。类的异化。

（3）《穆勒评注》——（i）货币＝外化的私人所有。

（ii）私人所有＝外化的类活动。类的贯通。

这样，《穆勒评注》发现了国民经济学的货币规定现象背后隐藏着的"类活动"，由于这一发现，如上所示，马克思不仅让"外化劳动"暂

---

① 《马克思恩格斯文集》第 1 卷，北京：人民出版社 2009 年版，第 52 页。
② 同上书，第 54 页。

时离开了叙述舞台，相反开始对"外化劳动"进行反省。劳动是人的生命活动的自我实现，这是站在孤立人立场上对劳动的理解。马克思在坚持这一认识的同时，又将劳动进一步提升为社会的"生产"——其中必然包括产品的交换——概念的水平，并以此来揭示类活动的本质。

马克思写道：

> 不论是生产本身中人的活动的交换，还是人的产品的交换，其意义都相当于类活动和类的享受（Gattungsgenuβ）——它们的真实的、有意识的、真正的存在是社会的（gesellschaftlich）活动和社会的享受。①

这是一个了不起的发现！

请看，"类活动"被与"社会的活动"等同起来。而在此之前马克思还一直对是否应该放弃"类活动"概念犹豫不决，因为它是费尔巴哈式的，尽管包含着敏锐的真理。于是，马克思从国民经济学视野下的"市民社会"概念的背后找到了属于自己的"社会"（Gesellschaft）概念。而且，这一"社会"包括两个层面：（1）"生产本身内部的人的活动的交换" = 经营——与"企业"不同——这一内部层面，或者说是指劳动在劳动过程中的"互相补充"；以及（2）"人的[活动创造出来的]产品的相互交换" = 在社会规模上产品的"互相补充"。通过货币的中介作用，私人所有及其在展露其利己主义的同时，还创造出了一个在表面上实现了自由与平等以及等价交换的世界。马克思从"市民社会"的本来状态中，洞察到了"类的活动和类的享受"，而这一"类的活动和类的享受"只是市民社会作为现实存在活性化的结果。

所谓劳动在劳动过程中的相互补充就是后来的"协作"（die Kooperation）概念。协作并不是同种劳动的简单集合，而是以各种能力、技能和体力为前提的"分工"（及其结合 = 互相补充！）。在劳动过程中，互相补充是直接的 = 无中介（中介 = 货币）的，在这个意义上它是一

---

① 参照《马克思恩格斯全集》第42卷，北京：人民出版社1979年版，第24页。

种共同体式的联系（Beziehung），或者一言以蔽之，它是关于协作和分工的共同体式联系。而社会规模上产品的互相补充＝交换同样也是"分工"，用后面出现在《穆勒评注》中的概念来说就是"交往"（der Verkehr）。"交往"的原型无疑是直接的物物交换，但是包含物物交换在内，要想整个社会——这里指共同体（Gemeinwesen）所覆盖的范围——范围内都实现相互交换需要某种中介（交换手段）。马克思把通过中介而形成的共同体（Gemeinwesen）的集合原理按其本意称作"社会"（Gesellschaft），如果用我们的话说，其实就是指关于交往和分工的社会联系（对其结构本身的静态定义是社会关系［Verhältnis］）。

马克思接着刚才的引文写道：

> 因为人的本质是人的真正的共同性存在（Gemeinwesen），所以人在积极实现自己本质的过程中创造、生产人的共同体（Gemeinwesen），［即］社会体。
>
> 它［社会体］不是一种同个人相对立的抽象的一般的力量，而是每一个单个人的本质，是他自己的活动，他自己的生命，他自己的享受，他自己的财富。

"Wesen"概念被马克思的批判者们称为艰涩或者滑稽的文字游戏，它几乎无法翻译成外语。① 马克思在"玩味着"（英译者密利甘［Martin Milligan］的说法）Wesen 一词多义性的同时，已经使《经济学哲学〈第一〉手稿》中"人是类存在"的规定前进了一大步，将其变成"人是真正的共同存在"。因此，如果说人的本质可以自由地不经过异化来实现，那么这一"社会体"一定是"人的共同体"。这样看来，"类"和"共同体"（Gemeinwesen）属于最顶端的概念，在它们的下面才是没有异化的"人的共同体（Gemeinschaft）"和"人的社会"的概念，其异化形式是"社会"，或者用马克思自己的话来说是"市民社会"。

---

① 参照藤野译国民文库附录"关于英译莫斯科版用语的笔记"。《马克思恩格斯全集》第42卷，北京：人民出版社1979年版，第24页。

迄今为止，我们在使用 Gemeinwesen 一词时并没有给它下过定义。这里我想给出一个基本轮廓。Gemeinwesen，第一，是指"共同存在性"这一联系＝统合的性质原理，"人是共同存在"这一表述所反映的就是这一含义，它大体上相当于《经济学哲学手稿》中的"类的本质"概念。第二，是指某种具有该性质的组织和形态这一联系＝统合的结构原理。共同体（没有异化和中介的社会）和社会（异化了的共同体）是 Gemeinwesen 的两个结构种差。所以，Gemeinwesen 跟没有被异化无关，其本质都不会改变。第三，当这一结构原理在历史上以特定的共同团体方式出现时，也用 Gemeinwesen 这一概念。在后面的《政治经济学批判大纲（资本家生产以前的各种形式）》中，Gemeinwesen 就是经常在共同团体以及共同生活组织意义上使用的。在这个意义上，它还可以指某种更为具体的组织，例如"国家"或"社会"，或者指抽象和综合程度较低的共同体，譬如各种村落共同体的总称。① 例如"古代的 Gemeinwesen"是指罗马帝国这一政治版图的社会经济结构，"印度的各种 Gemeinwesen"虽然有时也指地方上封闭的诸侯国家，但一般还是指印度的村落共同体。

马克思正是在彻底吸收 Gemeinwesen 基本内容的基础上构建了"人的共同存在"＝"社会存在"这一公式。我们几乎可以肯定地说，马克思后来在《关于费尔巴哈的提纲》第十条中宣告新唯物主义的立脚点是"人类社会"，以及在《〈政治经济学批判〉序言》中把资本主义以前的各种社会形态统称为"人类社会的史前时期"都是建立在《穆勒评注》社会认识的基础之上的。

---

① 参照森田桐郎的论文《詹姆斯·穆勒〈政治经济学原理〉一书摘要（上）》，第 16 页。另外，关于 Gemeinwesen，森田桐郎的《资本主义世界的体系》（长洲一二编：《讲座马克思主义 8·资本主义）》，日本评论社，1970）一文的第 302、310—311 页也提供了重要的启示。还有平田清明在《经济学和历史认识》（岩波书店，1971）第 2 章"货币把握和历史认识"第 114—115 页也提出了"协同本质体"（我们所说的共同体［Gemeinwesen］）、"协同本质"（我们所说的共同存在［性］）等，这些理解和说法都是值得关注的。

(二)《穆勒评注》中的异化理论和"社会认识"

1. 个体如何与类相异化并成为独立的？马克思到现在为止虽然没有找到那"失去的一环"，但是却通过先将"类"升华到与国民经济学"市民社会"相对峙的"社会"概念，然后再把"类"看做是"异化"了的"人的＝社会的互相补充的活动"，向发现那"失去的一环"迈出了坚实的一步。

由此出发，我们认为存在着两条探讨个体自立的途径。

一条是把未异化的"人的＝社会的互相补充"体系具体化、形象化，以此来揭露英国资产阶级经济学神化市民社会现代史（这是一种"架空了的原始状态"！）的根据，从原始共同体的解体过程来解释个体→私人所有的成立过程；另一条是加强对眼前互相补充的异化形式的分析，从"异化的类"中抽出"异化的个体"，再经过纯粹培养来追溯个体产生的历史。这就必须要将那些使国民经济学安身立命并被国民经济学玩弄于股掌之上的范畴彻底翻转过来，将它们锻造成马克思本人的范畴，以此来重构崭新的"市民社会"像。

在研究个体的自立化以及个体向私人所有转变起源的这两条途径中，由于第一种途径（也可以说是上向方法）（1）必然要经过第二种途径中的范畴化，（2）还需要向前追溯所需的历史知识，特别是有关共同体的知识，因此我们以后再作讨论（参照《政治经济学批判大纲（资本家生产以前的各种形式）》）。借助各种信息复原马克思脑中曾浮现过的历史进程即第一条途径不仅可能，而且也是我们今后必然要作的推理，但在这里我们想依据马克思本人的论述首先研究一下第二条途径。

那么，国民经济学是如何来看待异化了的类的＝人的＝社会的活动和享受的呢？

国民经济学以交换和贸易的形式来探讨人们的共同存在性 [Gemeinwesen] 或他们的积极地实现［确认］着的**人的**本质，探讨他们在类生活中、在真正的人的生活中的相互补充。

德斯杜特·德·特拉西说:"**社会是一系列的相互交换……它恰好也是这个相互结合的运动**。"亚当·斯密说:"**社会是一个商业社会**。它的每一个成员都是**商人**。"

我们看到,国民经济学把社会交往(geselliger Verkehr)的**异化**形式作为**本质的和最初的**、作为同人的规定相适应的形式**确定下来了**。①

马克思在这里肯定了以斯密为代表的国民经济学,认为他们在"异化的形式下"准确地把握住了真正的人的相互补充活动这一实体。但是,资产阶级卓越的现实认识实际上仍然不过是倒映在镜子中的现实主义虚像。商业社会(commercial society)中的每一位成员都是商人②,斯密的这一观点曾令马克思叹服不已,以至于后来在《经济学哲学〈第三〉手稿》中还两次引用了这一观点。受这一观点的影响,马克思也得出了市民社会中的人是通过买卖实现"相互补充"的"私有者"这一结论。看似平凡的这一结论——由于国民经济学试图从孤立人与自然(事物)的异化→劳动的异化来说明资产阶级的私人所有——实际上驳斥了庸俗国民经济学为资产阶级所有进行的辩护,同时还包含了后来他对庸俗"唯物史观"的批判。需要注意的是,所谓的资产阶级"私人所有"与后面提到的古典古代共同体内部的"私人所有"是不同的。自己生产的东西属于自己,这是资产阶级法律意识的产物,我们绝不能原封不动地把这种有关所有起源的理论当成市民社会的起源理论。马克思之所以特地将那种与物物交换隔绝的孤立的私人所有定义为"简单的私人所有(das einfache Privateigentum)"③,就是因为在简单的私有者那里外化只能是片面的、单方面的,他无法成为作为社会一员的私有者,也正因为如此,马克思才将"简单的私人所有"置于考察的范围之外。

---

① 《马克思恩格斯全集》第 42 卷,北京:人民出版社 1979 年版,第 25 页。
② 斯密:《国富论(一)》(岩波文库),大内兵卫、松川七郎译,第 133 页。
③ MEGA² IV-2. S. 454. 《1844 年经济学哲学手稿》(单行本),第 173 页。——译者注

最简单的"社会交往"是两者之间的交往和两者之间的补充。马克思设定了这样一个舞台，并从两个私有者彼此转让（ablassen = 放弃）自己私有财产的行为中发现了"私人所有的外化（Entäuβerung = 转让）"。在私人所有的框架内，由于私人所有物是所有者本人的"人格的 = 本质的存在"，"外化 = 转让"行为就相当于转让者放弃自己的人格。那么为什么私有者会如此心平气和地将自己的本质化于他人之中，进行这一令人战栗的行为呢？

国民经济学家的解释是"由于必须（Not）①，由于需要（Bedürfnis）"。马克思也认同国民经济学家的这一说法，两个私有者之所以敢冒险通过外化的飞跃结合在一起，是因为每个私有者都拥有同样的渴望，即他人的私人所有物"是我缺少的，我没有它就不行或者我不愿意没有它，[换句话说]在我看来，它是补足我的存在和实现我的本质**所必需的**（ein Bedürfnis）"。我们很容易发现，马克思在作这一论述时已经超越了"私人所有"的水平，进入了对那一隐藏在私人所有背后的，贯穿整个历史的人的 = 社会结合方式的描述。两个私有者都从他人的劳动产品中发现自己缺少的那部分本质，意识到对他人劳动产品的"所有是对我的本质的所有，是我的本质所固有的事物"（…ihr Eigentum das Eigentum, die Eigentümlichkeitmeines Wesens ist）。这是个体结成共同体式类的基本冲动之一。在马克思看来，建立在人性基础上的这一冲动，并不是来自人的某种本能或者天性，它是人在改造自然、识别和提高自然的所与以及人的能力和极限的过程中产生的；是这种冲动使私有者之间的"社会联系和关系"表现为互相外化和互相转让。

因此，**交换**（der Tausch）或物物交换是**私人所有**范围内的人的社会行为、类的行为、共同存在性、社会交往（gesellschaftlicher

---

① 关于这个被译成"必须"或"贫乏"的"Not"，请参照森田桐郎：《詹姆斯·穆勒〈政治经济学原理〉一书摘要》，（上）20 页，（下）28 页（《解读马克思 I 》，210、226 页）。按照森田的意见，所谓"必须、需要"并"不仅仅是指失去了直接的社会联系的私有者的需要（私利私欲！），也可以指作为共同存在的人本来具有的根本需要，它是联结人的社会交往的纽带"。

Verkehr）和联合，因而是外部的、**外化的**类的行为。……因此，物质交换同时也是**社会**关系的对立物（das Gegenteil）。①

"交换"（Tausch od Austausch）和"交往"（Verkehr）的区别是显而易见的。"交往"总是存在的，它跟异化与否无关，交往的异化形式是"交换"。马克思认为用"交换"这一带有资产阶级经济学色彩的日常意识、私人所有的观念——顺便说一句，tauschen（替换）和täuschen（欺骗）是同根词——来表现类的共同体式交往显然是不合适的。"交往"一般是指运输或通信等对象化劳动（产品和信息）的场所变更，虽然也有人试图将这一日常感觉直接移植到马克思的"交往"概念之中，但马克思本人似乎并没有在这一通俗含义上使用过这一概念，这一点只要读过《穆勒评注》或者遇到过上述定式就会很清楚。"交往"概念过去曾被译成其近义词"交易"，受这一索然无味的翻译的影响，交往概念一直没能引起人们的注意，直到平田清明发表了那几篇具有划时代意义的论稿以后，这一概念才得以重见天日。在这里，我们不由得对平田的工作表示由衷的敬意。

所谓"交往"是贯穿整个历史的类的互相补充行为和人的＝社会的行为。只有在私人所有的条件下，它才表现为带有了某种特殊含义的"交换"。如果说"劳动"是人的本质的发现，那么"交往"就与人在类规模上的"劳动的社会分割"（die gesellschaftliche Teilung der Arbeit, the social division of labour）——请注意，不是"社会劳动的分割"② 或者"社会的劳动分割"③（Arbeitsteilung）——即"分工"呈现了表里一体的关系。当然，我们在谈"分割"时，作为不言自明的逻辑，是指（1）个别劳动对总体的暂时分割，以及（2）在受历史发展程度制约的固有编制下的"结合"（Kombination）或者"统合"（Integration）

---

① 《马克思恩格斯全集》第42卷，北京：人民出版社1979年版，第27页。
② 平田清明：《市民社会和社会主义》，岩波书店1969年版，第162页。
③ 我们可以从RECLAM文库版《经济学哲学手稿》编者霍普纳（Höppner）所使用的Arbeitsteilung这一术语——还有后来在通晓马克思本人用法的基础上而建立起来的定式——看到把马克思历史理论教科书化的结果。

及其扬弃形态。所谓"交往"（Verkehr）就是这一结合与统合的结构。当然，类规模上的劳动分割要等到社会交往完成以后才能最终得到检验与证明。

异化论是马克思自《经济学哲学〈第一〉手稿》以来一直使用的分析工具，这一思维进程终于在寻找"市民社会"秘密的过程中达到了最深处。

［市民社会→对三大收入来源的分析］→［货币→私人所有→交换和分工→外化＝转化（类的交往）］。

总之，所有制一旦变成私人所有这一新的所有制形式，个体就会从类中脱离出去。对这一过程的探索只要将上述思维进程颠倒过来即可。那么，在类的共同体（未异化的社会＝共同体）中"外化＝转让"又会采取什么样的"交往"形式呢？对这一问题的回答是我们首先要做的工作。但是，正如马克思在"异化劳动"片断中所阐明的那样，外化＝异化虽然是私人所有产生的必要条件，但并非是充分条件。其实，在马克思跳出类的 Gemeinwesen（共同体）逻辑的那一步中就孕育着这一充分条件的萌芽，当然这是后话。

2. 关于《穆勒〈第一〉评注》的讨论到此为止。实际上，"第二评注"也没能全面地回答我们的问题。"第二评注"的焦点是"需要"（Bedürfnis），同时也对存在于眼前市民社会交换深处的人与人之间的关系，即"我们生产着对彼此对象物……相互需要"① 进行了讨论，认为这种联系在市民社会中只是一种"观念性［ideelle］关系"；另一方面，"第二评注"还讨论了"我们作为人进行生产"的历史场景，即在未来共同体中将出现的（1）在劳动过程中个体生命发现的喜悦，以及（2）非异化的劳动和交往，这种劳动和交往在为其他成员提供必需品的过程（社会交往过程）中表现为人的＝类本质对象化的满足。在对后者的展望中，马克思几乎是倾尽了华丽的笔墨描绘了"交往"＝"交换"的意义："市民社会"是私有者追逐国民经济学私利和私欲的

---

① 《马克思恩格斯全集》第42卷，北京：人民出版社1979年版，第35—36页。

场所，在这一市民社会的彼岸将会出现一个非异化的劳动和交往的社会，在那时"交往"="交换"将成为实现"社会的享受"的契机。这是马克思对未来共同体的真正的"市民社会"存在方式的重要论述，其中包括了很多极富魅力的命题。但是，即使把这些命题都概括出来，也无法直接回答我们的问题。对我们来说，要想找到答案，也许只有靠自己去再现隐藏在下述文献中的社会历史认识的背景。这些文献是包括"第一评注"在内的《穆勒评注》，以及在《穆勒评注》基础上写成的、被视为远远高于《经济学哲学〈第一〉手稿》的《经济学哲学〈第三〉手稿》，其中特别是接着《穆勒〈第二〉评注》对"需要"的分析而写成的、被MEGA编辑部命名为"需要、生产、分工"的那一节。

那么，马克思在《经济学哲学〈第一〉手稿》还未成熟的阶段所设想的劳动与"自然=事物"的异化=外化能否应用于私人所有的彼岸呢？或者这样问，具备构成这种逻辑出发点的三个基本条件的"社会"（Gesellschaft）是否可能？这三个基本条件是，（1）不以私人所有为逻辑前提，（2）劳动者的产品必然被外化=转让，（3）而且劳动是一种类活动。

可能。

"异化了的人的社会是一幅描绘他的现实的共同体，描绘他的真正的类生活的讽刺画。"[①] 在马克思的这一规定中，无论是将来从异化中解放出来的"以人的方式组织"起来的共同体，还是通常所说的异化出现之前的共同体也即原始共同体，都还处于未能被彻底形象化的状态。只要把异化看做是私人所有的必然产物，那么在私人所有和私人之间发生交换之前就一定存在着一个没有被异化的共同体。

也许再提请读者注意已是多余，作为一个无可争辩的事实，正像我们从《德意志意识形态（第一章）》的遭遇中所看到的那样，恩格斯晚年的一句话，即"当时我们经济学史方面的知识还很不充分"竟被当成了金科玉律，结果潜藏于那一著作字里行间中的（马克思的）历史

---

① 《马克思恩格斯全集》第42卷，北京：人民出版社1979年版，第25页。

认识连同"不充分"的历史记述一道被人们从记忆中彻底抹掉——当然这并不妨碍人们按照六经注我的方式恣意地引用其中的只言片语——这种情况一直延续到了今天。有鉴于此，我们事先声明，即使如上所述马克思的论述还未定型，但是从理论需要或者从展望世界历史＝人类历史的需要出发，设想一个原始的、具有开端性质的人类集团世界完全是可行的，这一设想并非一定要以对远古史和古代史实证研究的积累为前提。当然，历史理论并不是要宣扬先验的"历史观"，而是要从现代出发重新把握人类历史。正是由于不理解这一点，一方面，马克思的那些类似有关历史的记述被直接当成了历史事实，这是教义体系缺乏逻辑的根源；另一方面，这也是已有的"异化论"不能把马克思的异化逻辑也理解为历史理论，结果使自己陷入哲学上的死胡同的根源。

当然，这并不是说人可以在没有任何历史知识的前提下任意地"设想原始状态"。实际上罗马法和罗马法律史正是马克思大学时代喜欢的课程，作为一名黑格尔主义者，他肯定也学过《历史哲学》。在辞掉《莱茵报》的主编后，他曾经和新婚妻子燕妮一道在克罗茨纳赫度过了一段宁静的积累的时光，在这段时光里，他主要对欧洲史做了详细的笔记，其中包括对想象中的原始共同体发表过议论的卢梭的《社会契约论》、孟德斯鸠的《论法的精神》，以及对古代日耳曼民族史、艾恩斯特·A.施密特《法国史》第一卷①、J.C.浦菲斯特《德国史》全部五卷②、尤斯特斯·默瑟尔《爱国主义的幻想》③ 的笔记。④ 最后再重复一遍，这些知识本身并不是具有本质意义的必要条件。这一点一定请读者铭记。

在原始共同体（Gemeinwesen）中每一位成员自在地都是共同性存在（Gemeinwesen）。他们通过直接生活资料和信息的生产，编成一个自

---

① Ernst A. Schmidt, Geschichte von Frankreich, 4 Bde., Hamburg 1835 – 1848, 1. Bd.
② J. C. Pfister, Geschichte der Teutschen, Nach den Quellen, 5 Bde., Hamburg 1829 – 1835.
③ Justus Moser, Partriotische Phantasien, 4. Aufl, 4 Teile, Berlin, 1820.
④ MEGA^1, I – 1 – 2, SS. 125 – 134.

然形成的分工体系，各自都担当着分工体系的一部分。在这一意义上，他们都是以共同体一员身份存在和呼吸的，这就如同头脑或者手脚、眼睛和耳朵、生殖器等都是一个有机实体的肢体（ein Glied）一样。

他们作为一个个体或者作为出于某一目的而组成的小集团的一员，要按照共同体的长远规划，或者打猎，或者捕鱼，或者耕作。但是，他或他所属的小集团能否排斥别人独享自己的劳动成果呢？不行，也不可能。对这种行为的限制，当然可以来自咒语和传统，但更重要的是来自某些物质基础关系，是这些物质基础关系使对这种行为的限制升华为共同体的意识形态。为了能够实现个体的再生产，他或他们必须把自己的劳动产品先转让（ent – od. veräußern）给共同体所有（斯密所说的共有财产 a common stock①，注意是单数），作为回报，他或他们可以享受一定份额的、其他的、由其他成员在生产中获得的、同样转让给共同体所有的劳动产品。人不是光靠动物性蛋白或者植物性淀粉而生存的动物，或者说根本就无法生存，这一自然规律使他的活动和他的享受必然成为共同体的活动和共同体的享受。

对一个共同体来说，分工（劳动的社会分割）和分配＝交往（劳动的共同体结合）是必不可少的。共同体中的个人只有参与这种分工，根据性别、年龄、能力和经验来承担一定的工作才能确证自己的"人的本质"。"社会本身把人作为人来生产"，《经济学哲学〈第三〉手稿》提出的这一命题当然也适应于在其内部拥有社会交往的共同体式的共同体（Gemeinwesen）。

个体将自己劳动——这一强调的在前面已经解释过——的产品先"转让"（在德语中与"外化"Entaüßerung 一词同型）给共同体所有，然后再从共有财产（common stock）中享受个体为维持生物学以及人的生存所必需的生活资料。在私有制社会里，使分裂的人再结合起来的必不可少的契机是类似于货币那样的"中介"（Vermittler）。而在个体和共同体之间的关系中，不仅没有货币之类的东西中介的余地，而且也没

---

① 斯密：《国富论（一）》（岩波文库），大内兵卫、松川七郎译，第123页。

有中介的必要。每个人的劳动都直接反映着每个人的"人格性"，而与打猎、捕鱼、耕作等可视的具体形式无关。因此，劳动产品的相互外化＝相互转让＝相互享受等社会行为，虽然其本身孕育着异化，但仍然是未被异化的社会交往，从而也是人的交往的体系。

异化＝外化一时下产生也不是一成不变的，鲁宾逊式的孤立人就属于这种情况。鲁宾逊可以将自己的产品用于自己的享受和消费。但是，谁也不会承认他的生活世界是"人"的世界。在日常生活中，人们在说"人"这个词时大脑中闪现的往往都是"社会"的内容。

在不存在私人所有的情况下，暂时离自己远去的劳动产品（劳动过程异化）会通过共同体内分工的转让＝外化行为（社会交往异化），以他人产品的形式再回归自身。即使在市民社会中"人也不是他自己认为的那种特殊的存在物，而是总体的存在物"①。在这里，活动和享受在不通过货币这一意义上是无中介的（＝直接的）。人能够在分工中确证自己的人性。

但是，这种幸福的田园诗般的共同体却包含着"外化"这一本身就是矛盾的毒素。它在劳动过程中的"对象化＝外化"的和共同体内享受的"外化＝转让"这两方面都包含着异化的可能。过去这一毒素有繁殖之所以能够被抵制，主要是因为，第一，生产没有剩余这一生产力原因；第二，所有劳动者都参加对一个共有财产（马克思的翻译为"eine gemeinschaftliche Masse"）的再分配机构，这是生产关系＝交往关系的原因（请注意，这里我们并不是在通行的教义体系的意义上来使用"生产力"和"生产关系"概念的）。

然而，劳动生产力的提高最终给共同体带来了剩余。最初，这些剩余可能会因担心撑破共同体成员的肚皮而被扔掉，或者为防备饥荒和战争以及为准备祭祀而被共同体储备起来。扔掉的那一部分不是问题，因为这本来就是不必要的劳动浪费的结果。问题是"共同体储备"的那一部分。譬如用于防备饥荒的粮食，它是"外化＝转让"暂时固定化

---

① 《马克思恩格斯全集》第42卷，北京：人民出版社1979年版，第26页。

的结果,只有到了出现饥荒拿出来公平分配时它才能回归自身。尽管"劳动和所有的统一"存在着这样的不安,但在共同体规模上这种统一还保持着。

《穆勒〈第一〉评注》所说的"简单的私有者"——与别人没有发生"交往"的生产者＝所有者——要想进入"原始状态中的物物交换"需要把"剩余"(der Überschuβ)外化出去。① 同样的逻辑也适应于其本身就是一个"简单的所有者"的原始共同体。共同体通过与同样拥有剩余的其他共同体的接触,换回自己所缺少的、并能够满足共同体成员需要和希望的产品,这就是共同体之间的交换＝两个共同体之间的相互外化＝转让,也可以说是共同体内交往的外化＝异化。

通过使自己劳动产品外化来占有他人的劳动产品,这已经是共同体内部自在地发生的行为。但是,共同体成员由于其本身自在地就是共同体的个体成员而无法意识到这一行为的意义,他们是在与其他共同体——那些共同体拥有他们听懂的语言、不一样的风俗和珍奇产品——的对立中将这一行为自为化的。毒素最早侵蚀的是共同体剩余产品的实际管理者(共同体中的政治长老或宗教长老等),然后又传染给共同体的其他成员。从此共同体内的个体劳动就转化为"私人劳动"。私人劳动→半私有化的"分工和交换"→私人所有→私人的"分工和交换"……②

对这一问题的展开论述还是交给后面的《资本家产生以前各种形式》。即使我们最大限度地挖掘和复原《巴黎手稿》时期马克思的历史认识,恐怕也只能到此为止。

但是,我们的问题意识通过上述考察却得到了满足。我们探讨的不是私人所有产生的历史,而是个体从类中分离的过程,分离的契机是共同体内社会交往的外化＝转让。这一外化＝转让被异化就表现为分工和交换这一市民社会的基本原理,同时它还可作为未来共同体的基础概念

---

① MEGA² IV-2, S. 456。《1844年经济学哲学手稿》(单行本),第175页。——译者注

② 关于"私人劳动"→"分工和交换"→"私人所有"这一逻辑,平田清明在《经济学和历史认识》(岩波书店,1971)一书的第232—233页有过出色的论证。

被贯彻到未来共同体之中。然而，外化＝转让（社会交往的异化）处于本来的劳动过程异化的延长线上，只有以作为类的人这一劳动者像为前提，两种彼此相连的分工结构才能成型。通过对上述问题的分析，我们终于准确地概括出了《巴黎手稿》中马克思固有的"市民社会"认识。总之，我们要认识到，私人所有的发生起源在于共同体之间的商品交换，这是马克思的一贯见解，或者再进一步地说，马克思的异化历史理论同时还是"市民社会"以及"共同体"的历史理论，共同体之间的商品交换理论只是其派生的推论而已。

（三）《穆勒评注》和《经济学哲学〈第三〉手稿》中的分工和市民社会理论

1. 以上，我们考察了原始类生活和原始共同体为维持自身生存如何使"外化＝转让"成为本质的结构性契机的过程。我们多次提到，《经济学哲学〈第一〉手稿》基本是站在孤立人立场上建立起来的"自然＝事物的异化"理论，这种异化论虽然揭示了劳动过程的异化，但是缺乏"协作"的视点，结果使马克思在那个孤立人如何从"类"中脱离出来变成"个体"的问题上陷入了困难的境地。后来，马克思之所以能够进行反省，把"类"看成是（1）一个自在的普遍的共同存在，看成是（2）对应于"市民（的）社会"的、由历史所决定的共同体，《穆勒评注》起到了决定性作用。但是，并不像一般人们所想象的那样，这只不过是他把《经济学哲学〈第一〉手稿》的异化论应用于穆勒经济学的结果。因为作为一个无可辩驳的事实，至少在《经济学哲学〈第一〉手稿》的前半部分即关于收入三个源泉的分析阶段，马克思还没能把构成"类"的"个体"理解为"交换活动及其产品的人"。而在《穆勒评注》中，正像马克思对私人所有相互外化所作的分析那样，他已经洞察到了贯穿于整个历史中的"活动的交换和产品的交换"。《穆勒评注》中的出色分析也把同属于《经济学哲学手稿》的"第三手稿"的思想提高到远远高于"第一手稿"的水平。而马克思本人似乎没有意识到这一点。他在完成"第三手稿"的"需要、生产、分工"部分以后撰写了《经济学哲学手稿》的序言。

总之，我们是按照《经济学哲学〈第一〉手稿》前半部分（关于收入的三个源泉的分析）→"第一手稿"的后半部分（异化劳动片断）→《穆勒评注》的顺序来考察马克思关于"分工和交换"认识的发展过程的。在这里，我们想把目光放得再远一些，将《德意志意识形态（第一章）》中的那两种有差别的分工理论也纳入我们的视野。

马克思对分工的认识。如果无视马克思通过《穆勒评注》而实现的从"第一手稿"到"第三手稿"的飞跃，不假思索地就认为《经济学哲学手稿》是一挥而就的、具有逻辑一贯性的作品，至少对分工和"社会"的分析而言，即便不是无益的，也是危险的。这是我们决断马克思历史理论要解决的课题是否仍停留在遥远的彼岸的试金石。

在此基础上，下面就让我们按顺序梳理一下《巴黎手稿》阶段的分工观，对马克思《德意志意识形态（第一章）》以前的市民社会认识先有一个大致的了解。

《经济学哲学〈第一〉手稿（关于收入的三个源泉的分析）》中的分工观明显贯穿着一种工人悲惨的畸形化理论。其实质反映在"工资"一栏中。在"工资"一栏中有这样一段论述。

马克思按照斯密的分类把社会设想为三种可能状态，即（1）社会财富处于衰退状态；（2）财富正在增长的社会；（3）财富的增长达到极限的状态，并得出无论在哪种状态下工人都只能陷入贫困的结论。在这三种状态下，等待工人的分别是（1）工人的贫困日益加剧；（2）贫困具有错综复杂的形式；（3）贫困持续不变。即便在第二种状态，也就是对工人来说最为有利的状态下，其结果也只能是大量失业或者工资会缩减到最低限度。

在财富正在增长的社会，首先劳动力的需要增加→在工资上升的同时劳动强度冷酷到底；其次（1）资本积累→分工扩大→工人增加→工资减少，（2）资本积累→资本家破产→工人增加→工资减少，以及（3）分工扩大→带来劳动的再分化。

> 一方面随着分工的扩大，另一方面随着资本的积累，工人日益完全依赖于劳动，依赖于一定的、极其片面的、机器般的劳动。这样，随着工人在精神上和肉体上被贬低为机器，人变成抽象的活动和胃。①

特别需要注意的是，在这段论述中马克思只是从工厂内部高度的技术分工角度来把握"分工"的。随着社会的进步，分工会使劳动更加细分化、单纯化和抽象化，其结果就是工人被贬低为机器，这一逻辑从马克思所引用的斯密的《国富论》第 1 编第 8 章"关于劳动的工资"中是得不出来的。马克思对时代的基本认识应该是来自黑格尔的近代市民社会理论（《法哲学》中的抽象劳动②!），其理论素材应该是来自激进的民主主义者威·舒尔茨《生产运动。为国家和社会奠定新科学历史和统计方面的论文》（1843 年）和圣西门主义者欧·毕莱《论英法工人阶级的贫困》的两卷著作（1840 年）。至于分工所带来的劳动的细分化与工资减少、大量失业之间的逻辑关系，马克思并没有讲得十分清楚。对"一个国家的资本和收入的增加"问题，马克思也没有像斯密那样认为它会带来市场的扩大和工作机会的增加，而只是得出了会带来资本的积累→分工→劳动的抽象化这一结论。在三栏对比的第一个阶段以后，马克思对舒尔茨、毕莱和贝魁尔进行了摘录，在摘录时加进了"国民经济学把工人只当作劳动的动物，当作仅仅最必要的肉体需要的牲畜"③ 这样一句很短的评注，这句评注可以说构成了"工资"一栏的基调。

广松涉曾断言"第一手稿（关于收入的三个来源的分析）"只是马克思带着某种"预断"从"国民经济学"著作中收集"证言"的结果④，我也基本上有同感。至于马克思在讨论工资减少原因时特别重视

---

① 《马克思恩格斯文集》第 1 卷，北京：人民出版社 2009 年版，第 120 页。
② 黑格尔：《法哲学原理》，范扬、张企泰译，北京：商务印书馆 1979 年版，第 210 页。
③ 《马克思恩格斯文集》第 1 卷，北京：人民出版社 2009 年版，第 125 页。
④ 广松涉：《青年马克思》，231—234 页，平凡社 1971 年版。但是，我不赞成他提出的马克思是强行得出两大阶级对立的观点。对"市民社会"而言，"土地所有"只能是封建残余。

劳动者之间竞争激化这一现象，这明显是受到了恩格斯《国民经济学批判大纲》的影响。《国民经济学批判大纲》由于过分强调主观竞争，即土地对土地、资本对资本、劳动对劳动的竞争，结果没能从工厂制度的角度去分析资本与工人之间的对立，留下了一个还有待解决的问题（"我希望不久能够有机会来详细地阐述这个制度［工厂制度］的极端的不道德。"① →《英国工人阶级状况》）。而马克思虽然受到了《国民经济学批判大纲》结尾处揭示的使用机器→失业增加这一思想的影响，但上述"分工"观给人的感觉只不过是控诉资本统治的一个材料。从马克思对斯密著作的引用状况来看，马克思一开始并没有引用斯密的分工理论（《国富论》第1编第1章），直到后来《经济学哲学〈第三〉手稿》"需要、生产、分工"中他才积极使用了这一分工理论。由于受《国民经济学批判大纲》的刺激，马克思对经济学的认识一开始恐怕只能采取对收入的三个源泉进行分析的视角。他还无法抵抗用"市民社会"（在这一阶段首先是指资产阶级社会）这一科学概念去"论证"《德法年鉴》提出的无产阶级革命这一工作的魅力。但马克思是不是非得这样做呢？这样做的结果，"第一手稿（关于收入的三个来源的分析）"分工理论只能像他在"地租"一栏的结尾处所写下的，"最后，为了经受住新的竞争，已经降到最低限度的工资不得不进一步降低。而这就必然导致革命。"② 可是，这充其量只能算作贫困化革命论的一个序言。

在"第一手稿（异化劳动片断）"中，分工论的视点暂时消失了。

之所以会消失，是因为"自然＝事物的异化"（第一规定）是建立在孤立人的立场上的，在"自然＝事物的异化"中，即使我们能够将机器＝技术＝科学这些人与自然之间的中介放在异化论框架内来做处理，也无法将其必然结果即"工人之间的竞争"与第一规定整合起来。

此外，"劳动的、劳动者的生命活动的异化"虽然是在纯粹抽象的

---

① 《马克思恩格斯文集》第1卷，北京：人民出版社2009年版，第86页。
② 同上书，第154页。

层次上也可以用于原始人的围猎和捕鱼，但是那一著名的对劳动异己化的说明即"像逃避瘟疫那样逃避劳动"恐怕更适合于资本的统治。异化劳动的第二规定应该更适合于分工体系还未完备的单纯协作，因为在那些零星的、隐藏在近代大工厂阴影下的、工作环境恶劣的小工厂中异化将更为严重。

第三，"类的异化"如果与分工理论结合起来，一定会成为出色的社会分工理论。但是，收入的三个源泉层次上的分工理论却不包括任何这方面的契机。"异化劳动"的逻辑，只有与《穆勒评注》结合起来才能最大限度地发挥其潜在的市民社会分析能力，而在用论证贫困化革命论式分工理论上却表现得软弱无力。

"软弱无力"这一说法或许还不够准确，话应该这样说，"异化劳动"片断的出发点是阶级对立，它采取的是对"市民社会"一刀两断和彻底抛弃的方法，这一方法与《穆勒评注》的方法，即从"市民社会"的原点出发对国民经济学进行内在批判的距离上是很接近的，而与收入的三个源泉的方法之间的距离绝不是可以用简单的理论桥梁所能够缩短的。

2. 而《穆勒评注》则设定了"活动的交换和产品的交换"这样两个角度。作为这种设定的必然结果，马克思从"劳动过程分工和协作"与"社会分工和交往"这两个角度对分工进行了研究，尽管当时他还没有对这两个概念作出明确的区分。

从字面上看，第一种经营内部劳动过程中的分工与《经济学哲学〈第一〉手稿》中的分工概念完全一样，也是一种细分化理论。

> 同**人的活动**的产品的相互交换表现为**物物交换**，表现为**暴利商业**一样，活动本身的相互补充和相互交换表现为**分工**，这种分工使人成为最高度的（möglichst）抽象的存在物，成为旋床等等，直至变成精神上和肉体上畸形的人。①

---

① 《马克思恩格斯全集》第42卷，北京：人民出版社1979年版，第29页。

为防止误解，我们事先声明，技术分工的发展"把工人贬低为机器"这一《经济学哲学〈第一〉手稿》以来的分工认识是马克思作为工人阶级理论家的脊梁，但这并不意味着我们在这一问题上是在步人家的后尘，即教义体系的后尘。因此，我们对上面这段话的引用并不是想要在否定的意义上去证明《穆勒评注》中还残留着这一认识。

恰恰相反，我们所关注的是其中一个新观点，即造成工人一生畸形的"劳动的分割"（die Teilung der Arbeit）其实是人本来作为类存在所从事的"活动本身的相互补充和相互交换"在市民社会中的现象。

劳动并不是只有在市民社会——有人喜欢把它称为资产阶级社会——中才被分割。人在没有被异化的类中，由于个体成员也可以被视为人的个性以及人格性（Individualität od. Persönlichkeit），所以每个成员也应该按其不同的资质、能力、需要被分割。当然，分割本身不是目的，问题在于被分割了的劳动＝活动如何通过"相互补充"再结合起来。当再结合不是通过市民社会的中介物（＝私人所有的外化形式即货币），而是作为共同体的固有行为，即作为共同体内部的社会交往来进行时，"分割"将按其字面意义被扬弃。当该过程全部结束以后，"劳动"将变成单数。

由于"活动本身的相互补充和相互交换"的是贯穿整个历史的契机，那么"劳动的分割"也必然贯穿于整个历史当中。因此，"分工"（劳动的分割）使工人贬低为机器并变成畸形的原因，第一就不在于"劳动"的性质，而在于第二扬弃"分割"的形式。

马克思在刚才引文的后面接着写道：

> 因为社会的本质只在自己的对立物（Gegenteil）的形式中，在异化的形式中获得存在，人的劳动［单数］的**统一性**仅仅被看成**分割**（Teilung）。分工随着文明一同发展。

行论至此，《穆勒评注》也暴露出了自己的局限性。正像马克思一开始就从两者之间的交换出发来研究交换那样（也就是说交换的主体彼此都只是一个人，对方只是一个他者），"营利劳动"是人类劳动在市民社会中的转化形式和异化形式，劳动者们只能遵循"营利劳动"的规则，而这种劳动由于在劳动过程中缺少共同体协作和分工的观点，结果使它的几个异化＝外化规定，即（1）劳动同工人的异化，（2）劳动对象的异化，（3）社会需要的强制，（4）生命活动向营利劳动的转化①又重新回到了《经济学哲学〈第一〉手稿（异化劳动片断）》那一孤立人的立场上。在上述四个规定中没有出现"类的异化"是对此最好的诠释。如果在这里引入"类的异化"，引入由于劳动的分割导致工人与工人之间异化之类的逻辑，这一逻辑将会像墙角的一块基石，对《穆勒评注》的劳动过程分工异化理论起到装饰作用。

"劳动的分割"可以分为经营内部的分割、劳动过程的分割和技术的分割，其逻辑出发点无疑是没被分割的劳动。分割开始以后，在理论上必然要求复数的、都只承担一部分工程的劳动者再结合起来（否则无法创造出一个完成品！），马克思之所以没能从再结合起来的劳动中发现"人的劳动的统一性"，可能是当时他还受《经济学哲学〈第一〉手稿》的异化论，特别是第一规定的孤立人和第二规定的剥削论视角的限制。

但是，关于社会分工和交往，《穆勒评注》中的"社交的＝社会的交往"范畴具有划时代的意义。这一点我们已经重复过多次，在此我们只想阐释一下"外化＝转让"逻辑对马克思构建分工理论所具有的意义。

马克思指出，私有者——在这里不仅是劳动者，同时还是自己劳动产品的所有者——进入交换关系，其劳动就会变成"营利劳动"。劳动的目的，按马克思的说法，就会变成（1）确证自己固有资质＝个体的存在（individuelle Existenz），（2）自己作为人的享受，（3）人格的需要，（4）对产品的直接享受（＝消费）。包括这些要素在内，劳动产品本应该是劳动者"排他的、反映其价值的人格性"（die exclusive auszeichnende Persönlichkeit）②，但它一旦出现在物物交换的世界里，就成

---

① 《马克思恩格斯全集》第42卷，北京：人民出版社1979年版，第28页。
② 同上。

了劳动者对其人格性的异化＝外化＝转让＝放弃。即某一特定的人格（人）通过劳动将自己的人格性（个性）注入或者对象化于产品之中（在这个意义上是人格性→人格），他作为交换者尽管曾支配过这一产品（人格对人格的支配），但却要把自己的人格（对象化了的产品）转让给他人，并将由他人占有和消费，转让以后他将对自己生产的对象失去兴趣。在这里，马克思终于发现了劳动从人的本质自我实现转向一味追求营利的那一契机。马克思这样描述"外化＝转让"的结果。

> 生产和消费、活动和享受在不同的人之间和在同一个人向上的**分离**，是**劳动**同它的**对象**以及同它作为享受自身的**分离**。**分配**是私有财产的积极实现自身的力量。①

马克思又开始向劳动、资本、土地那三大阶级的分裂图式回归。

难道这里就再也没有什么可挖掘的问题了吗？

如果仅仅从一方放弃了产品这点来看，私人交换是自己人格性对象化物的外化。这是"购买产品的人——他自己没有生产——只是换取别人生产的东西"②。中间插入的文字暗示了马克思晚年在领有规律转化理论中才完成的内容。但是，这段话却没有给我们提供有关放弃自己人格性的一方通过交换又获取他人人格性问题的令人信服的分析。

因为，人格性（Persönlichkeit）的对象化如果完全是指具备某些特定资质、能力和需要的人格（脸面）＝劳动者的产品外化，那么在这些产品的使用价值形态上就应该清楚地刻印着生产者"人格性"和"个体性"（Individualität）的烙印，也正因为如此，"人格对人格的支配"即人对自己劳动产品的领有这一说法才能成立。因为刺激他人对自己产品需要并使他人产生交换冲动的，只能是这一产品的使用价值、人格性。而且，如果他人在这一产品中发现他所缺少同时又是他所需要的一部分本质，那么生产者的产品＝人格将通过交换被他人所占有。这一

---

① 《马克思恩格斯全集》第 42 卷，北京：人民出版社 1979 年版，第 30 页。
② 同上书，第 27 页。

过程对于生产者而言是自己人格的转让，而对于他人＝新的占有者而言则是人格的实现。这种情况对产品的转让者也完全一样。生产者只有在他人人格对象化的产品中发现自己不可或缺的本质，才能通过放弃＝转让曾经是自己人格的劳动产品来领有他人中的自己。两者都通过放弃＝转让自己的一部分人格而领有＝享受他人中的自己。也就是说，自己的人格可以通过交换而回归。这一交换的标准只能是使用价值。所谓"两个私有者之间的社会联系"即两个人对整个劳动的"分割"和结合——需要→外化→享受这一三位一体的完成——是社会的物质代谢（质料变换），外化＝转让是使这一过程得以成立的契机。这两个人虽然都被异化，但在使用价值这一点上都应该是"类"。这是分工理论的原点。

马克思原本是从使用价值＝质料的角度来设定"社会交往"概念的。但在逻辑展开的过程中，他却将理论重心转向了对私人所有否定方面的分析，转向了"货币"的异化理论。与马克思完成交往范畴的定义这一辉煌成就相比，这一点也许算不上什么决定性缺陷，因为我们可以在阅读时自己来弥补，譬如把"私人所有的相互外化"就读成是"所有的相互享受"，因而也是人的＝社会交往的异化等，但不容否认的是，马克思在理论展开上还存在着问题。

3. 上述观点在《经济学哲学〈第三〉手稿》分工理念中又有什么进展呢？

"第三手稿"中的分工理论主要集中在由 MEGA 编辑部整理出来的"需要、生产、分工"那一节中。其特征是对斯密、斯卡尔培克、穆勒等人的大段引用和出现在"分工"一节开头的那一概括，即"关于〔分工〕作为类活动的人的活动这种异化的和外化的形式，国民经济学家们讲得极为不明确而且自相矛盾"①。但是，如果我们将马克思对斯密的引用和《经济学笔记（斯密笔记）》作个比较，就会发现马克思对同一段文字的态度在两个文本中是不一样的。例如对斯密提到的下面这

---

① 《马克思恩格斯文集》第 1 卷，北京：人民出版社 2009 年版，第 237 页。

段话，即人从自己的利益出发考虑的结果，在狩猎或游牧部落中产生了制造弓矢的工匠，"个人在天赋才能上的差别与其说是分工的原因，不如说是分工的结果"，在《斯密笔记》中，马克思评论说："十分可笑的是斯密所作的循环论证，为了说明分工，他以交换为前提。但是为了使交换成为可能，他事先又必须以分工、以人类活动的差异为前提"①；而在"第三手稿"中，马克思明显收回了这一略显性急的批判，从整体上看，反而像是在借助对国民经济学分工概念的分析来表达自己的观点。也就是说，在《斯密笔记》中马克思还未能分辨出共同体内的活动交换与交换活动产品的社会分工之间的种差，而到了"第三手稿"，他已经将斯密的分工理论看作是"交换的倾向→分工"（即共同体内分工→社会分工）的逻辑，与此同时还将詹姆斯·穆勒的分工理论理解为"分工→发达的商业"（这是经营内分工→社会分工），并使二者并列起来，而且还在没有对这两种分工概念的区别作出理论说明的情况下，就给二者同时献上了"考察分工和交换是很有意思的"赞辞。

马克思的功绩无疑是对国民经济学的批判，即批判国民经济学错误地将异化了的社会交往当成了"交换"的本来面目。这一批判无疑是正确的。但是，他在《穆勒评注》以后的《第三手稿》中看到了斯密等人对市民社会分析中潜在的洞察力的同时，却仍然不依不饶，对斯密等人穷追猛打，甚至不惜将斯密的"人的本性中包含着买卖、交易和交换的倾向"②概括成"［按照斯密的说法］进行交换和暴利商业（der Schacher）的人们的动机不是人性而是利己心"③。

但是，《穆勒评注》却认为国民经济学用"必须和需要"来回答私人所有外化的原因是正确的，那么马克思是不是以承认它是私人交换（＝异化了的类活动）了呢？同斯密的"人的本性（human nature）"在于他的"利己心（Egoismus）"——这是马克思的德语翻译，斯密的原文是"自爱心"（self-love）——相比，马克思所说的"人性"（Men-

---

① MEGA¹ I-3, S. 458。杉原四郎：《经济学笔记》重田晃一译，第40页。
② 参照斯密：《国富论（一）》（岩波文库），第116页。
③ 《马克思恩格斯文集》第1卷，北京：人民出版社2009年版，第240页。

schheit）更让人感到亲切。因为"自爱心"是"文明社会"的产物。

总之，马克思最终（1）继承了分工来自于交换的倾向（=人性——请想象一下共同体内的交往）这一斯密的理解，更重要的他还（2）把其在市民社会阶段中的表现理解为"分工即交换"或者"分工与交换"这样的等价词或同义语。在这里"分工"被明显地表象为社会的物质代谢。让我们从这一角度再回过头来看一下"第三手稿"分工理论开头的那段话。

> **分工**[劳动的分割]是关于异化范围内的**劳动的社会性**的国民经济学用语。换言之，因为**劳动**只是人的活动在外化范围内的表现，只是作为生命外化的生命表现，所以**分工**也无非是人的活动**作为真正类活动**或作为类存在物的人的活动的异化的、外化的设定。①

"劳动的社会性"，这是一种全新的观点。

让我们再回想一下《穆勒评注》中提出的"交换是异化了的类活动和异化了的社会交往"命题。这是一种什么样的交换？这是私人所有的交换。国民经济学把经营内部分工简单地看成是社会分工的缩影，这种分工理论还是不充分的、未分化的。而"第三手稿"中的"劳动的社会性"概念还没有从根本上克服国民经济学的分工理论，相反却继承了这一分工理论，其结果"劳动"一词不得不带有经营内部（劳动过程内部）的劳动和社会内部的劳动这一双重内涵。尽管马克思在前面涉及穆勒分工理论时注意到了斯卡尔培克的"人生来就有的""生产力或者生产的本质力量"，并表示要从那种单纯将经营内部分工劳动细分化和机械化的观点中脱离出来，但这离从概念上把握分工还有相当的距离。因此，这里的"分工（A）和交换（B）"概念究竟是仅仅指（1）劳动的社会分割（=A）及其社会的结合（=B），还是在吸收穆勒和斯卡尔培克学说的基础上包含了（2）劳动的经营内分割（=A）与劳动的社会分割和社会结合（=B）的含义呢？这是一个叫人头疼的问题——《资本论》是按照劳动过程内部的协作和分工将它称作"劳动

---

① 《马克思恩格斯文集》第1卷，北京：人民出版社2009年版，第237页。

的社会生产力"——但不管怎么说，这一观点将经营内部的分工看作是劳动的抽象化＝机械化＝工人的畸形化，将社会内部的"交换＝分工"看成是异化的类活动，它较之于《穆勒评注》将分工归结为私人所有的分工认识前进了一大步。为检验这一步的大小，我们还需要从"第三手稿"的高度重新审视《穆勒评注》所取得的理论成果，以及"第一手稿"虽根本没有从理论上展开却从经验和直观上对分工所作的批判。最后还要注意，那种有意夸大"作为类活动的人的活动及其异化"等概念的缺陷，并由此将《经济学哲学手稿》归结为是费尔巴哈人本学产物的倾向；还有那种不研究《穆勒评注》的分工＝交往理论就简单地认为第一手稿＝强调否定的侧面、第三手稿＝肯定方面的照射，并得出两者是表里一体关系的结论；以及那种认为"第三手稿"和马克思与恩格斯（！）的《德意志意识形态》分工理论是直接相连的观点，这些观点都还没有做到从概念上予以理解。

4. 在《经济学哲学〈第三〉手稿》的"需要、生产、分工"一节，马克思在对分工作出上述分析的同时，还揭示了市民社会历史理论的形成过程。

《经济学哲学〈第一〉手稿》的分工观虽然不是分工性恶论，但却是站在下述立场上的，即由于分工会带来资本和劳动的对立，所以是非人的。《穆勒评注》则认为，正是因为存在着私人所有，社会交往才会被异化（反过来说，即使社会交往因私人所有而被异化，但也仍然是类活动）；而《经济学哲学〈第三〉手稿》则开辟了另一片新天地，这集中体现在下面这段话中。

> **分工**和**交换**是私人所有的形成（die Gestaltungen，英译embodiments，法译formes），这一情况恰恰包含着双重证明：一方面**人的生活为了本身的实现曾经需要私人所有**；另一方面人的生活现在需要扬弃① ［Aufhebung］ 私人所有。②

---

① 对此处的Aufhebung，中文《全集》2版的翻译是"消灭"，但从内容上来看，还是译为"扬弃"为妥。——译者注

② 《马克思恩格斯文集》第1卷，北京：人民出版社2009年版，第241页。

原来如此，分工也可以在共同体的意义上使用。但是，为了能够创造出保证"人的生活"——关于其意义以后再作论述——所需的财富（Reichtum=丰富性），分工只能采取私人所有［的分工］形态。人被私人所有带来的异化所遮蔽（斯密的"自爱心"），成为资本营利欲望的牺牲品。但是，它却使分工、交往和生产力都获得了最大的发展，人在这一历史过程中不仅认识到必须扬弃私人所有，而且还成长为即使没有私人所有也能在共同体中进行社会交往的个人。

关于私人所有在人类历史中表现出来的肯定和否定这两种互相促进和互相对立的结构，马克思借助国民经济学即英国政治经济学所获得的洞察表现道："分工同生产的丰富性（Reichtum=财富），分工同资本的积累是相互制约的；只有自由放任的、自行其是的私人所有才能创造出最有利的和无所不包的分工。"① 马克思对国民经济学的这一概括方式让人们想起了斯密所描绘的市民社会像②，即尽管财富带来了财产的分配不公，但是富裕会浸透到社会的每一个角落。从这一概括中我们可以看到，马克思已经具备了使用价值＝质料观点和价值观点（用传统的公式来说就是生产力观点和生产关系观点）这一双重视角，或者用更符合历史的说法，已经具备了市民社会和资产阶级社会这一双重认识，当然这一切还处于萌芽状态。而且，马克思的视线开始分别倾注到分工和财富的两极。作为外化＝转让的分工与生产财富（丰富性）的二律背反（社会交往的异化和生产力的矛盾发展），作为外化＝异化的分工与资本积累的二律背反（劳动的细分化与资本财富的增加）。从后面可以看到，马克思在对继承了全部"文化和文明的世界"的共同体进行展望的同时，在大脑中以表象的形式描绘了市民社会异化的彼岸世界。

在"市民社会"中，财富在每一个具体场景中都只能表现为资本家的财富（货币财富）和工人的贫困。但是，由此出发就提出废除导致这种关系的分工，"向从来没有达到私人所有的贫困的、需求不高的

---

① 《马克思恩格斯文集》第 1 卷，北京：人民出版社 2009 年版，第 239 页。
② 斯密：《国富论手稿》（世界古典文库，日本评论社，1948），第 52 页。《国富论（一）》（岩波文库），第 112—115 页。

人的非自然的简单状态的倒退"则只能是"粗陋的和无思想的共产主义"。这种共产主义由于否定了文化和文明的世界①，将无法在肯定的意义上扬弃私人所有。在"没有理解私人所有的积极本质"这一点上，共产主义的第二种形态也是一样。它还是（1）依赖政治统治的强权阶段，是（2）人虽实现了向自己的复归，但对需要的人性（＝社会性）还感觉迟钝的阶段，一句话，它还只是国家统治的、局部的、闭塞的共产主义。特别是后者的殖民地式共同体主义（卡贝和傅立叶等人的实验）在历史上早已宣告破产。而共产主义的第三种形态——后来被称为"社会主义"——则彻底吸收了"作为人的自我异化的私人所有"的肯定方面，是对"人的本质"的真正占有，是"在以往发展的全部财富［丰富性］的范围内生成的""社会的即人的人"。共产主义的出发点就是冷静地直视物质的、感性的、私人所有的异化体系。只有在那里形成和被陶冶，经过变革而必然出现的社会的人的面前，"自然的人的本质"即作为人们在物质代谢中结合起来的纽带的本质才能最终显现出来。社会的这一"自然的存在方式"同时会使非社会的人的潜在感觉彻底开花结果。马克思说道："五官感觉的形成是迄今为止全部世界历史的产物。"②

被美丽的图画和美妙的音乐所陶醉，被精彩的戏剧所感动，这种感觉（"主体的人的感性的丰富性"）"只有通过人的本质在对象中展开的丰富性……才能最终实现"③。对一个挨饿的人来说并不存在人的食物形式，忧心忡忡的穷人对最美丽的景色也不会有什么感觉。作为人的本质对象化的财富的发展是创造同人的本质和自然本质的全部丰富性相适应的"人的感觉"的必要条件。社会的＝人的＝自然的。行论至此，

---

① 东德 RECLAM 文库版《经济学哲学手稿》的编者霍普纳认为，这里的批判是以赫斯的论文"社会主义和共产主义"（收录于山中隆次：《早期社会主义论集》，烟孝一译，未来社，1970）为基础的。"共产主义的第一种形态直接产生于无套裤汉主义。巴贝夫所追求的平等……是贫困的平等，是财富、奢侈、艺术和学问被荒废、城市必须被毁灭的平等。"（Manuskripte, S. 317. Ann. 110）

② 《马克思恩格斯文集》第 1 卷，北京：人民出版社 2009 年版，第 191 页。

③ 同上。

我们终于和马克思一道站在了《巴黎手稿》的一个顶峰。

这样，我们又重新回到了《经济学哲学〈第一〉手稿》的"异化劳动"片断上来。

劳动者如果不把自己的生命活动外化＝对象化，不把自然当作异己的存在，他就不能把自然当作人的自然进行再生产，就不能享受自然的财富。作为类的人如果不把自己的个体产品外化＝转让给共同体，就无法成为类的一员。孤立的人自不必说，就是作为类存在的个体资格，如果不通过自然＝事物的异化，不通过劳动者生命活动的异化，人作为人是无法完成自我复归的。马克思在异化的第一规定（以及作为其补充的第二规定）中已经敏锐地感觉到了劳动的本质和劳动者的共同体本质分别具有的双重性质。

"近代市民社会"是在私人所有和分工这一世界史的二律背反的基础上发展起来的。《穆勒评注》和在《穆勒评注》（以及反省后的"第一手稿"）基础上写成的《经济学哲学〈第三〉手稿》都从异化＝交往＝分工这种二律背反的逻辑出发把"近代市民社会"理解为一个"必然的历史阶段"。以这一观点看待现代，我们可以与马克思一道说：

外化＝异化使人残缺不全，但是没有外化＝异化却无法成为类的存在。人们应该这样来理解这一公式，即分工对人进行了社会的分割，但是不参加分工，人就无法结合成社会。

《巴黎手稿》对市民社会一词一直采取彻底的禁止使用的态度。马克思之所以采取这一方法，是因为他不想使自己的工作，即批判地扬弃黑格尔＝普鲁士式"市民社会"、蒲鲁东＝小市民社会主义的"市民社会"以及英国政治经济学的"市民社会"陷入混乱。《经济学哲学手稿》的任务是以作为分工理论的异化论之火熔化和锻造"市民社会"，最后抽出属于马克思本人的"社会"，而这一方法在解决这一任务时也得到了忠实的贯彻。由于这一锻造走出了原型，做得非常彻底，结果长期以来没能使人们认识到《经济学哲学手稿》也是一部"市民社会"的著作。毫无疑问，我也是其中之一。

二 〔苏〕尼·拉宾:《共产主义的经济学哲学论证》(节选)①

马克思的经济学研究始于1843年年底,1844年4月—8月达到最紧张的程度,在形式上可分为两类:经济学家著作摘录和马克思的手稿。

经济学家著作摘录

像以往一样,马克思在研究过程中从他所感兴趣的作家的著作中作了许多摘录。马克思在巴黎生活期间所作摘录的札记共保存下来九本,其中五本与《1844年经济学哲学手稿》直接有关,里面包括萨伊、斯卡尔培克、斯密、李嘉图、詹姆斯·穆勒、麦克库洛赫、普雷沃、德斯杜特·德·特拉西等人著作的摘要。在第五本札记中有一页没有编号,该页表面上和他页完全不同,上面写了恩格斯《政治经济学批判大纲》提要。

精选的材料加上密集的字体,使马克思能够在若干页上写下整本书的内容。摘录旁边还加了评注。开始时评注很少,而且简明扼要。但后来,特别是在第四本札记中评注就越来越长,有时变成与摘录材料完全没有直接联系的独立纲要。

1844年年中,摘要的总篇幅共达十三个印张左右,而有关的评注则超过二印张。

《经济学哲学手稿》

这个时期,马克思采用了另一种形式研究经济学问题,他试图对政治经济学的结构和内容加以独立研究。采用札记形式是为了自己的需

---

① 选自《马克思的青年时代》,尼·拉宾著,南京大学外文系俄罗斯语言文学教研室翻译组根据苏联政治书籍出版社1976年版译,北京:生活·读书·新知三联书店1982年版,第230—273页。

要，正如马克思喜欢讲的那样，为了"自己弄清问题"。这些札记组成《1844 年经济学哲学手稿》。我们只看到三个手稿，总篇幅约十一印张。

第一个手稿共 27 页，分两个部分：主要部分是分析三个收入来源（《工资》、《资本的利润》、《地租》），最后 6 页是一个有名的片断，发表时命题为《异化劳动》。

第二个手稿只留下最后 4 页（15—18 页），发表时命题为《资本与劳动间的对立。土地所有制与资本》。

第三个手稿有 43 页，它是对第二个手稿正文的补充。此外，在手稿的结尾部分有一个论货币的独立片断和一篇为手稿成书所准备的《序言》。

马克思从事经济学研究的阶段

看来，上述研究经济学的两种形式似乎也就是这一研究的两个阶段：首先马克思从一些经济学家的著作中作摘录，并附加批注，然后他在手稿中转而确立自己的观点。在有关书籍中对马克思的研究过程通常正是这样描述的。但本书作者在仔细分析摘录和手稿后确信，事实上情况要复杂得多。

例如，在第一手稿中完全没有在第四和第五本札记中作过摘要的那些著作的引文，而仅有的一段引自李嘉图著作的引文也不是直接引自原著，尽管这段引文在第四本札记中是摘自李嘉图的原著①。马克思在摘录穆勒著作时所写的货币异化职能的纲要在第一个手稿，其中包括有关异化劳动一章里都没有得到反映。但在第二和第三手稿中却留有痕迹。

如果人们注意到这一切，考虑到第二个和第三个手稿广泛运用了第四本和第五本札记中的摘要，并考虑到马克思在这两个手稿中所具备的经济学知识水平总的说来大大高于第一个手稿，那么，就可以把马克思从 1843 年 10 月—1844 年 8 月这一时期的经济学研究分为以下两个主要阶段：

---

① 参照《马克思恩格斯文集》第 1 卷，北京：人民出版社 2009 年版，第 139 页。

1）初读恩格斯的《大纲》，摘录萨伊、斯卡尔培克及斯密的著作（第一、二、三本札记）并完成第一个手稿；

2）摘录李嘉图、穆勒以及其他经济学家的著作（第四和第五本札记）、写恩格斯的《大纲》提要，完成第二和第三个手稿。

....

异化劳动的实质

"异化劳动"这一片断是手稿的中心章节，是手稿整个内容发展的一定阶段。这是马克思对当时从事经济学研究，特别是在并行分析三个收入来源方面取得的成果作一般理论性的、哲学上的深入阐述的初步尝试。正如并行分析一样，这个片断也是从无产阶级人道主义立场出发来写的，并且也同样包含着社会主义思想。哲学经济学的分析在这里获得了一定的历史根据，从这个意义上来说，这是马克思的1843年哲学历史研究的发展。

唯物主义同政治经济学的结合

从哲学上去阐述由经济分析得出的成果，这首先表现为对资产阶级政治经济学的方法论基础进行唯物主义的批判。马克思把一年前开始的对社会科学进行的变革（批判黑格尔法哲学）进一步引申到政治经济学方面来，而恩格斯已经对政治经济学进行了批判。

马克思在对三个收入来源进行并行分析的过程中，就已经注意到斯密关于地租取决于土地肥沃程度的说法，"清楚地证明了国民经济学把土地肥力变成土地所有者的属性的这种概念的颠倒"。[①] 在异化劳动的这一章中，类似的考察恰恰也得到哲学上的深入阐述。

马克思写道：资产阶级理论家把真实的经济过程变为抽象范畴的体系，这些抽象的范畴与黑格尔的思辨结构相似，具有某些独立的存在方式。"国民经济学从私有财产的事实出发，但是，它没有给我们说明这

[①] 《马克思恩格斯全集》第42卷，北京：人民出版社1979年版，第76页。

个事实。它把私有财产在现实中所经历的**物质**过程，放进一般的、抽象的公式，然后又把这些公式当作**规律**。它不**理解**这些规律，也就是说，它没有指明这些规律是怎样从私有财产的本质中产生出来的。"①

资产阶级经济学家们陷入无穷无尽的自相矛盾这种情况也证明这种方法论的缺陷。劳动和资本、工资和资本的利润、资本和土地、资本的利润和地租、竞争和垄断、地产的分散和集中、劳动的价值和劳动者的贬值等等的对立在资产阶级政治经济学中被描绘成偶然的、彼此没有联系的现象。

"异化劳动"范畴

马克思认为自己的任务首先在于："弄清楚"所有诸如此类的对立之间的"本质联系"，也就是说，探明所有这些对立的共同基础，对立可归因于这个基础，它们也必然地来自这个基础。

这是一个非常复杂的、按其理论实质又是矛盾的任务。一方面，它要求马克思上升到比资产阶级经济学家更高的抽象阶段，因为不这样就不能把他们所表述的抽象公式和规律归纳为一类东西；另一方面，解决这个任务，又必须克服对经济生活的抽象研究方法，必须使经济学成为理解劳动者首先是无产阶级的基本要求的锁钥。

青年马克思解决了这个任务，从而他发现了一种运用于两个似乎相互排斥的要求的范畴。这个范畴就是"异化劳动"。这个范畴说明马克思当时所处社会的一切经济过程的特征。在这方面，它是这些经济过程一类的东西。同时，它表明一种完全是日常的、在这些过程中最明显地出现的东西——劳动，而且是从劳动的最本质的方面即异化来表明劳动的。也就是说，在这方面异化是非常具体的，它的直接目标是理解无产阶级的根本利益。

在某种程度上是由青年马克思的全部过去的思想发展（黑格尔和费尔巴哈的影响以及马克思本人思想的发展）为"异化劳动"范畴的发

---

① 《马克思恩格斯全集》第42卷，北京：人民出版社1979年版，第89页。

现作了准备。《1843年手稿》①就是产生异化劳动观念的前提之一，马克思在手稿中深入研究政治国家与市民社会异化是即将来临的社会变革的基础这一论题，并且推测：在新时代将发生一种人与其客观本质的异化。在《德法年鉴》中，他敏锐地把货币视为客观异化的精华，他发现了无产阶级具有那种必定能够消除各种异化的物质力量。

这样，异化观念就存在于哲学、经济学和政治三个方面。但是，当时这些方面还没有形成一种完整的概念。它们的联系仅仅是术语上的，还不是内容上的联系。为了使它们本质上统一起来，就必须把历史上确定的劳动性质看成它们所共有的内容。为此，这就要求把劳动这个问题同市民社会、货币、国家、社会主义革命等问题联系起来考察。上面谈的对三个收入来源并行分析，恰恰促进了这一点。

并行分析的方法本身就有助于去掉不同对象的习惯界限，用统一的观点来考察它们。这个方法为各个知识领域之间的联系创造了前提，没有这种联系就不可能提示异化劳动的观念。另一方面，正如我们所见，马克思在进行并行分析的过程中，越来越注意研究资本主义条件下劳动本质的问题：那是一种抽象的劳动，对工人来说是毁灭性的有害的劳动，因为它的目的只是为了增加财富。"异化劳动"这个片断，仿佛详细地回答了并行分析过程中提出的关于把人类的绝大部分的生命活动归结为抽象劳动有什么意义的问题。

自然，不应当把有关异化劳动的观念仅仅看成已有的前提的实现，或者简单地看成对早先提出的问题的回答。马克思的劳动异化观念，按其力量来说是罕有的伟大精神创造之一，对于这种精神创造，先前的发展是一个必要的原因，但不过是原因而已。

青年马克思好像预见到"异化劳动"范畴会被同时代资产阶级理论家们所歪曲，所以他从一开始就提醒人们注意，他完全无意像神学家用原罪来说明罪恶的起源那样，用这个范畴来说明全部人类历史。相反，马克思为了论证这个范畴，"从当前的经济事实出发吧：

---

① 在此原作者指的是《克罗茨纳赫笔记》。——编者注

工人生产的财富越多，他的产品的力量和数量越大，他就越贫穷。工人创造的商品越多，他就越变成廉价的商品。物的世界的**增值**同人的世界的**贬值**成正比……这一事实不过表明：劳动所生产的对象，即劳动的产品，作为一种**异己的**存在物，作为**不依赖于**生产者的**力量**，同劳动相对立"①。

在劳动的对象化中的异化

因此，异化劳动的前提是"劳动所生产的对象"。而这个对象的前提又是外部世界，即自然界。"没有**自然界**，没有**感性的外部世界**，工人就什么也不能创造。"②

这样，自然界、外部的感性世界，不仅是异化的第一个前提，而且也是劳动本身的第一个前提。这里鲜明地表现马克思的唯物主义立场。这一立场证明资产阶级历史学家认为《1844年经济学哲学手稿》有唯心主义倾向的种种臆想是毫无根据的。

自然界提供实现劳动并借以创造产品的物质，"劳动的产品就是固定在某个对象中、物化为对象的劳动，这就是劳动的对象化。劳动的实现就是劳动的**对象化**。"③ 因此，对象化是任何一种生产的（物质的）活动的结果。

对象化和异化是否相同？事实上，人随着他的生命力的对象化，就丧失了对在机体上直接属于他个人的生命力的统治，因为这种力量在对工人的关系中具有一种外部的客观的存在形式。既然人的生命力的任何这种分离（客体化）就是异化，那么异化就变为整个人类历史所特有的过程，因而就不适宜用来解决青年马克思努力研究的那个问题，即作为一个"经济学的现在的事实"的异化问题。但马克思所理解的"异化"，不是指任何一种对象化，而仅仅指对象化的特殊形式。这是什么形式？它是由什么东西决定的？

---

① 《马克思恩格斯全集》第42卷，北京：人民出版社1979年版，第90—91页。
② 同上书，第92页。
③ 同上书，第91页。

"在被国民经济学作为前提的那种状态下①,劳动的这种实现表现为工人的**失去现实性**,对象化表现为**对象的丧失**和**被对象奴役**,占有表现为**异化**、**外化**。"②

工人在他的劳动产品中的异化不单是通过劳动得到对象的外部存在,而且是这样一种对象化:体现在对象中的劳动变为一种与工人对立的敌对力量。对象化变为异化意味着:工人生产的东西越多,他能占有的东西就越少,并且他陷入他的产品的统治之下就越深。因为劳动工具或生活资料都属于劳动的产品,所以工人最后这两种东西都被剥夺了。"劳动的实现竟如此表现为失去现实性,以致工人从现实中被排除,直至饿死。"③

劳动过程中的自我异化

对象的异化,或者说工人对自己劳动产品的关系就像对别人的东西一样,这只是劳动异化的一个方面。另一方面是指工人对生产行为本身也就是对生产活动本身的异化关系。换句话说,劳动产品的异化之所以可能,因为产品生产的本身是活动着的异化,或活动的异化。

异化的这个方面在于:"劳动对工人说来是**外在的东西**,也就是说,不属于他的本质的东西;因此,他在自己的劳动中不是肯定自己,而是否定自己,不是感到幸福,而是感到不幸,不是自由地发挥自己的体力和智力,而是使自己的肉体受折磨、精神遭摧残。因此,工人只有在劳动之外才感到自在,而在劳动中则感到不自在。"④

因此,这是这样一种劳动:工人在劳动过程中自己同自己相异化。"这就是**自我异化**,而上面所谈的是**物的异化**。"⑤ 劳动过程中的自我异化就意味着劳动是从外部强加给劳动者的,它不是用以满足劳动的需要

---

① 即在资本主义状态下。
② 《马克思恩格斯全集》第 42 卷,北京:人民出版社 1979 年版,第 91 页。
③ 同上。
④ 《马克思恩格斯全集》第 42 卷,北京:人民出版社 1979 年版,第 93 页。
⑤ 同上书,第 95 页。

（即劳动本身还没有成为一种需要），而仅仅是求得工资的一种手段（即满足其它需要的一种手段）。

人的类生活的异化

异化劳动不仅表现在人劳动的产品（物品）和人的劳动活动（自我异化）与人的异化，而且表现在作为人的类本质本身和人的类生命活动的各种形式与人的异化。人具有许多机能，如吃、喝等等。但是，这些机能只有在同劳动相结合的时候，才取得真正人的性质，因为正是人在对物质世界进行加工的时候才真正肯定自己是类本质。在这种加工的过程中，自然界本身变为人的无机躯体，而人的类生活则取得第二次的、不是只在意识中反映出来的，而是经验地真正的生存。人在他所创造的世界中认清了他自己。

但是异化劳动使人既失去了这个世界，也失去了他的生产行为本身。因而异化劳动使人失去了人的类生活，并使类生活成为个人的生存。

人同人的相异化

异化劳动上述的三个方面（对象的异化、生产行为中的自我异化、类生活的异化）直接表现在异化的第四个方面，即人同人的相异化。

事实上，"如果劳动产品不属于工人，并作为一种异己的力量同工人相对立，那么，这只能是由于产品属于**工人之外的另一个人**"①。劳动产品的异化不仅使工人丧失劳动产品，而且使不劳动者占有劳动产品；不仅使工人从现实中被排除，直到饿死，而且造成不劳动者这种现实的统治，使不劳动者能靠他人劳动产品过着奢侈糜烂的生活。因此，劳动产品的异化表现为劳动者同非劳动者之间、工人和资本家之间的一种异化的、敌对的相互关系。

工人在生产行为中的自我异化，不仅说明工人把自己的活动当作不自由的活动来对待，而且说明另一个非生产者把工人的活动当作为他服

---

① 《马克思恩格斯全集》第42卷，北京：人民出版社1979年版，第99页。

务的、在他的统治、强制和枷锁下的活动来对待。所以，工人在生产过程中的自我异化也表现在工人和资本家之间的对抗性的关系中。

"总之，人同他的类本质相异化这一命题，说的是一个人同他人相异化，以及他们中的每个人都同人的本质相异化。"① 如果正是类本质把人们联合起来，那么类本质的异化则使人们陷于原子般的孤立状态，不仅工人，而且工人以外的人都同人的类本质相异化，但他们都按相反的方式异化，异化劳动夺走了工人自己的类本质（即他自己的生产活动），工人以外的人本身没有这种本质，可是他通过由另一个人对象化了的形式而占有这种本质。

所以，人同人的类本质相异化，最后也导致工人和资本家之间的异化关系。

这样，在对异化劳动进行一般性理论研究中，青年马克思是从阶级观点和实践观点出发来概括自己对这个问题的理解的。但是马克思特别强调指出："在实践的、现实的世界中，自我异化只有通过同其他人的实践的、现实的关系才能表现出来。异化借以实现的手段本身就是**实践的**。"②

私有制是异化劳动关系的产物

为了回答这是什么手段（或是些什么手段）的问题，马克思转而把政治经济学的范畴从异化劳动的内容这个最一般的概念中引出来。政治经济学的一切范畴都可归因于这个最一般的概念，以此作为自己的基础。在这方面他首先提出经济学的中心范畴——私有制：

"总之，通过**异化的、外化的劳动**，工人生产出一个跟劳动格格不入的、站在劳动之外的人同这个劳动的关系。工人同劳动的关系，生产出资本家（或者不管人们给雇主起个什么别的名字）同这个劳动的关系。从而，**私有财产**是**外化劳动**即工人同自然界和自身的外在关系的产

---

① 《马克思恩格斯全集》第 42 卷，北京：人民出版社 1979 年版，第 98 页。
② 同上书，第 99 页。

物、结果和必然后果。"①

因此，一开始就表明私有制不是异化劳动的原因，而是异化劳动的结果。可以得出这样的结论，马克思不是像资产阶级经济学家那样从事实出发，而是说明这个事实，也就是说，把事实当作分析的结果引出来，从而运用了异化劳动的概念。马克思解释说，只有后来私有制才成为异化劳动的基础和原因，所以，这种关系就变为相互作用的关系。

其次可以看出，当时马克思认为，工人对自己、对自己的劳动以及劳动产品的关系是形成异化劳动一切关系中的最初因素；人们之间的关系正是在这一关系的基础上形成和发展的，而不是相反。诚然，马克思当时已经赋予这种关系以巨大的意义。他把人之间的关系看做"实践的现实关系"。但是，虽然如此，人们之间的关系只不过是人对自己的关系即本质关系的"表现"。

马克思在读詹姆斯·穆勒的《政治经济学原理》一书时所作的评注中更清楚地表明了自己的这一观点："有没有这种（真正的——原作者注）社会联系，是不以人为转移的；但是，只要人不承认自己是人，因而不按照人的样子来组织世界，这种**社会联系**就以**异化**的形式出现。因为这种社会联系的**主体**，即人，是自身异化的存在物。人们——不是抽象概念，而是作为现实的、活生生的、特殊的个人——**就是**这种存在物。这些个人**是怎样的**，这种社会联系本身就是怎样的。"②

在马克思的这一观点中可以明显地看出费尔巴哈关于个人是社会关系的真实主体这一观点的影响（以后马克思在《1843 年手稿》中发展了这一观点）。与这一观点并列在一起的似乎是对立的论点：社会关系的存在不取决于人。马克思既没有在上面引的评注中，也没有在 1844 年手稿中指出摆脱这种困境的出路。

然而，提出社会关系（即人们之间的关系）的独立存在，并强调社会关系的现实的实践的性质，有助于马克思就在这个阶段不单纯从经

---

① 《马克思恩格斯全集》第 42 卷，北京：人民出版社 1979 年版，第 100 页。
② 同上书，第 24—25 页。

验的角度来理解私有制（把它看成"人以外的某种东西"），而是从本质上来理解，把它看成全部特定的人本身的关系。这是向前迈进了重要的一步，马克思到后来才明白这一步的全部意义。

....

政治经济学问题的中心

马克思发现了异化劳动并阐述了这一范畴的一般内容及其在方法论上对解决政治经济学问题的意义，从而1844年结束了经济学研究的第一阶段，为了寻求测定方向的指南针，这时马克思又进而对经济等问题作新的远航。从一些原著中，马克思不仅对斯密和他的学派（萨伊等人）有所了解，而且对李嘉图和穆勒、西斯蒙第和魁奈、马尔萨斯和其他许多经济学家（实际上全都是最大的和一些较大的人物）也有所了解。

大量摘录这些作家的著作，对它们写下了自己的意见，以及根据这些摘录和意见在第二个和第三个手稿中对以前整个历史中的一些具体问题进行总的探讨，对目前一些事件的实质进行深刻的研究，对展现人类面前的远景做出大胆的设想——这就是青年马克思"远航"归来所获得的一切。

英国人大卫·李嘉图是马克思当时所研究的经济学家中最重要的人物，是劳动价值理论的创始人之一，他赋予了这一理论以资产阶级经济学家所能提出的最完整的形式。但是，当时马克思还不清楚李嘉图在政治经济学历史的真正地位。因此他在经济学研究中进行的这种广泛收集工作不是从李嘉图开始，甚至也不是从他的庸俗化者詹姆斯·穆勒开始，后来才了解是从较小的人物那里开始的。

麦克库洛赫和普雷沃

英国经济学家约翰·拉姆赛·麦克库洛赫的《论政治经济学的起源、发展、特殊对象和重要性》一书首先吸引了马克思的注意。该书是以李嘉图学派的名义来谈论经济问题的（此书在学派创始人死后不久出版)。这本书的法译本附有《译者评李嘉图的体系》，法国青年经济学家吉约姆·普雷沃①是这一评论的作者。《译者评李嘉图的体系》以穆勒对这一体系所做的通俗化阐述为基础对李嘉图的体系进行了总的论述，并讨论了一系列有争论的问题。这样一来，这本书不但关于李嘉图本人和他的通俗化者穆勒的观点，而且关于他们最新的英国信徒和法国信徒的观点，都略有说明。因此，看来马克思在他工作的第二阶段最初就是从研究这本书开始的。

…………

穆勒

马克思在研究了李嘉图的《政治经济学和赋税原理》之后，认真研究了詹姆斯·穆勒的《政治经济学原理》(1821年版，1823年法文版)。如同马克思在《剩余价值理论》中指出的那样："穆勒是第一个系统地阐述李嘉图理论的人，虽然他的阐述只是一个相当抽象的轮廓。"② 和李嘉图一样，他公开维护工业资本的利益，反对土地所有制，并且不掩饰劳动与资本之间的对立。同时，穆勒还为李嘉图学派的解体打下了基础，由于他比学派创始人更清楚地感到李嘉图学说的矛盾，所以他又局部地回到斯密的供求理论上来。这一点特别明显地表现在他企图解决劳动价值规律（价值由劳动时间所确定）同资本家在付给工人直接劳动的报酬时经常违反这一规律之间的矛盾。由于穆勒不理解工人出卖的不是劳动而是劳动力（这正是马克思后来发现的），所以他除了用劳动的供求关系即工人同资本家之间的竞争来解释工资的数额，就再找不到更好的办法了。

但是，在1844年年中马克思已用另一种眼光看待穆勒了：马克思把他看成是李嘉图学说的系统阐述者（这一点是大家所公认的），而穆勒局部地回到供求理论以及劳动和资本之间的明显对立，对于还

---

① 吉约姆·普雷沃是瑞士资产阶级经济学家，见《〈马克思恩格斯全集〉人名索引》第705页。——译者注
② 《马克思恩格斯全集》第26卷第3册，北京：人民出版社1974年版，第87页。

不了解李嘉图劳动价值理论意义的青年马克思来说，甚至应引起他的敬意。

如同对李嘉图著作的摘录所作的评注一样，马克思对穆勒的书的评论是从关于生产费用作为价值的因素的问题开始的："……穆勒——完全和李嘉图学派一样——犯了这样的错误：在表述**抽象规律**的时候忽视了这种规律的变化或不断扬弃，而抽象规律正是通过变化和不断扬弃才得以实现的。如果说，例如生产费用最终——或更准确些说，在需求和供给不是经常地即偶然地相适应的情况下——决定价格（价值），是个**不变的**规律，那么，需求和供给的不相适应，从而价值和生产费用没有必然的相互关系，也同样是个**不变的规律**。"①

初看起来，这里比李嘉图著作摘录的原理没有什么进步：劳动价值规律只表现为供求规律的一个部分。然而还是前进了一步。那就是，生产费用同竞争不相矛盾（就像萨伊所提出的和马克思最初所同意的那样），而是同它有联系。此外，作为一种抽象的劳动价值规律被认为是完全合理的。马克思在方法论上的反对意见不是因为这种抽象在逻辑上没有根据，而是因为当时只有马克思认识到规律是一种公式，这种公式必须在自己活动范围内的每一种情况中都得到严格的证实。也就是说，这些反对意见所具有的特性，同他过去对李嘉图信徒利用平均数的反对意见一样。只是后来当马克思自己弄清了经济规律的统计属性时，他才提出一个论点：任何一门科学只有在它的规律获得数学表现时才是精确的。

然而，认清规律的统计属性并不表示马克思对具体的、特别是对它们矛盾的实际表现有所忽略。他认为，只有当规律活动的方式、把矛盾的事实归结为一个公式的实际思路在细节中得到阐明时，科学研究的任务才算解决。矛盾事实的存在始终促使马克思去研究隐藏在肤浅眼光之下的它们相互之间的联系。看到马克思对待科学研究的这些特点，他在开始评论穆勒所采取的这一步也就清楚了：在确定实际情况（商品不是

---

① 《马克思恩格斯全集》第42卷，北京：人民出版社1979年版，第18页。

按价值出售）同价值规律之间的矛盾，并同时承认价值规律这一抽象的根据，所有这些在客观上是促使马克思去发现劳动同劳动力之间、利润同剩余价值之间的差别的一个因素。

马克思在对穆勒的评注中不仅研究了生产费用问题，而且还研究了一系列其它的经济学本身的问题。他特别注意货币问题，开始制定自己关于信贷、纸币等的学说。① 所有这一切表明，马克思从经济学远航归来时已经是一位十分成熟的专家了。他在1844年手稿的前言中有充分根据地写道："……我的结论是通过完全经验的以对国民经济学进行认真的批判研究为基础的分析得出的。"②

从穆勒著作的摘录本身已经可以看出这种批判性的研究是什么。而对穆勒摘录的评注证明，马克思是在广泛的方法论方面，主要是在异化劳动方面考查了所有这些摘录。马克思列宁主义研究院在这些评注的俄译本的前言中指出："因为在我们所知道的马克思的著作中没有任何一本曾再次引用过这些评注的内容，所以可以认为，正是在1844年第二个手稿我们没有得到的那一部分里利用了这些内容。"③

三 关于《巴黎笔记》④

本卷第一部分中发表的第二批材料是马克思于1843年10月中旬至1845年1月底定居巴黎期间所作的摘录笔记。这些笔记标志着马克思的革命世界观终于向着唯物主义和共产主义转变的一个新的形成阶段。这表现在题材的选择上，表现在处理材料的方式方法上，特别是表现在

---

① 大卫·约·卢森贝较详细地研究了这些问题。参见卢森贝《十九世纪四十年代马克思恩格斯经济学说发展概论》1954年莫斯科版。

② 《马克思恩格斯全集》第42卷，北京：人民出版社1979年版，第45页。

③ 见《哲学问题》1966年第2期第113页。在1844年的全部摘录中，正是对穆勒著作的摘录在马克思成熟时期的著作中，尤其是在《资本论》第4卷（《剩余价值理论》）中得到了充分的利用。

④ 选自《马列主义研究资料》1983年第4辑总第28辑，人民出版社1983年9月第1版，第43—51页，卢晓萍、章丽莉译，沈渊校，本文是《马克思恩格斯全集》历史考证版（MEGA²）关于巴黎笔记的说明，原载于MEGA²第4部分第2卷。

马克思在巴黎取得的研究成果中所作出的那些结论上。

与克罗茨纳赫笔记不同的是，巴黎笔记在题材上更加广泛。其中清楚地反映了马克思在这一时期研究的三个基本方面：继先前克罗茨纳赫时期研究的历史哲学方面的问题，在本笔记中占中心地位的经济学方面的问题，以及对社会主义文献和共产主义文献的研究。在这个意义上来说，巴黎笔记是马克思批判地分析三个基本理论来源（古典资产阶级哲学，资产阶级政治经济学和空想共产主义）的具体体现。创造性地掌握并吸收前人的理论思想的卓越成就，同时对革命实践学说加以概括，把两者结合起来，创立了崭新的、严密的革命的世界观。巴黎笔记非常明显地表明，在马克思创立新的革命理论基础的这个早期阶段，他的世界观的三个组成部分就已极为密切地共同起着作用。

巴黎笔记是从摘录雅各宾党人和国民公会议员勒奈·勒瓦瑟尔的《回忆录》开始的，这些摘要可说是连接克罗茨纳赫笔记和巴黎笔记的中间环节。笔记证明，马克思在移居巴黎之后仍继续从事历史的研究，他对法国历史的兴趣，对法国革命史尤其是对法国革命高潮时期——1792年8月10日推翻君主政体之后雅各宾党人和吉仑特党人之间争夺权力的斗争——历史的兴趣仍然和以往一样。由阿尔诺德·卢格在1844年5月20日和7月9日给德国政论家卡尔·摩里茨·弗莱舍的信中可以知道，马克思在研究勒瓦瑟尔著作的同时，还已经决定写一部关于议会史的著作。

马克思在他的笔记和摘录中逐天地——从1792年8月10日到1793年5月——逐字逐句地密切注视着雅各宾党人和吉仑特党人之间的争论。他把他的注意力集中在两个党派的纲领和政策上，以及他们与人民群众的相互关系上，并得出这样的结论：吉仑特党人的"实践局限于报告和演说"，"这使他们成为不受大众欢迎的人"，而山岳派（雅各宾党人）是广大人民群众利益的代言人。马克思写道，山岳派看到了人民中"唯一的行为的动机"，"唯一的对外和对内的反抗力量"。它是"人民群众党派的山岳，有的是强壮的穷人和坚强的忠诚之士"，而已经取得政权的吉仑特党人却竭尽全力企图扼杀人民的力量和首创精神。正是不断高涨的群众革命积极性，他们在推翻君主政体以后对吉仑特党政府的日益不满情绪导致了革命的雅各宾专政的建立，这个专政通过公社，特别是通过由坚强的人民群众组成的巴黎公社而实现了。

对勒瓦瑟尔著作所作的摘录，以及克罗茨纳赫笔记中关于世界历史的摘录，都表明了研究具体的历史资料对马克思唯物主义观点，首先是把阶级斗争看作历史发展的动力的观点的形成起着巨大的作用。

马克思打算写一部自己的关于议会史的著作的计划未能实现，但他首先在他的著作《神圣家族》和手稿《德意志意识形态》中利用了在克罗茨纳赫和在巴黎所研究和摘录的有关这一主题的材料。马克思在《评"普鲁士人"的〈普鲁士国王和社会改革〉一文》中第一次概括了他对国民公会史的研究，他写道："国民公会是**政治动力**、**政治势力**和**政治理智的顶点**。"①

巴黎笔记的下一批材料是对资产阶级政治经济学古典作家亚当·斯密和大卫·李嘉图的著作的摘录，以及后来被马克思视为古典政治经济学的庸俗化者的法国和英国的经济学家让·巴蒂斯特·萨伊、约翰·雷姆赛·麦克库洛赫、詹姆斯·穆勒、吉约姆·普雷沃和安·路·德斯杜特·德·特拉西的著作的摘录。在巴黎时他还没有作出这样的区分。

1844年春，马克思开始系统地研究经济学。但是他对经济问题发生兴趣还要早得多，在他参加《莱茵报》工作时期就已产生了。马克思后来回忆这一时期时写道："1842—1843年间，我作为《莱茵报》的主编，第一次遇到要对所谓物质利益发表意见的难事。莱茵省议会关于林木盗窃和地产析分的讨论……就摩塞尔农民状况同《莱茵报》展开官方论战，最后，关于自由贸易和保护关税的辩论，是促使我去研究经济问题的最初动因。"②

马克思在克罗茨纳赫研究历史期间再次面临经济问题。他认识到重

---

① 1844年8月7日《前进报》（巴黎）第63期。——编者注
② 参见《马克思恩格斯文集》第2卷，北京：人民出版社2009年版，第588页。

大政治事件的经济背景以及各个阶级和阶层的物质利益对历史进程的决定性影响。

移居巴黎,唯物主义观点的深入,对法国工人运动的熟悉,对社会主义和共产主义文献的研究,加深了马克思对政治经济学在社会进程中的作用的认识。马克思在1843年10月至12月中旬所写的《〈黑格尔法哲学批判〉导言》一文中认识到:"工业以至于整个经济界和政治界的关系是现代主要问题之一。"① 从此,马克思的注意力愈来愈集中于政治经济学问题,它在马克思的科学活动中占了中心地位。

1843年11月马克思读完恩格斯的著作《政治经济学批判大纲》,这显然对马克思是一种特别的推动力,促使他去从事经济学的研究。这一著作是恩格斯为《德法年鉴》撰写的,由马克思帮助发表的。列宁写道:"同恩格斯的交往,显然促使了马克思下决心去研究政治经济学,即马克思的著作在其中造成了整整一个革命的那门科学。"②

在巴黎笔记的一个笔记本上(第485—486页)有关于恩格斯这一著作的简短摘要,但它显然是1844年夏,也就是马克思读过这一著作以后半年才写上的。值得注意的是,马克思并不是在1843年11月就已作了恩格斯这一著作的摘要。原因显然在于,马克思当时对恩格斯与之争论的那些经济学家的著作还没有足够的了解。马克思在熟悉了他们的著作之后,感到有必要重新阅读恩格斯的《大纲》,并在自己新的认识水平上来评价它。他对其中阐述经济科学基本问题的部分做了摘要。然而,从同时产生的《经济学哲学手稿》中可以清楚地看出,马克思根据恩格斯在《大纲》中作出的结论,并且与他的观点大体上一致地已经在一系列问题上又前进了一步。

巴黎笔记中其他有关经济问题的摘要是各种不同性质的。例如对萨伊著作《论政治经济学》(马克思显然是从它开始的)所作的详细摘录,就具有独特的研究特性,这有助于去认识资产阶级政治经济学的基

---

① 1844年《德法年鉴》1844年巴黎版第75页。——编者注
② 《列宁选集》第1卷,北京:人民出版社1995年版,第93页。

础及其范畴。对德斯杜特·德·特拉西著作《思想的要素》和弗·斯卡尔培克著作《社会财富的理论》所作的简短摘录也具有同样的性质。对斯密的《国民财富的性质和原因的研究》（马克思首先读到的这部著作以及其他英国经济学家的著作都是法文译本）所作的详细摘要中已有马克思自己加的一系列评论。此外，他在这里将大部分摘录引文译成了德文，这也体现了他对书中所援引的材料的理解又达到了新的高度。对李嘉图、麦克库洛赫、普雷沃和穆勒的著作所作的摘要也是以同样方式进行的。所有这些摘要中都有马克思自己加的许多评论和注释。随着马克思本人的日益通晓经济科学，他摘录的数量和范围也在不断增加。

在对穆勒的《政治经济学原理》一书所作的摘要中，马克思的评论扩大为两段内容丰富的独立的论述，它们与所引著作的主题没有直接的联系，而是为了阐明自己对分工、交换、货币、信贷等等这样一些经济范畴的见解。如果说马克思未加评论的摘录表明，他如何深入地研究资产阶级经济学家的理论，哪些问题特别引起他的注意和他如何认真地对待他要研究的对象，那么，他在这些笔记中所加的评论就已表明了他的首要意图就是批判各个不同经济学家的论点并阐明他自己的观点。这两方面都明显地表明了马克思主义经济理论是如何并以什么样的形式开始形成的，它的经济学术语是如何并以什么样的形式开始制定的。

马克思在熟悉了经济科学的各个不同方面的代表的著作以后（马克思在他的摘录笔记中提到过重商学派、重农学派、货币主义的信徒以及"最新政治经济学"的代表，其中他首先列举了李嘉图及其追随者），就能够指出资产阶级政治经济学的许多特征。

马克思在巴黎所作的所有经济学方面的摘录都渗透着在恩格斯的《大纲》中如同一条红线贯穿着的思想：资产阶级政治经济学建立在一种错误的基础上，也就是说，建立在私有制是不可动摇的并且是合法的这样一种认识的基础上的。可是它既没有说明私有财产，也没有揭示私有财产的实际内容。马克思在对萨伊著作的摘录所加的唯一评注中写道："**私有制**是国民经济学没有加以论述的现实，然而这个现实却形成国民经济学的基础……所以没有私有制就没有政治经济学。因此，整个国民经济学是建立在一个没有必然性的现实的基础上的。"因此马克思强调指出，资产阶级政治经济学一方面是违反历史的（尽管他还没有直接阐释过这一点），另一方面是一门受私有财产的利益支配的科学："国民经济学实质上是**发财致富的科学**。"

马克思认为，一切流派和学派的资产阶级经济学家都是以私有财产的维护者的身份出现的，他们在这方面的区别只在于维护的形式和方法有所不同而已。马克思以自己的共产主义的观点与他们的观点针锋相对，因为他把私有财产看作是"没有必然性的现实"。

马克思在巴黎所作的经济学摘录笔记证实，正是资产阶级经济学家对私有财产的违反历史的和辩护的观点使他们陷入了绝境，因而他们不可能正确地解决经济学的根本问题。马克思清楚地知道，斯密力图说明这样一些范畴，例如，交换和分工——在斯密看来是财富的决定性前提条件——的产生和相互关系是徒劳的："斯密演绎的这个圈子是很有趣的。为了说明分工，他就以交换为前提。而为了有可能交换，他又以分工，以人的活动的划分为前提。"

马克思在对李嘉图的《政治经济学和赋税原理》做的评注中写道，李嘉图和萨伊都回答不了这样的问题："如果每一笔资本都得到适当的使用，那么**竞争**和由此产生的破产、商业危机等等又从何而来呢？"马克思问道："如果每一笔资本都得到利润丰厚的、不被人占有的使用，那么，这些精明人怎么会自行破产并使他人破产呢？"

马克思在他从事经济研究的这个早期阶段就已发现了资产阶级经济学掩饰资本主义社会的对抗性矛盾的倾向。马克思针对李嘉图主义者写道，"国民经济学的卑鄙在于，在被私有财产敌对分开的利益的前提下研究问题，却似乎利益并没有分开，财产仍然是公共的。从而它证明，我消费掉一切，你生产出一切，这对整个社会来说消费和生产处于正常状况。"

马克思在巴黎笔记中，从批判私有财产的角度还研究了所有其他与此相关的范畴，如价值、货币、信贷等等。马克思对这些范畴的论述是从这样一点出发的,即它们不仅是私有制的后果表现,而且它们本身也影响着私有制,即也在扩大着私有制的社会势力和它对人的统治。

在巴黎笔记的有关经济学的摘录中很大的注意力被放在价值范畴上。马克思在作资产阶级经济学家著作的摘要时指出,价值问题是他们的经济学观点的中心。他们在分析资产阶级社会的各种经济现象和政治经济学范畴——利润,地租,工资,价格,货币等——时总是一再回到价值问题上。他们研究这样一些问题:价值以什么为基础,价值量由什么决定和保证并调节以价值规律为基础的商品交换的机制是怎样的。马克思很快注意到,各个不同的经济学家对这个问题有各种不同的看法。所以他在开始摘录萨伊、斯卡尔培克和斯密的著作时,还只是记下他们的价值规定,没有加以评论,或者没有把它们互相进行比较,而在他对李嘉图著作的摘录所加的评论中已经这样指出:"李嘉图在价值规定中只抓住生产费用,萨伊只抓住效用(有用性)。在萨伊那里,竞争代表生产费用。"① 马克思发现在恩格斯的《大纲》中也有对各个不同资产阶级经济学家的价值规定所作的类似比较,并且把它收进了自己的摘录中。当时马克思从恩格斯那里接受了竞争在资本主义社会的机制中的决定性作用的思想,就宣称他与恩格斯一致地全面否定李嘉图的劳动价值论,并且认为,在私有制和竞争的条件下价值完全是一种虚构,只有受竞争支配的市场价格才是实际的。马克思明确认为:当李嘉图"谈到交换价值时,总是指自然价格,而撇开他称之为某种暂时或偶然的原因的竞争的偶然性",马克思并且指出:"国民经济学为了使自己的规律更严密和更确定,必须把现实假定为偶然的东西,把抽象假定为现实的东西。"

进一步的研究使马克思终于在《哲学的贫困》(1847)中承认了李嘉图的劳动价值论,在这里他不仅全面评价了资产阶级经济科学的这一卓越成果的重要作用,而且还阐明了将来马克思主义的劳动价值论的个

---

① 参照《马克思恩格斯全集》第 42 卷,北京:人民出版社 1979 年版,第 3 页。

别基本原理。然而，在巴黎笔记的经济学摘录本身中就已经可以看出，马克思当时正在逐渐放弃对劳动价值论的完全否定。马克思在对麦克库洛赫的著作《论政治经济学的起源、发展、特殊对象和重要性》所作的摘要中作了能说明这一问题的评论："在现今的（社会）状况中，理性规律只有通过把现今关系的**特殊**性质抽象掉才能保持，或者说，规律只是以抽象的形式统治的。"稍后，马克思在对穆勒著作的评论中已不再指责李嘉图和李嘉图学派把抽象解释为现实，而是指责他们把现实看作某种抽象的、偶然的、非本质的东西，指责他们说出"这抽象的规律"，而没有看到这规律的变化或不断扬弃——正是通过这些它才成为规律的。从这个评论中显然可以看出，马克思已经承认作为抽象物的价值规律是合理的。

在马克思对穆勒著作所作的评论中，他的关于一个重要范畴，例如，异化劳动（他在《经济学哲学手稿》第一册中第一次阐述了异化劳动）的思想，得到了进一步的精辟阐述和发展。马克思试图借助异化劳动的理论来说明政治经济学的基础范畴，并以此说明他那个时代社会的经济过程。对政治经济学来说，这个范畴的发现在一定程度上是由上述马克思的总的智力发展作准备的。马克思是在这个范畴在现存社会中表现得最明显的那些表现形式上来研究这个范畴的，即在人与其劳动产品的异化上，在他活动的异化上，在他的类本质的异化上，最后，在人与人的异化上来研究这个范畴的，并探求异化劳动和私有财产究竟是如何互相关联，以及是如何互为条件的。

按照马克思的说法，资产阶级经济学家把"人与人的关系"规定为"私有者与私有者"的关系。然而他们忽视了这样一个事实：使人互相分化、彼此对立的私有制实际上不能消除人的社会的本质。"这是否是共同体，是不以人为转移的；但是只要人不承认自己是人，从而不按照人的样子来组织世界，这**共同体**就会以**异化**的形式出现。"因此经济学家们不是同真正的社会打交道，而是同这个"异化了的人的社会"打交道，而这个社会就是一幅描绘人的**实际的共同体**，即人的真正类的生活的讽刺画。在人与人的关系即私有者之间的关系建立在物之上这样一个社会里，人已经不再支配物，相反地，却是生产的结果支配着生产者本身。在生产者方面来说，这就导致了人的活动的性质的根本改变。马克思写道：因此使人感到，"人的活动"表现为"苦难"，"他个人的创造物表现为异己的力量，他的财富表现为贫困……他支配物的权力表现为物支配他的权力"，而"他即他的创造物的主人则表现为他的创造物的奴隶"。①

马克思强调指出，异化劳动，"**谋生的劳动**"对人来说已不再是他的个人存在的活动、"他个人的自我享受、他的天赋和精神目的的实现"。因而人就丧失了他的本质所固有的真正的人的生活。

马克思在阐明他的异化劳动概念时写道："**在谋生的劳动中**包含着：（1）劳动对劳动主体的异化和偶然联系；（2）劳动对劳动对象的异化和偶然联系；（3）工人的使命决定于社会需要，但是社会需要是同他格格不入的，是一种强制……正如同对社会来说，他的意义只在于他是社会需要的奴隶一样；（4）对工人来说，维持工人的个人生存表现为他的活动的**目**的，而他的现实的行动只具有手段的意义，他活着只是为了谋取**生活**资料。

因此，在私有权关系的范围内，社会的权力越大，越多样化，人……越同自己固有的本质相异化。"②

异化劳动的发现，使马克思在批判资本主义的非人本质方面迈出了重要的一步，他不仅以新的内容充实了异化这一哲学范畴，而且同时还发展了他原来关于资本主义剥削雇佣工人的概念。马克思认为，只有废除私有制，才能消除异化劳动，消除人同他的类本质相异化，人同人的相互间的异化，从而消除所有根源于这种异化的奴役人类的现象。只有"在私有制的前提下，它［劳动］才是**生命的外化**"，因此必须消除这个前提。马克思就是这样来论证为建立一个新的人类社会形式——共产主义社会而斗争的必要性。马克思在他的一些评论中描绘了一幅在未来

---

① 见《马克思恩格斯全集》第42卷，北京：人民出版社1979年版，第24—25页。
② 同上书，第28—29页。

社会里人在劳动中自我肯定的深刻景象,在那个社会里,私有制不复存在,劳动将成为快乐的源泉,生活的第一需要,人们兄弟般的合作的基础。

马克思以一个生产者的身份对另一个生产者说,"假定我们作为人进行生产。在这种情况下,我们每个人在自己的生产过程中就**双重地**肯定了自己和另一个人:(1)我在我的**生产**中物化了我的**个性**和我的个性的**特点**,因此我既在活动时享受了个人的**生命表现**,又在对产品的直观中……感受到个人的乐趣。(2)在你享受或使用我的产品时,我**直接享受到的是**:既意识到我的劳动满足了人的需要……从而又创造了与另一个**人**的本质的需要相符合的物品。(3)对你来说,我是你与类之间的**中介人**,你自己意识到和感觉到我是你自己本质的补充,是你自己不可分割的一部分……(4)在我个人的生命表现中,我直接创造了你的生命表现,因而在我个人的活动中,我直接**证实**和**实现**了我的真正的本质,即我的**人的本质**,我的**社会的本质**。"①

马克思往下又说:"我的劳动是**自由的生命表现**,因此是**生活的乐趣**……因此,我在劳动中肯定了自己的个人生命,从而也就肯定了我的个性的**特点**。"②

马克思在对穆勒著作的评论中还研究了一系列其他的经济问题。马克思借助异化范畴批判了书中的交换和货币理论,同时开始制定他自己的货币学说,包括纸币和信贷学说。同资产阶级经济学家相比,马克思向前迈出了重要的一步,因为他从货币是私有制的统治,即物对人的统治的充分的、可感觉的表现中看到了货币的客观必然性。在马克思看来,货币不是单纯的物,而是从人那里异化出来并奴役人的社会关系。马克思问道:"为什么私有财产必然发展到**货币**呢?""这是因为人作为喜爱交往的存在物必然发展到**交换**,因为交换——在存在着私有财产的前提下——必然发展到**价值**。其实,进行交换活动的人的中介运动,

---

① 《马克思恩格斯全集》第42卷,北京:人民出版社1979年版,第37页。
② 同上书,第38页。

不是社会的、人的运动，不是**人的关系**，它是私有财产对私有财产的**抽象的关系**，而这种**抽象的**关系是**价值**。货币才是作为价值的价值的现实存在……私有财产对私有财产的社会关系已经是这样一种关系，在这种关系中私有财产是自身异化了的。因此，这种关系的独立存在，即货币，是私有财产的外化，是排除了私有财产的**特殊**个性的**抽象**。"①

马克思认为，货币的物的性质即贵金属金或银以货币的角色出现这一事实，妨碍着货币的本质充分表现为社会关系。他由此得出结论说，"货币越抽象"，它的这个本质就表现得越充分。"因此，**纸币**和许多**纸的货币代表**（像汇票、支票、借据等等）是**作为货币的货币**的**较为完善的存在**，是货币的进步发展中必要的因素。"②

马克思把货币作为一种社会关系来研究，这种关系使人"非人化"，而且使货币的社会本质和它在金属中的物质体现彼此区别开来，这使马克思在信贷中看到了货币的最高发展阶段，即人的异化的、"非人化"的最完全和最完美的形式。马克思的这个观点根本不同于资产阶级经济学家和圣西门学派的看法，他们代表这样一种观点：人与人之间通过信贷发生的关系是合乎人性的，因为据说信贷证明债权人对债务人的信任。马克思对每个观点都进行了批判，并指出，信贷关系是"在人对人的**信任**的假象下面隐藏着极端的**不信任**和完全的异化"。③

在这里，马克思还表明了银行和银行主义的本质所在。"银行家的创造，国家对银行的控制，财富的集中在这些人手中，国家的这种国民经济**阿雷奥帕格**"④，被马克思讽刺地称之为货币制度和信贷制度的"相当大的成功"。

巴黎笔记中内容丰富的经济学摘要使人可以想象到马克思研究经济

---

① 《马克思恩格斯全集》第42卷，北京：人民出版社1979年版，第19—20页。
② 同上书，第21页。
③ 同上书，第22页。
④ 见《马克思恩格斯全集》第42卷，北京：人民出版社1979年版，第24页。

文献是如何全面而又彻底。但我们必须注意到，巴黎笔记还远远没有包括马克思在当时已经读过的关于经济问题及其相关问题的一切著作。因此，马克思在第Ⅲ本《经济学哲学手稿》的序言中有充分的理由可以明确地说，他的"结论是通过完全经验的以对国民经济学进行认真的批判研究为基础的分析得出的"。①

　　巴黎经济学摘录在方法论方面也很有意义。马克思在这里在相当大程度上使用这样的方法，即对各个不同的经济学家的理论进行比较，互相对照，一方面揭示他们的理论结构的内在矛盾、不合逻辑和片面性，同时揭露他们不能或因受阶级条件的限制而不愿意暴露资产阶级社会中的对抗性，另一方面又宣布他与他们个别正确的认识相一致。该摘录还清楚地表明，马克思是经由继承并批判地吸收他前人的遗产而创造他自己的经济学说的。巴黎经济学摘录还表明，马克思作为经济学家，他的发展过程的最初阶段的情况，在这个阶段上，他开始研究并批判资产阶级的政治经济学，并在这基础上迈出了创立他自己的经济学说的第一步。

四　金隆德:《〈詹姆斯·穆勒《政治经济学原理》一书摘要〉中的哲学思想》②

　　1843年底，马克思迁居巴黎后，为着从政治经济学中寻找解开"市民社会"的锁钥，开始系统地研究从布阿吉尔贝尔和魁奈经过亚当·斯密和大卫·李嘉图到让·巴·萨伊和詹姆斯·穆勒的政治经济学的发展。《詹姆斯·穆勒〈政治经济学原理〉一书摘要》（以下简称《摘要》）就是马克思当时所作的9本经济学札记中的第4本和第5本。《摘要》写于1844年上半年，先于《1844年经济学哲学手稿》（以下简称《手稿》），其内容则与《手稿》紧相衔接。在《摘要》中，马克思

---

① 《马克思恩格斯文集》第1卷，北京：人民出版社2009年版，第111页。
② 选自《金隆德文集》，北京：当代中国出版社1995年版，第154—170页。

除开对资产阶级经济学采取批判的立场外,也开始表述了他的异化理论和关于人的本质的观点。研究马克思在《摘要》中所阐述的哲学思想,有助于我们全面地了解马克思主义哲学的形成及其异化理论的发展过程,从而有助于解决学术界有关的争论问题。

一

异化理论是《摘要》中的一个重要哲学问题。

首先,《摘要》明确地区分了异化概念的两种含义。大家知道,黑格尔第一个把异化当作重要的哲学概念加以使用。黑格尔讲的异化是精神的异化,并把异化和对象化混同起来了。而马克思在《摘要》中所使用的异化概念,则区分为对象化(外化、物化)和异己化两种含义。

异化概念的一种含义是外化(对象化、物化)。例如,马克思说:"货币的本质,首先不在于财产通过它转让,而在于人的产品赖以互相补充的**中介活动**或中介运动,**人的**、社会的行动**异化了**并成为在人之外的**物质东西**的属性,成为货币的属性。既然人使这种中介活动本身外化,他在这里只能作为丧失了自身的人、失去人性的人而活动。"[①] 这里讲的人的、社会的行动异化成为物质东西的属性,成为货币的属性,就是说人的劳动这种社会行为对象化为物质的东西,即外化为物质性的商品,外化为货币所代表的商品的价值。显然,这里异化概念的含义就是外化。有时,马克思还将异化与外化在同一个意义上连用。如说:"**私有财产**本身由于它的相互外化或异化而获得**外化**的私有财产这个定义。"[②] 这是说,在商品交换中,这种私有财产的占有者的产品进行交换,对生产这种产品的占有者来说,他使它外化了,对于交换产品的双方占有者来说,则是相互外化。马克思把这种外化或称之为异化。此外,马克思还把异化、外化又叫做物化。如说:"我们每个人都把自己

---

① 《马克思恩格斯全集》第42卷,北京:人民出版社1979年版,第18—19页。

② 同上书,第27页。

的产品只看作是**自己的**、物化的私利,从而把另一个人的产品看作是**另一个人的**、不以他为转移的、异己的、物化的私利。"①

异化概念的另一种含义是异己化。如说:"**人自身异化了以及这个异化的人的社会**是一幅描绘他的**现实的社会联系**,描绘他的真正的类生活的讽刺画;他的活动由此而表现为苦难……而他本身,即他的创造物的主人,则表现为这个创造物的奴隶。"② 这就是说,人们的活动对象化以后,不仅独立地起作用,而且和人这个主体相对立,给主体带来损害,使主体受到奴役。显然,这种与一般的对象化的含义是不一样的。在《摘要》中,马克思讲到的"劳动对劳动主体的异化"、"劳动对劳动对象的异化"、人"同自己固有的本质相异化"等等,都是从异己化这种含义来讲的。

同时,《摘要》反映出马克思已经注意到批判地吸取古典政治经济学的成果,开始对以往的异化理论进行唯物主义的改造。

关于异化理论,黑格尔主要是从纯哲学方面来阐述的。他用异化概念来说明精神世界的对象化,即绝对观念外化为自然界,以及扬弃这种对象性,从自然界再回到精神自身。费尔巴哈批判了宗教和黑格尔的客观唯心主义,他从感性的人出发来谈异化,用异化概念来说明人借助于幻想,把自己的本质异化为上帝。而马克思对异化理论则进行了唯物主义的改造,他从纯哲学的精神异化、宗教异化,进而分析社会异化;为了分析社会异化,他又广泛地研究了经济领域的异化,并把异化从纯哲学领域,引进了现实的社会阶级斗争领域。

值得注意的是,詹姆斯·穆勒的《政治经济学原理》一书叙述的逻辑线索是从生产到分配再到交换和消费,而马克思关于异化问题探索的逻辑线索恰恰相反,是从流通到交换再到分配和生产。可见,马克思研究资本主义社会中经济领域的异化,是从分析流通、信贷、交换、分配等方面的异化现象入手,层层深入,最后追溯到生产方面的异化,抓

---

① 《马克思恩格斯全集》第 42 卷,北京:人民出版社 1979 年版,第 34 页。

② 同上书,第 25 页。

住资本主义生产的本质,从而提出了他的劳动异化理论。

关于流通方面的异化问题,马克思主要是以货币的异化为例作了具体的分析。穆勒把货币称为交换的媒介,马克思指出,这就非常成功地用一个概念表达了事情的本质。货币的本质,首先不在于财产通过它转让,而在于人的产品赖以互相补充的中介活动,人的、社会的行动异化了并成为在人之外的物质东西的属性,成为货币的属性。在货币这种中介活动中,人只能作为丧失了自身的人、失去人性的人而活动;人用物进行的活动变成某种在人之外的、在人之上的货币的属性。由于货币这种异己的媒介,人把自己的愿望、活动以及同他人的关系看作是一种不依赖于他和他人的力量。这样,他的奴隶地位就达到极端。因为货币这种媒介具有支配人的真正的权力,所以,很清楚,这个媒介就成为真正的上帝。

关于信贷方面的异化情况,马克思分析得甚为详细。他首先指出,在信贷、银行业中出现一种假象,似乎异己的物质力量的权力被打破了,自我异化的关系被扬弃了,人又重新处在人与人的关系之中。圣西门主义者被这种假象所迷惑,他们提出的理想是组织银行业,实行他们的空想共产主义。马克思说,其实这是一种假象,"这是**卑劣的**和**极端的**自我异化,非人化,因为它的要素不再是商品、金属、纸币,而是**道德的**存在、**社会的**存在、人自己的**内在生命**,更可恶的是,在人对人的**信任**的假象下面隐藏着极端的**不信任**和完全的异化。"①

接着,马克思具体地分析了信贷的两种情况,一种是富人贷款给穷人,假定有这种例外,也不是异化关系的扬弃。对富人来说,穷人的生命本身、他的才能和他的努力也都是归还债款的保证,也就是说,穷人生命活动的全部内容,他的存在本身,在富人看来也都是偿还他的资本连同利息的保证,债权人把穷人的死亡看作最坏的事情,因为这是他的资本连同利息的死亡。请看,在信贷关系中用货币来估价一个人是何等的卑鄙!如果是富人贷款给富人,那么,信贷就直接成为便于交换的媒

---

① 《马克思恩格斯全集》第 42 卷,北京:人民出版社 1979 年版,第 21 页。

介,即被提高到纯粹观念形式的货币本身。这样,在信贷中,人本身代替了金属或纸币成为交换的媒介,但这里人不是作为人,而是作为某种资本和利息的存在。从形式上看,交换的媒介物的确认从它的物质形式返回和复归到人,而实际上则是人把自己移到自身之外并成了某种外在的物质形式。在信贷关系中,不是货币被人取消,而是人本身变成货币,或者是货币和人并为一体。在这里,构成货币灵魂的是我自己的个人存在,而不是货币、纸币。

马克思指出这种信用业同人相异化的性质明显表现在:(1)资本家同工人之间、大资本家同小资本家之间对立越来越大,因为信贷只提供给已经富裕的人,并使富人有进行积累的新机会。(2)尔虞我诈和假仁假义达到无以复加的程度,以致对一个得不到信贷的人,不仅简单地判决他是贫穷的,而且还在道德上判决他不配得到信任,因而是社会的贱民、坏人。穷人除了自己的穷困还遭受这样的屈辱,他不得不低三下四地向富人请求贷款。(3)由于货币的这种纯观念的存在,人伪造货币可以不用任何别的材料,而只用他自己的人格就行了,人不得不把自己变成赝币,以狡诈、谎言等手段来骗取信用,这种信贷关系(不论对表示信任的人来说,还是对需要这种信任的人来说)成了买卖的对象,成了相互欺骗和互相滥用的对象。总之,这种信任的基础是不信任;疑惑不定地考虑应该还是不应该提供借贷;探察信贷寻求者的私生活的秘密等等;透露这个人的一时困境,使他的信用突然动摇,以便把对方整垮,等等。(4)财产在银行家手中的集中,作为信用业最终完成的银行家所建立的银行在国家中的统治。

在分析信用、货币中所表现出的人的异化后,自然就出现了一个为什么私有财产必然发展到货币的问题。马克思认为,这是因为人作为喜爱交往的存在物必然发展到交换,而在私有制的条件下,交换活动必然发展到价值,出现代表价值的货币。所以,接着马克思就分析了交换领域中的异化问题。

关于交换中的异化现象,在马克思看来,也是很明显的。马克思分析说,双方的交换必然是以每一方生产的和占有的物品为中介的,交换者彼此同对方产品的观念上的关系是他们彼此的需要，而在事实上实现的关系只是彼此排斥对方对自己产品的占有，彼此的产品则是满足彼此需要的手段、媒介和工具。因此，在交换中，只有产品才具有真正的价值、真正的权力。交换双方彼此把自己的产品看作一个人支配另一个人而且也支配自己的权力，这就是说，交换者自己的产品顽强地不服从他们自己，产品似乎是交换者的财产，但事实上交换者是产品的财产。在交换中，人的语言也无效了，交换者之间彼此进行交谈是所用的唯一可以了解的语言，是他们的彼此发生关系的物品。这样，"我们彼此同人的本质相异化已经到了这种程度，以致这种本质的直接语言在我们看来成了对**人类尊严的侮辱**，相反，物的价值的异化语言倒成了完全符合于理所当然的、自信的和自我认可的人类尊严的东西"①。不仅如此，产品既然成了通过交换满足各自需要的工具、手段，那末人也成了生产这些产品的手段和工具，所以，"（1）我们每个人实际上把自己**变成了**另一个人心目中的东西；你为了占有我的物品实际上把自己变成了手段、工具、**你的物品的生产者**。（2）你自己的物品对你来说仅仅是我的物品的**感性的外壳，潜在的形式**，因为你的生产**意味着并表明想谋取**我的物品的意图。这样，你为了你自己而在事实上成了你的物品的**手段、工具**，你的愿望则是你的物品的**奴隶**，你像奴隶一样从事劳动，目的是为了你所愿望的对象永远不再给你恩赐"②。通过对交换中异化现象的分析，马克思看到了人们被物品弄得互相奴役的状况。

马克思认为，交换关系的前提是劳动成为直接谋生的劳动。因此，为了彻底弄清楚劳动者受奴役的问题，马克思进而研究了生产领域中的异化。

关于生产劳动中的异化，马克思讲了四点：（1）是劳动对劳动主体的异化和偶然联系。（2）是劳动对劳动对象的异化和偶然联系。（3）是工人成为社会需要的奴隶。具体地说，工人的使命决定于社会需要，而

---

① 《马克思恩格斯全集》第42卷，北京：人民出版社1979年版，第36页。
② 同上。

这种社会需要对他又是一种强制,工人由于自身的生活需要和穷困不得不服从这种强制。而且对他来说,社会需要的意义只在于他是社会需要的奴隶一样。(4)对工人来说,维持自己的个人生存表现为他的活动的目的,而他的劳动只具有手段的意义。"① 马克思所分析的以上四点,同《手稿》中分析的异化劳动的四点相比较,内容略有不同。这里分析异化劳动的第三四点,涉及到劳动者个人的生产目的以及劳动者同社会生产目的的关系的问题,可以同《手稿》所讲的相互补充。

在资产阶级经济学家看来,生产、消费以及作为两者之间的媒介的交换和分配是孤立地存在的。与此相反,马克思从以生产为根本的生产、分配、交换、消费相联系的观点出发,认为:"生产和消费、活动和精神在不同的人之间和在同一个人身上的分离,是**劳动**同它的**对象**以及同它那作为精神的自身的**分离**。"②

异化的劳动的这种关系为什么会达到自己的顶点呢?马克思指出,这是由于:"(1)一方面,**谋生的劳动**以及工人的产品同工人的需要、同他的**劳动使命**没有任何**直接的**关系,而是不论就哪方面来说,都决定于同工人本身格格不入的社会组合;(2)**购买**产品的人自己不生产,只是换取别人生产的东西。"③ 马克思在这里提到的同工人本身格格不入的社会组合和自己不生产的产品购买者,实质上接触到了资本主义社会的生产关系和资本家阶级。这点,马克思在《手稿》中讲得更为明确,即"通过**异化的**、**外化的劳动**,工人生产出一个跟劳动格格不入的、站在劳动之外的人同这个劳动的关系"④。从劳动异化的分析中进而接触到资本主义社会中阶级的对立,正是在这种意义上,马克思说:"劳动同它自身的分离等于工人同资本家的分离,等于劳动同资本……的分离"⑤。

---

① 《马克思恩格斯全集》第42卷,北京:人民出版社1979年版,第28—29页。
② 同上书,第30页。
③ 同上书,第28页。
④ 同上书,第100页。
⑤ 同上书,第30页。

马克思还指出，在资本主义生产的条件下，产品是作为交换价值，作为等价物来生产，那末，生产越是多方面的，就是说，一方面，需要越是多方面的，另一方面，生产者完成的制品越是单方面的，他的劳动就越是陷入谋生的劳动范畴，直到最后，他的劳动完全不是什么个人的自我享受，劳动的意义仅仅归于谋生的劳动并成为完全偶然的和非本质的。

对生产中分工的异化问题，马克思也作了分析。他说，同人的劳动产品相互交换表现为做买卖一样，劳动本身的相互补充和相互交换表现为分工，"这种分工使人成为高度抽象的存在物，成为**旋床**等等，直至变成精神上和肉体上畸形的人"①。

关于分配中的异化问题，马克思谈得较少。他只是说："分配是私有财产的积极实现自身的力量。——劳动、资本和地产彼此的分离，以及一种劳动同另一种劳动、一种资本同另一种资本、一种地产同另一种地产的分离，最后，劳动同劳动报酬、资本同利润、利润同利息以至地产同地租的分离，使得自我异化不仅以自我异化的形式而且以相互异化的形式表现出来。"② 值得注意的是：（1）劳动、资本和地产彼此的分离，马克思认为这归根到底是劳动同它自身的分离；（2）分配中的异化，表现了劳动同它的对象以及同它那作为精神的自身的分离。显然，马克思在这里已经注意到联系生产、联系劳动者同劳动对象的关系来研究分配问题了。

马克思从上述对经济领域的流通、信贷、交换、生产、分配等多方面的异化现象进行分析，归根到底是试图从更广阔的视野、更扎实的基础上来研究人的异化问题。所以，马克思指出："**人**自身异化了以及这个异化的人的**社会**是一幅描绘他的**现实的社会联系**，描绘他的真正的类生活的讽刺画；他的活动由此而表现为苦难，他个人的创造物表现为异己的力量，他的财富表现为他的贫穷，把他同别人结合起来的**本质的联**

---

① 《马克思恩格斯全集》第 42 卷，北京：人民出版社 1979 年版，第 29 页。
② 同上书，第 30 页。

系表现为非本质的联系,相反,他同别人的分离表现为他的真正的存在;他的生命表现为他的生命的牺牲,他的本质的现实化表现为他的生命的失去现实性,他的生产表现为他的非存在的生产,他支配物的权力表现为物支配他的权力,而他本身,即他的创造物的主人,则表现为这个创造物的奴隶。"①

由上可见,马克思在《摘要》中所阐述的异化理论,决不是简单地沿用黑格尔、费尔巴哈的异化概念,而是在广泛地深入研究社会经济领域中的各种异化现象,并对黑格尔、费尔巴哈异化理论进行唯物主义地批判改造的基础上形成的。同时,我们还可以看出,《手稿》中进一步阐述的劳动异化理论也不是突然提出的,它是在广泛研究了社会经济领域的诸多方面的异化现象后集中概括而形成的,从而使劳动异化理论的提出具有比较坚实的基础。把《摘要》和《手稿》联系起来看,马克思正是由流通、信贷、交换等到生产,即由现象到本质,从而得出劳动异化理论的,然后又由劳动异化来理解了人类自身的异化,理解了资本主义社会阶级关系和私有财产的本质。这清楚地说明,马克思研究经济领域的各种异化现象,目的是要研究人的本质的异化、社会的异化,从而为革命地改造资本主义社会提供理论根据。有的论者对马克思的异化理论采取简单否定的态度是不妥当的。我们应该认真地研究包括《詹姆斯·穆勒〈政治经济学原理〉一书摘要》和《1844年经济学哲学手稿》在内的马克思的著作,给马克思的异化理论以科学的分析和评论。

二

马克思研究人的异化,必定要研究人的本质。因此,关于人的本质的论述是《摘要》中的又一重要的哲学问题。

费尔巴哈在批判宗教时,认为世界上真实存在的是感性的物质的自然界和人,宗教是人把自己的类本质加以异化的结果。他用人来说明神,在当时曾起过思想解放的作用。费尔巴哈比较强调人是"类"而

---

① 《马克思恩格斯全集》第42卷,北京:人民出版社1979年版,第25页。

不是单个的个人，强调人与人的联系、交往，这也是一个进步。但是，费尔巴哈讲的"类"还只是一个抽象的普遍概念。他说："在人里面形成类，即形成本来的人性的东西究竟是什么呢？就是**理性、意志、心**。"① 费尔巴哈实际上是把人的感情、感觉、有血有肉的感性作为人的本质，所以，他讲的人只是生物学上自然的人，是离开具体历史、离开具体社会关系的抽象的、一般的人。后来，马克思在否定费尔巴哈的人本主义时明确地指出："人的本质并不是单个人所固有的抽象物。在其现实性上，它是一切社会关系的总和。"②

然而，马克思突破、否定费尔巴哈的人本主义而形成上述观点，是有一个过程的。马克思开始是从费尔巴哈关于现实的感性的人的学说出发，后来发展并超出了费尔巴哈的观点，直至最后彻底批判了费尔巴哈的观点。从一开始，马克思就不满意费尔巴哈过多地注重自然界，而过少地注重社会政治。早在关于林木盗窃法的辩论时，马克思就指出每一个公民"都是通过千丝万缕的生活神经同国家联系着"③。这里已经包含有从多种社会联系来认识人这个存在物的意思。在《〈黑格尔法哲学批判〉导言》中，马克思也指出："人并不是抽象的栖息在世界以外的东西。人就是**人的世界**，就是国家，社会。国家、社会产生了宗教即**颠倒了的世界观**，因为它们本身就是**颠倒了的世界**。"④ 显然，这也是从现实的社会方面来考察人的本质。

在《摘要》中，马克思对人的社会本质的理解又前进了一步。他说："**人的本质是人的真正的社会联系**，所以人在积极实现自己**本质**的过程中**创造**、生产人的**社会联系**、社会本质，而社会本质不是一种同单个人相对立的抽象的一般的力量，而是每一个单个人的本质，是他自己的活动，他自己的生活，他自己的享受，他自己的财富。"⑤ 这说明马

---

① 《费尔巴哈哲学著作选集》下卷，北京：生活·读书·新知三联书店1982年版，第27—28页。
② 《马克思恩格斯文集》第1卷，北京：人民出版社2009年版，第505页。
③ 《马克思恩格斯全集》第1卷，北京：人民出版社1956年版，第149页。
④ 《马克思恩格斯文集》第1卷，北京：人民出版社2009年版，第3页。
⑤ 《马克思恩格斯全集》第42卷，北京：人民出版社1979年版，第24页。

克思对人的本质的认识又深入了一步。他已经从"人就是人的世界,就是国家,社会"那种笼统的理解,进到比较具体地从人的活动、生活、享受、财富等社会实践活动中来探索人的本质,并且提出了"人的真正的社会联系"是人的本质。

人的这种真正的社会联系是怎样产生的呢?马克思强调说,它不是由黑格尔所说的"反思"产生的,而是由于有了个人的物质生活需要才出现的,它是人们在实现自己存在时的直接产物。当时,资产阶级经济学"以**交换和贸易**的形式来探讨**人们的社会联系**或他们的积极实现着的**人的**本质,探讨他们在类生活中、在真正的人的生活中的相互补充"①。它还把社会交往的异化形式作为本质的和最初的形式、作为同人的本性相适应的形式确定下来了。但是,它是以作为私有者同私有者的关系的人同人的关系为出发点的,他们讲的社会联系、社会交往也主要是讲的作为私有财产的商品交换关系。马克思改造了资产阶级经济学的这种观点,他把生产中人的活动的交换和人的产品的交换,看作是类活动。他说:"不论是生产本身中人的活动的**交换**,还是**人的产品**的**交换**,其意义都相当于**类活动**和类精神——它们的真实的、有意识的、真正的存在是**社会的**活动和**社会的**享受。"②可见,马克思已经进一步从生产活动来阐明人的社会联系。

在《摘要》中,马克思阐明了从社会生产中考察人的本质的问题。他认为劳动是人的自由的生命表现,人在劳动中肯定了自己的个人生命,从而也就肯定了自己的个性的特点。因此,马克思说:"我们的生产同样是反映我们本质的镜子。"③那么,在社会生产中如何反映人的本质呢?对此,马克思进行了具体的分析。他说,假定我们作为人进行生产,在这种情况下,我们每个人在自己的生产过程中就双重地肯定了自己和另一个人。为什么呢?这是由于:(1)我在我的生产中物化了我的个性和我的个性的特点,因此我既在活动时享受了个人的生命表

---

① 《马克思恩格斯全集》第42卷,北京:人民出版社1979年版,第25页。
② 同上书,第24页。
③ 同上书,第37页。

现,又在对产品的直观中由于认识到我的个性是物质的、可以直观地感知的因而是毫无疑问的权力而感受到个人的乐趣;(2)在别人享受或使用我的产品时,我直接享受到的是:既意识到我的劳动满足了人的需要,从而物化了人的本质,又创造了与另一个人的本质的需要相符合的物品;(3)对你来说,我是你与类之间的中介人,你自己意识到和感觉到我是你自己本质的补充,是你自己不可分割的一部分,从而我认识到我自己被你的思想和你的爱所证实;(4)在我个人的生命表现中,我直接创造了你的生命表现,因而在我个人的活动中,我直接证实和实现了我的真正的本质,即我的人的本质,我的社会的本质。马克思的这些分析,清楚地表明他已经把人的社会生产活动以及在人的活动的交换和人的产品的交换中所形成的社会联系,看做是人的本质。

值得注意的是,马克思在《摘要》中谈到人的各种社会关系、社会联系时,还把这些关系区分为"本质的关系"和"非本质的关系","本质的联系"和"非本质的联系",提出从本质关系、本质联系来看,人是一个"总体的存在物"。马克思的这种观点,虽是一种萌芽状态,但确实是十分可贵的、重要的。这是马克思在关于林木盗窃法辩论中所讲的每个公民与国家有着千丝万缕的联系的观点的进一步发展。

在马克思看来,由于生产活动是客观的,那么,在生产活动中所产生的社会联系也是客观的。这种社会联系的主体是人,但是,这种社会联系却是不以人为转移的。只要人不承认自己是人,不按照人的样子来组织世界,这种社会联系就以异化的形式出现。

据此,马克思不同意把人看做是抽象概念的观点。他说:"人们——不是抽象概念,而是作为现实的、活生生的、特殊的个人——**就是**这种存在物。这些个人**是怎样的**,这种社会联系本身就是怎样的。"① 马克思不仅把人看成是现实的、活生生的人,而且从生产活动中所形成的社会联系来理解人的本质,这实际上已经开始突破和超出费尔巴哈的人本主义了。

---

① 《马克思恩格斯全集》第42卷,北京:人民出版社1979年版,第25页。

在对马克思主义哲学形成问题的研究中，学术界流行着这样一种观点：认为在1843—1845年之间，马克思脱离青年黑格尔以后，信奉费尔巴哈人本主义，马克思在这段时期的著作中关于人的论述，是与费尔巴哈人本主义一脉相承的，他不曾阐明人的社会本质，直到他写作《1844年经济学哲学手稿》时，还没有超出费尔巴哈人本主义。这种观点，显然是不符合马克思思想发展的实际的。姑且不谈《1844年经济学哲学手稿》，仅就《詹姆斯·穆勒〈政治经济学原理〉一书摘要》来看，马克思显然和费尔巴哈不同，他已经从现实的社会关系、社会联系出发，来阐明人的本质了。

其实，就马克思考察人和人类社会的方法而论，它的起点也比费尔巴哈人本主义要高。费尔巴哈尽管把现实的人作为出发点，但是他不讲人生活在其中的世界，因而这个"人"始终是同社会脱离的，是宗教哲学中所说的那种抽象的人。这种方法显然是形而上学的。而马克思在考察人和人类社会所用的方法，则是被他所改造过的辩证方法。按照黑格尔的辩证法思想，社会中任何一个个人，只有当他和另外的人发生联系时，这个个人作为人才是真实的存在。黑格尔说过："每一个特殊的人都是通过他人的中介，同时也无条件地通过普遍性的形式的中介，而肯定自己并得到满足。"① 马克思正是用的辩证方法，说明人的本质存在于人的社会中介即社会联系、社会关系之中，要认识人的本质，就必须全面认识人的各种社会联系。这点，在《摘要》中表现得也是很清楚的。

必须指出，马克思在《摘要》中对人的本质的认识，开始超出费尔巴哈的人本主义，然而，同他后来关于人的本质的科学论述相比，它仍然是不成熟的。因为这时马克思对社会关系、社会联系的了解还是比较抽象的，主要的是从生产、分配、交换、消费等经济领域讲的，还没有谈到政治等方面的社会联系，因而没有明确地把人的本质概括为一切社会关系的总和。所以，对《摘要》中关于人的本质的分析作过高的评价，也是错误的。

---

① 〔德〕黑格尔：《哲学原理》，北京：商务印书馆1961年版，第197页。

五 韩立新:《〈穆勒评注〉中的交往异化:马克思的转折点》[①]

一 异化劳动理论的缺陷

1. 异化劳动的结构

迄今为止,人们一谈及《巴黎手稿》,往往都把其核心思想归结为异化概念,这本身并没有错。但问题在于异化是不是像人们通常所理解的那样,只是指《第一手稿》中异化劳动?反过来问,异化劳动是不是马克思异化理论的全部?要回答这一问题,首先得分析一下异化概念的逻辑结构。

德文的异化 Entfremdung 与外化 Enäuβerung 一样,都来自拉丁语 alienatio,意指成为他者。汉语将 Entfremdung 译成"异化",日语将它译成"疎外",都是在强调主体成为与自身相异己、相疏远的他者这一含义。从哲学史上看,费希特的绝对自我通过外化而设定非我的先验哲学,黑格尔的绝对精神自我外化和自我回归的神学逻辑,以及费尔巴哈的人的自我异化的宗教批判,都是在这一含义上来使用异化和外化的。在后面我们将看到,马克思的异化劳动概念也是在这一意义上使用的。

那么,异化概念具有什么样的逻辑结构呢?首先,异化概念具有近代哲学"**主客二分**"的逻辑结构。异化,通俗地讲,就是主体变成与自己相异己的客体,客体反过来与主体相对立,最后主体通过扬弃客体来使客体回归自身,其基本结构显然是从自笛卡尔到黑格尔为止近代哲学家所主张的主客二分及其辩证运动。日本学者广松涉曾模仿黑格尔的叫法,将异化的逻辑结构概括为"自我异化和自我回归",或者干脆称之为"自我异化"。[②]

[①] 选自《现代哲学》2007 年第 5 期,第 1—15 页。
[②] 参照〔日〕广松涉:《物象化论的构图》,第一章第三节"异化论的扬弃与物象化论",岩波书店 1983 年版。广松对马克思早期异化论的研究成果还反映在他的其他著作,即《马克思主义的成立过程》(1968 年,至诚堂)、《马克思主义的世界》(1969 年,劲草书房)、《青年马克思论》(平凡社,1971 年)、《唯物史观的原像》(三一书房,新书版,1971 年)之中。

自我异化的逻辑结构在神与人的关系上具有典型性。基督教神学和黑格尔哲学所遵循的是神自己外化为人的逻辑。而费尔巴哈则正好相反，他颠倒了黑格尔主词和宾词的关系，自我异化的主体不再是神，而是人。神是人的本质的异化状态。鲍威尔兄弟、赫斯和施蒂纳等黑格尔左派的主张基本上与费尔巴哈的宗教批判逻辑具有同构性，他们将费尔巴哈的人的自我异化逻辑应用到了政治、经济、社会等领域。国家作为政治权利拥有一种类似于神那样的超越力量，但它只不过是人将自己的力量外化的结果；货币和资本等经济力量虽然是"地上的神"，但它们同样也是人的内部力量物神化（拜物教）的结果；法律、社会本身也是人的本质力量外化，然后自立的结果。将这一逻辑极端化，就像施蒂纳所批判的那样，甚至"人"（der Mensch）、"类本质"（Gattungswesen）也是"唯一者"（个体的人）的异化形态。而"人"和"类存在"本来是黑格尔左派为冲破黑格尔神学框架所建构起来的革命性概念。从上述各种理论来看，"自我异化本身是跟特定的主体概念不可分割的"①。在黑格尔那里，自我异化的主体是神、绝对精神，其宾词是人。而到了黑格尔左派那里，这一主体被换成了"人类"（施特劳斯）、"自我意识"（鲍威尔兄弟），"人"和"类本质"（费尔巴哈、赫斯），宾词被换成了神、国家、政治、法律、货币等而已。黑格尔和黑格尔左派虽然在理论倾向上相反，但在异化概念的逻辑结构上则完全一致。

其实，按照上面的异化定义，即异化就是主体成为与自身相异己、相疏远的他者，异化本身就应该是自我异化。尽管主体将自身设定为一个与自身相对立、相异己的他者，会出现一个主体和客体的两极对立关系，但这仍然是一个主体的自我运动（外化、对象化、异化），换句话说，只要有一个特定的主体，异化逻辑就能够自足，而无须借助于其他的外在要素。因此，自我异化本质上是"一个主体"的逻辑结构。而由于整个黑格尔左派都在解决人的异化问题，因此自我异化的主体显然

---

① 〔日〕广松涉：《马克思主义和自我异化论》，《马克思主义的成立过程》，选书版，至诚堂，1968年版，第347页。

是"人",而且是"一个人"。关于异化的这一特点,如果借用马克思后来在《关于费尔巴哈的提纲》第六条中对费尔巴哈进行批判时所使用的那一著名说法,就是一种"抽象的——孤立的——人类个体"① 的逻辑结构,简称"孤立人"的逻辑结构。

"主客二分"、"自我异化"、"孤立人"是异化逻辑结构的三个根本特点,其核心在于自我异化。那么,马克思在《手稿》中是不是也继承了自我异化的逻辑结构了呢?这是我们要讨论的核心问题。我们知道,在《手稿》中马克思较为集中地讨论异化问题是在《第一手稿》的"异化劳动"片断。在这一片断中,马克思并没有像黑格尔那样来讨论绝对精神的外化,也没有像费尔巴哈那样在宗教异化层面上讨论类本质的异化,而是在人的劳动活动这一极为限定的层面上,将异化逻辑应用到了对国民经济学的现状、即资本主义生产关系下劳动者生存状态的分析。从马克思对异化劳动所作的规定来看,他明显地继承了自我异化的逻辑结构。具体说来,马克思对异化作了四个规定:第一规定是"物象的异化"(Entfremdung der Sache);第二规定是"自我异化";第三规定是"类本质"的异化;第四规定是"人同人相异化"。在这四个规定中,至少前三个规定都是从特定的主体即"劳动者"(Arbeiter)与自身的关系出发的。在异化劳动片断,尽管马克思已经成功地换掉了黑格尔和黑格尔左派的主体概念,特别是已经能够将费尔巴哈的"人"理解为一个特定的生产关系下的"劳动者",但仍然没有脱出自我异化的框架。因为按照马克思在异化劳动第三规定中对人的本质的描述——劳动者(1)是一个自然存在;(2)具有自由自觉的活动能力;(3)拥有类本质——人的本质仍然是出于对自关系中的"孤立人"的本质。所谓异化也无非是这一"劳动者"与自己的劳动产品或者自然和物象②、与自身的劳动过程和劳动活动、与自身的类本质的异化。这仍然

---

① 参照《马克思恩格斯选集》第2卷,北京:人民出版社1985年版,第60页。
② 马克思本人在《手稿》中对第一个异化规定的叫法并不统一,分别有劳动者同自己的劳动产品、人同自然界、人同物象相异化等三种叫法。按照日本学者望月清司的分析,这三种叫法是有差别的。参照望月清司:《马克思历史理论的研究》,第一章,岩波书店1973年版。

是一种主体与客体之间的主客二分逻辑，因此也仍然是一种自我异化逻辑。这一点可以从马克思将"劳动活动本身的外化、异化"直接定义为"自我异化"（Selbstentfremdung）① 以及多次提及自我异化这些事实中就可以得到充分的证明。

异化劳动所固有的自我异化本性给马克思的异化理论带来了双重的理论缺陷。首先，在对人的理解上会呈现出人本主义的先验逻辑。自1932年《巴黎手稿》公开发表以来异化劳动理论一直饱受批评，无论是前苏联东欧社会主义阵营的哲学家还是西方马克思主义者阿尔都塞以及日本的广松涉，都认为异化劳动理论的逻辑前提是一种关于人的本质的价值悬设，而从先验的"类本质"出发来解释人和社会历史则具有历史唯心主义之嫌。其实，这一缺陷是自我异化逻辑本身所固有的，因为自我异化逻辑必须要设定一个先验的主体，必须假定一个未被异化的初始状态或者说本真状态，否则就无所谓异化。这是异化论，包括马克思的劳动异化论都无法避免的。费尔巴哈的异化论将神看作是人的自我异化的结果，那么人的"类本质"作为未被异化的本真状态就是一个不可或缺的逻辑前提。同理，在异化劳动片断中，为了说明资本和雇佣关系下的劳动是一种异化劳动，马克思也必须以本真的劳动即自由自觉的活动这一类本质为逻辑前提。

其次，在方法论上面临着解释市民社会的困难。前面说过，异化概念本身具有"抽象的——孤立的——人类个体"的逻辑结构，异化劳动也不例外，它在本质上也是一个"孤立人"的逻辑。尽管马克思对异化劳动的分析是从眼前的国民经济学的事实，即"工人生产的财富越多，他的产品的力量和数量越大，他就越贫穷。工人创造的商品越多，他就越变成廉价的商品。物的世界的增值同人的世界的贬值成正比"②出发的，但他所说的事实实际上是一个受到剥削和压迫的雇佣工人，他所设想的场景基本上是资本主义工厂里的直接劳动过程。在这样一种场

---

① 《马克思恩格斯文集》第1卷，北京：人民出版社2009年版，第202页。
② 同上书，第156页。

景中，有一个孤立的劳动者就足够了。这也就是为什么我们在异化劳动片断中看不到对分工和交换以及对市民社会分析的原因。反过来说，异化劳动理论虽然可以说明雇佣工人的生存状况，但却无法说明建立在分工和交换基础上的市民社会以及生活在其中的芸芸众生，不能科学地说明市民社会，当然也就无法揭示社会历史的发展，那么也就谈不上创立唯物史观。在这个意义上，异化劳动理论存在着严重的方法论缺陷。

2. 异化劳动第四个规定的问题

这一方法论缺陷的直接后果是无法对异化劳动第四个规定做出说明。细心的读者可能已经注意到，到目前为止我们讨论异化劳动时都只涉及前三个规定，而没有涉及第四个规定，这是为什么呢？因为第四个规定与前三个异化规定相比完全是另类。关于异化劳动的第四个规定，马克思这样写道："人同自己的劳动产品、自己的生命活动、自己的类本质相异化的直接结果就是**人同人相异化**。"①

"人同自己的劳动产品、自己的生命活动、自己的类本质相异化"显然是指异化的前三个规定，而这三个异化规定的结果就是"人同人相异化"。为什么能够下这样的结论？这里的"人"究竟指的是谁？是雇佣工人，还是资本家，还是普通的市民？"人同人相异化"，是指雇佣工人和雇佣工人、雇佣工人和资本家、资本家和资本家，还是指市民和市民？马克思对这些疑问没有作出明确的解答，却只是重复着一个简单的类推，即："当人同他自身相对立的时候，他也同他人相对立。凡是适用于人对自己的劳动、对自己的劳动产品和对自身的关系的东西，也都适用于人对他人、对他人的劳动和劳动对象的关系。"② 实事求是地讲，这很难说是严格的内容规定，同前三个规定相比，第四个规定显得太过简短，甚至可以说没作规定。马克思为什么会这样对待第四个规定？前面说过，这是异化劳动理论的方法论缺陷所致。自我异化逻辑虽然可以很好地说明"人同自己的劳动产品、自己的生命活动、自己的类

---

① 《马克思恩格斯文集》第 1 卷，北京：人民出版社 2009 年版，第 163 页。

② 同上。

本质相异化",但是,"人同人相异化"则显然不适应自我异化逻辑,因为它超出了"孤立人"的范围,至少需要两个对等的、独立的个人,否则构不成人与人之间的关系,当然也就无所谓"人同人相异化"了。如果说"孤立人"的逻辑属于单纯的主客逻辑的话,而"人同人相异化"则属于复杂的主体与主体、主体与客体的关系逻辑。对这样一种复杂的逻辑,恐怕只能依据一个商品生产和交换的体系即市民社会来说明。总之,在我看来,马克思之所以没有对第四个异化规定作出说明只是因为他无法作出说明①,因为在《第一手稿》中他还受制于自我异化的逻辑结构。

到异化劳动片断的结尾,马克思终于意识到了异化劳动理论的缺陷,并开始尝试引入与他人的关系。"人同自身和自然界的任何自我异化,都表现在他使自身和自然界跟另一些与他不同的人所发生的关系上。……在实践的、现实的世界中,自我异化只有通过对他人的实践的、现实的关系才能表现出来。"② 在这段引文的前后,马克思好像是要把"人与他人的关系"解释为孤立的雇佣工人与前面未曾露面的资本家之间的关系,但是,雇佣工人与资本家的关系是一种不对等的隶属关系,在逻辑上无法适用于"人同人相异化",只有独立的、对等的主体,譬如市民与市民或者私有者与私有者这样的关系才能够适应于"人同人相异化"。可能也正是认识到了这一点,在异化劳动片断行将结束之时,马克思提出要研究"买卖、竞争、资本、货币"等国民经济学的范畴,而这些范畴显然是以独立的、对等的主体之间的关系为前提的,并提出要在考察这些范畴的形成之前,首先要解决两个任务,其中之一就是"(1)从私人所有对真正人的和社会的所有的关系来规定作为异化劳动结果的私人所有的普遍本质"③。这是一句非常难解的话,

---

① 唐正东教授也认为马克思在《第一手稿》的最后"实际上是写不下去了"(《斯密到马克思——经济哲学方法的历史性诠释》,南京大学出版社2002年版,第279页。)不过,他做出这一判断的理由与本文的理由并不相同,他认为是马克思当时没有阅读李嘉图等人的经济学著作所致。
② 《马克思恩格斯文集》第1卷,北京:人民出版社2009年版,第165页。
③ 同上书,第167页。

光从这句话出发，我们很难推断这句话的真意，幸运的是，马克思在后面对此作了补充说明。

"补入（1）私人所有的普遍本质以及私人所有的对真正人的所有的关系。**占有**（A）表现为**异化**（A）、**外化**（A），而**外化**（B）表现为**占有**（B），**异化**（C）表现为真正**获得**［占有 C］**公民权**。"①

关于这段话，日本的望月清司曾作过一个解释："人把对象当作为我之物的自我实现活动（占有 A）带来了自然以及事物的异化（异化 A 和外化 A），而对象化的完成及产品的完成（外化 B），一方面作为产品向生产者的复归→占有→享受（占有 B），另一方面被转让为人的＝社会的财产（Eigentum＝所有），作为产品脱离生产者（异化 C）的代价，生产者被允许参加'人的社会'（获得 Einbürgerung 公民权）（占有 C）。"② 我基本上同意望月的解释。对本文而言，这一解释的最后部分，即生产者把自己的劳动产品外化＝转让给了他人，通过这一活动生产者获得了公民权，换句话说就是成为社会（Gesellschaft）的一员颇为重要。也就是说，私有者通过转让自己的所有物，使私人所有获得了"普遍本质"，私人所有因此而成为"人的和社会的所有"。这是马克思为第一个任务所准备的答案。从这一预备性答案来看，马克思已经决心要突破异化劳动的限制，尝试将异化逻辑推广到人与人之间的关系层面，这也预示着马克思将在私有者之间的关系层面上来解释异化劳动的第四个规定。

总之，到异化劳动片段的最后关头，马克思终于发现，他需要从人的"自我异化"转向人的"相互异化"，从对劳动异化的分析转向了对人与人关系异化的分析。

---

① 《马克思恩格斯全集》第 3 卷，北京：人民出版社 2002 年版，第 279 页。括号和记号都是由原引用者所加。——编者注

② 〔日〕望月清司：《马克思历史理论的研究》，岩波书店 1973 年版，第 105 页。

二 交往异化与社会关系

马克思在结束异化劳动理论的研究之后，开始着手研究市民社会中人与人之间的关系。这一研究是以吸收和批判国民经济学著作的方式进行的，其成果主要反映在《穆勒评注》全篇以及《第三手稿》的一部分片断当中，通过这一研究马克思所获得一个核心概念就是交往异化。

1. 交往异化的结构

什么是交往异化？要回答这一问题，首先必须弄清楚交往概念的基本含义和基本结构。交往（Verkehr），从语义上看，包括交通、交换、交流等多重含义。在《穆勒评注》中，马克思对交往的认识集中体现在下面这段话中：

> "不论是生产本身内部的**人的活动**的**交换**，还是人的产品的相互交换，都相当于**类活动**和类享受（Gattungsgenuβ）——它们的现实的、有意识的、真正的存在是**社会的**活动和**社会的**享受。因为人的本质是人的**真正的共同存在性**（Gemeinwesen），所以人通过发挥自己本质，创造、生产人的**共同本质**（Gemeinwesen）、社会本质。"①

按照马克思的理解，交往是"**类活动**和类享受"、"**社会的**活动和**社会的**享受"，换句话说，是人的"类本质"和"社会本质"。人必须生活在"类"、共同体或社会之中，因为单个人是无法自给自足的，他必须要借助于来自他人的劳动产品才能生存下去。在这个意义上，交往或者用马克思本人的表达方式"相互补充"（wechselseitige Ergänzung）是人的本性，是人的本真形态。马克思之所以称赞"穆勒把**货币**称为交换的**中介**，这就非常成功地用一个概念表达了事情的本质"②，以及带有肯定的口吻说："国民经济学以交换和贸易的形式来探讨人们的**共同**

---

① 《马克思恩格斯全集》第42卷，北京：人民出版社1979年版，第24页。
② 同上书，第18页。

存在性或他们积极实现着的**人的本质**"①，都在于说他们看到了"相互补充"（在这两段引文的后面都出现"相互补充"一词）对于实现"类生活"和"真正的人的生活"的意义，尽管他们还是以国民经济学的方式。

既然"相互补充"是"类本质"、"社会本质"，那么人的交往就应该是人格与人格之间的关系。在《穆勒评注》中，马克思似乎将这一命题当作不言自明的大前提，并没有给予充分的说明。在这里，我想按照马克思本人的思想脉络，对这一命题作些补充说明。交往之所以是人格与人格之间的关系，原因有三：其一，每个劳动产品都是凝结着劳动者体力和脑力等人的本质力量的对象物，都是劳动者人格的对象化。或者说，由于每个劳动产品都注入了劳动者的人格，劳动产品就是劳动者人格的代表，或者干脆说就是人格本身。因此，劳动产品的交换就等于人格与人格之间的交往；其二，劳动产品的"相互补充"不是借助于某种中介，譬如私有财产、货币、商品来实现的，它是一种直接的"相互补充"关系。由于没有中介，人们在交往中所面对的都是对方的人格，那么交往也自然是人格之间的交往。私有财产、货币、商品这类中介的有无是判断交往关系性质的关键；其三，"相互补充"的结果将使人的需要同彼此的劳动成果结合起来，从而使自己以及他人的人格都得到完善。通过交往，人不仅实现了自己的人格，而且还实现了他人的人格，用马克思的话说，"我们每个人在自己的生产过程中就双重地肯定了自己和另一个人"②。因此，交往体现了人格与人格之间互相承认的关系。③

但是，在眼前的市民社会中，交往却采取了一种与人格和人格的关系不相符的形式，即"社会交往的异化形式"④。关于"交往异化"概

---

① 《马克思恩格斯全集》第 42 卷，北京：人民出版社 1979 年版，第 25 页。
② 同上书，第 37 页。
③ 参照张盾：《马克思实践哲学视野中的"承认"问题》，（载《马克思主义与现实》，2007 年第 1 期）和《交往的异化：马克思〈穆勒评注〉中的"承认"问题》，（载《现代哲学》，2007 年第 5 期）。
④ 参照《马克思恩格斯全集》第 42 卷，北京：人民出版社 1979 年版，第 25 页。

念,我曾经在"《德意志意识形态》中的市民社会概念(上)"[1]一文中作过简单的规定,指出它包括三层含义:(1)私人所有的外化就是交往的异化;(2)货币本身就是交往的异化;(3)交换本身就是交往的异化。但当时因篇幅所限只能对这三层含义进行了列举,而没能展开,在此我想对这三层规定作一些补充说明。

(1)"私人所有的外化就是交往的异化"。这是从交往异化产生条件的角度所下的定义。马克思曾说:"只要人不承认自己是人,因而不按人的方式来组织世界,这种社会联系就以异化的形式出现"。反过来说,交往异化发生的前提,是出现"不承认自己是人,因而不按人的方式来组织世界"的"人"。那么,这一不平凡的"人"究竟指的是什么人呢?在这段话的前面,马克思曾论及了斯密的"个人的需要和利己主义",由此类推,这种"人"肯定是从"个人的需要和利己主义"出发的人。在这段话的后面,马克思又指出这种"人""不是抽象概念,而是作为现实的、活生生的、特殊的个人"。这又指的是什么人呢?这是指私有者,即拥有私有财产的个人。因为在后面我们将看到,只有私有者才配得上"现实的、活生生的、特殊的个人"。顺便说一句,《穆勒评注》中所说的异化的主体在多数情况下都是指从事生产的私有者,或者说市民社会中的市民,而并不是无产阶级,也不是资本家。尽管马克思也偶尔涉及资本和雇佣劳动关系下的异化劳动,但其主题无疑是私有者之间的交往异化。

私有者是"**排他的占有者**(exclusiver Besitzer),他通过这种排他的占有证实自己的人格性(Persönlichkeit),并使自己同他人既相区分又相联系"[2]。当人一旦变成私有者,人同人的关系就变成私有者同私有者的关系,交往将发生异化。因为在这时,人的产品的相互交换不再是直接的各取所需,而是"做买卖"(Schacher)。在私有制的前提下,在"个人的需要和利己主义"的世界里,除非有外在的强制力量,获得他

---

[1] 见《马克思主义与现实》,2006年第4期。
[2] 参照《马克思恩格斯全集》第42卷,北京:人民出版社1979年版,第25页。

人手里的劳动产品的前提是将自己的私人所有转让（外化）给他人，换句话说，要以自己手里的私人所有为中介同对方进行交换。因为对方也是一个私有者，如果他得不到相应的回报，是不可能将自己的私人所有转让出去的。这就是所谓的交换正义。总之，以私人所有为中介的交换就是交往的异化。交往的异化起源于私有制以及以私人所有为中介的交换。

（2）货币本身就是交往的异化。真正的交往是不需要中介的。但是，由于私人所有的出现和人转变成"私有者"，交往开始遵循交换正义原则，货币在这一过程中逐渐取代其他形式的私人所有而一跃成为交换的中介。这一中介的出现在人类史上绝对是一件大事，它不但使"人本身不再是人的中介"，而且使人格与人格之间的交往蜕变成私人所有和私人所有之间的交换，并反过来开始支配人格与人格的交往本身。因此，货币是交往异化的典型表现。按照马克思对货币的经典定义："货币，是私人所有的外化，是排除了私人所有的**特殊**的人格本性的抽象。"① 货币的本质在于私人所有，它是私人劳动的创造物；但同时它又是排除了私人所有的特殊形态，是私人所有外化的结果，因此货币应该从属于人，是"人的社会的行为"外化的结果。但是不幸的是，货币一旦被创造出来，却成为"在人之外和在人之上的本质"②。在货币面前，人的愿望、活动以及同他人的关系都成了与自己相异己的力量，人反而丧失了自身，将货币当作目的本身。人与物象之间的主客关系开始发生颠倒，人沦落为货币的奴隶，货币拥有了支配人的"真正的权力"，成为"真正的上帝"。正如马克思所说，货币是"异己的中介"③。

关于交往异化的本质，马克思还借助对信贷制度的分析予以了深刻的揭露。在信用业中，由于人们可以靠信用完成交易，似乎靠货币为中介的交换被扬弃，人又重新回到人与人之间的关系之中。圣西门主义者就被这种假象迷惑，错误地将信贷看成是人类社会的理想，而马克思则

---

① 《马克思恩格斯全集》第 42 卷，北京：人民出版社 1979 年版，第 20 页。
② 《1844 年经济学哲学手稿》（单行本），北京：人民出版社 2000 年版，第 165 页。
③ 同上。

认为，这是一种比普通的物物交换更为深重的异化状态。之所以这样说，是因为"在信贷中，人本身代替了金属或货币，成为交换的中介"①。前面说过，在市民社会中人只有通过将自己的所有物转让给他人，才能获得对方的私有财产，其交换要借助于某种"身外之物"譬如货币和劳动产品等来完成。但是，在信贷关系中，交换者所借助的不再是货币和劳动产品等"身外之物"，而直接就是人格本身，用马克思的话说，就是"**人的个性**"（menschliche Individualität）、"**人的道德**"（menschliche Moral）、"**人格存在**"（persönliches Dasein）。需要说明的是，这里的"人格"与前面提到人格关系中的人格不同，正像我们在日常生活中经常听到的"我以人格作担保"那样，这种人格是交易的经济担保，是"某种**资本**和利息的**存在**"。马克思用下述极其犀利而又令人震撼的语言，道破了信贷中人格的实质：

"在信贷关系中，不是货币被人取消，而是人本身变成**货币**，或者是货币和人**并为一体**。**人的个性**本身、人的**道德**本身既成了买卖的物品，又成了货币存在于其中的**物质**。构成货币灵魂的物质、躯体的，是我自己的**人格存在**（persönliches Dasein）、我的肉体和血液、我的社会美德和声誉，而不是货币、纸币。信贷不再把货币价值放在货币中，而是把它放在人的肉体和人的心灵中。"②

也就是说，信贷中用来交换的是人格本身。我们知道，自从奴隶制和封建制被废除以来，文明社会虽然对物物交换予以了鼓励，但对人格本身的买卖则是严令禁止的。康德曾在《道德形而上学》一书中把事物分为两类，一类是人格（Person），一类是物象（Sache，又译为物件）。人格是目的，不能被转让；而物象则是手段可以用于转让。这是近代哲学对人格的基本理解，也是《人权宣言》和《独立宣言》中所宣扬的基本理念。文明社会之所以禁止器官买卖、堕胎，以及人们对行

---

① 《马克思恩格斯全集》第42卷，北京：人民出版社1979年版，第22页。
② 同上书，第23页。

政领域的权钱交易和娱乐圈中的性交易持鄙夷态度，都是基于这一人格尊严公理。马克思深谙这一传统，自然会对信贷业中的人格交易无法忍受，更何况他连对"身外之物"的交换都持否定态度。因此，同"身外之物"的交换相比，"身上之物"的交换是一种"更加**卑劣**的和**极端的自我异化，非人化**"①。尽管信贷业和银行业可能是交换手段上的一种进步，但是"虚伪制度内的一切进步和不一贯全都是最大的倒退和始终一贯的卑鄙"。

（3）交换本身就是交往的异化。交往原来是指人格和人格之间复杂多样的物质交往和精神交往，但在市民社会中，交往却蜕变为单纯的买卖关系，蜕变为单纯以物为中介的商品交换（Tausch od. Austausch），交往变成交换就是交往的异化。

交往变成了交换，首先会使劳动发生质的变化，劳动将成为"营利劳动"（Erwerbsarbeit）。什么是营利劳动？按照马克思的规定，第一，"**营利劳动**以及劳动者的产品同劳动者的需要、同他的**劳动规定**没有任何**直接的**关系"；第二，"通过交换，他的劳动部分地成为**收入的来源**。这种劳动的目的和它的存在已经不同了。产品是作为**价值**，作为**交换价值**，作为**等价物**来生产的，不再是为了它同生产者直接的个人关系而生产的"②。由此看来，这一劳动显然不是本来意义上的劳动，而是一种达到顶点的异化劳动。但是，同为异化劳动，营利劳动显然与《第一手稿》中的异化劳动是不同的。《第一手稿》中的异化劳动主要是指资本主义工厂中雇佣劳动的自我异化，而营利劳动则是指商品生产者以营利为目的的劳动，它是以交换为前提的，在营利劳动中劳动目的从证明个人存在的"直接的关系"变成了彼此追求交换价值的"非直接的关系"。由此看来，中译本将这一重要的概念译成"谋生劳动"是不妥当的，因为营利劳动的本质在于营利，而谋生劳动则正好相反，其本质在于谋生、必需，二者有本质性差别。

---

① 《马克思恩格斯全集》第42卷，北京：人民出版社1979年版，第21页。
② 同上书，第28页。

其次，交往变成交换，还会使人与物之间的关系发生根本颠倒。在私有制的基础上，所谓为他人需要而生产只不过是假象，其真实目的是为了"拥有"；同样，所谓为了人们的相互补充也只不过是假象，其真实目的是为了"掠夺"。在交换关系中，私有者关心的只是对方手里的物品，而不是对方的人格需要。你手里的物品才是你满足自己需要的砝码，才是你支配对方的"手段、中介、工具"，才是交往能否实现的"公认的权力"。"因此，我们彼此把自己的产品看作一个人支配另一个人而且也支配自己的**权力**，这就是说，我们自己的产品顽强地不服从我们自己，它似乎是我们的财产，但事实上我们是它的财产。我们自己被排斥于**真正的**财产之外，因为我们的**财产**排斥他人。"① 对这种人与物之间的颠倒状态，马克思一针见血地指出：

"我们彼此进行交谈时所用的唯一可以了解的语言，是我们的彼此发生关系的对象物。我们不懂得人的语言了，而且它已经无效了。……我们彼此同人的本质相异化已经达到了这种程度，以致这种本质的直接语言在我们看来成了**对人类尊严的侮辱**，相反，物的价值的异化语言倒成了完全符合于理所当然的、自信的和自我认可的人类尊严的东西。"②

再次，交往变成交换，会使人与人之间的关系发生异化。在揭示完交换关系中人的劳动异化以及人与劳动产品之间的异化后，马克思终于可以切入交换关系异化的第三个层次，即人与人的异化。这是交往异化的核心规定。

"（1）我们每个人实际上把自己**变成**了另一个人心目中的东西；你为攫取我的物品实际上把自己变成了手段、工具、你自己的物品的生产者。（2）你自己的物品对你来说仅仅是我的物品的**感性的外壳、潜在的形式**，因为你的生产意味着并表明想谋取我的物

---

① 《马克思恩格斯全集》第42卷，北京：人民出版社1979年版，第36页。
② 同上。

品的意图。这样,你为了你自己而在事实上成了你的物品的**手段**、**工具**,你的愿望则是你的物品的**奴隶**,你像奴隶一样从事劳动,目的是为了你所愿望的对象永远不再给你恩赐。"①

这是一段无需加以解释的清晰文字,它生动地描绘了人在交换中的真实状况:人在交换中贬值,被贬低为自己生产物的价值,"我们彼此的价值就是我们彼此拥有的物品的价值。因此,在我们看来,一个人本身对另一个人来说是某种没有价值的东西"②;人与人被物品相互奴役,人在交换中不仅被物品所否定,还被他人所否定;物象与物象的关系成为社会关系的主宰,而人与人的关系则成为附庸。这与马克思后来的《政治经济学批判大纲》中的物象化(Versachlichung)理论是何等地相似!尽管在《穆勒评注》中他并没有使用物象化一词,但已经完整地表述了这一概念的内涵。

最后需要说明的是,马克思虽然把交换看作是人与人之间交往的异化形态,但是并没有对交换采取彻底否定或者说绝对否定的态度,而是把交换看作是交往发展的一个必经阶段,因为,如果剥掉交换这一交往异化的外衣,交换所反映的仍然是"人的社会的"交往的内涵。"因此,**交换**或**物物交换**是私人所有范围内的人的社会行为、类的行为、共同存在性、社会交往和联合,因而是外部的、**外化的**类的行为。"③ 交换之所以是"外部的、外化的类的行为",是由私有制造成的。如果消灭私有制这一前提,交换所反映的恰恰是交往的实质,即"人的社会行为、类的行为、共同存在性、社会交往和联合"。在《穆勒评注》的最后,马克思通过"假定我们作为人进行生产"对未来社会的生产进行

---

① 《马克思恩格斯全集》第42卷,北京:人民出版社1979年版,第36—37页。
② 同上书,第37页。
③ 《1844年经济学哲学手稿》(单行本),北京:人民出版社2000年版,第173页。此处译文有改动。原译文"**交换**或**物物交换**是社会行为、类的行为、共同存在性、社会交往和人在**私人所有**范围内的联合"似有误,意思也行不通。因为"交换或物物交换"不可能是"社会行为、类的行为、共同存在性、社会交往",它们只是**私有制前提下被异化了的**"社会行为、类的行为、共同存在性、社会交往"。

了展望,这一展望所包括的那四点内容就是在消灭私有制的前提下人的真正的生产和交往状态。①

以上我们几乎是按照《穆勒评注》的展开顺序讨论了交往异化的三层含义。通过这一讨论我们发现,如果说《第一手稿》的核心概念是异化劳动,那么《穆勒评注》的核心概念无疑就是交往异化。劳动异化与交往异化虽然都是异化,但两者在内容上是不同的。劳动异化是指劳动者的自我异化,它所遵循的是主客逻辑、孤立人的逻辑,而交往异化则是指至少两个私有者之间的异化,尽管它也涉及劳动者与自己的劳动产品和劳动活动等的异化内容,但都是以交换关系为前提的。在这个意义上,过去那种不分青红皂白地将《巴黎手稿》的异化理论都归结为异化劳动的做法是不正确的,异化劳动不仅不是马克思异化理论的全部,而且在后面我们将看到,由于它本身所固有的缺陷,在理论的成熟度上还要低于交往异化。这也算是我们对第一节开头所提出的那一问题"异化劳动是不是马克思异化理论的全部"的回答。

此外,在上一节的结尾,我们提到了马克思在异化劳动片断几乎没有对异化劳动的第四个规定"人同人相异化"作出说明的问题。通过上面对交往异化的讨论,我们可以大胆推测,"人同人相异化"就是指市民社会中市民之间的交往异化,马克思是在《穆勒评注》中完成对第四个异化规定的解释的。尽管马克思本人在《穆勒评注》中对此没有明确的指认,但是交往异化的内容完全胜任对《第一手稿》第四个异化规定的解释任务。交往异化理论不但解决了马克思在《第一手稿》中的理论困境,而且为他后来科学地解释社会概念奠定了基础。

2. 社会关系的视角

《穆勒评注》是从货币开始讨论的,而货币作为交往的中介与异化劳动不同,它不是一个孤立的私有者的单独行为,而是复数私有者的共同事业,它所反映的是复杂的社会关系。接下来马克思所讨论的其它核心范畴,譬如银行和信贷、交往(交换)、分工、营利劳动等也都具有

---

① 参照《马克思恩格斯全集》第42卷,北京:人民出版社1979年版,第37页。

这一特点，都是以两个以上的私有者的社会关系为前提的。与研究对象上的这一变化相对应，《穆勒评注》的研究视角也从《第一手稿》的自我异化转向了交往异化或者相互异化，而相互异化的实质是社会关系的异化。因此，我们可以说在《穆勒评注》中马克思开始采用了一个"社会关系视角"。这一视角的出现绝对是马克思思想发展史上的一件大事，它给马克思的理论构架带来了巨大的变化：一方面它使马克思摆脱了抽象的主客体式人本主义逻辑，破除了只从劳动来说明人的本质的局限性，开始从社会关系的角度揭示人的本质；另一方面，它使马克思开始从社会关系的角度理解社会和历史，并建构了属于自己的社会概念，正像我们在"《政治经济学批判》序言"中所看到的那样，从社会关系（生产关系）来解释人类历史是唯物史观的前提。

首先，是马克思对人的本质的理解发生了变化。在《第一手稿》中，马克思的分析对象是孤立人的劳动异化，因此他主要是从人与自然的关系或者雇佣工人和资本家的关系角度对人的本质下定义的，譬如著名的"自由的活动"、"自由自觉的活动"、"自由的生命表现"等等，其核心在于如何摆脱自然必然性和资本主义生产关系对人的限制。而到了《穆勒评注》，由于马克思此时的工作在于解剖市民社会，因此他更偏重从人与人之间社会关系的角度来定义人的本质，这反映在他提出的两个有关人的本质的崭新命题之中：（1）"人的本质是人的**真正的共同存在性**"；（2）"总体的存在"（totales Wesen）。

（1）"人的本质是人的**真正的共同存在性**（Gemeinwesen）。"① 这一命题的关键在于对 Gemeinwesen 一词的解释，中译本将它译为"社会联系"，但根据日本学者望月清司的考察，Gemeinwesen 一词主要包括三种含义：①"共同存在的性质"，它相当于《巴黎手稿》中的"类本质"；②"具有共同存在性的形态和组织"，譬如"共同体"（Gemeinschaft）和"社会"（Gesellschaft）；③"特定的共同体"，譬如村落共

---

① 《马克思恩格斯全集》第42卷，北京：人民出版社1979年版，第37页。

同体、罗马共同体等等。① 从马克思在《巴黎手稿》对该词的使用来看，马克思主要是在前两种意义上来使用 Gemeinwesen 一词的。具体到这里的"共同存在性"，我认为它是对"具有共同存在性的形态和组织"即共同体和社会的性质的概括。那么，何谓共同体？何谓社会呢？共同体一般是指个体没有独立，其内部还没有产生交往异化的组织，譬如没有私有制的原始共同体等；而社会一般则是指异化了的共同体，其特征正好与共同体相反，在于个人独立以及有中介的交往，譬如我们眼前的市民社会。因此，"共同存在性"就是对共同体和社会本质的概括，指人的相互依赖、共同活动的本性。在这个意义上，中译本将 Gemeinwesen 译成"社会联系"似有不妥，因为 Gemeinwesen 不单纯是指"社会"的联系，它还指"共同体"的共同本质。

（2）"**总体的**存在"。这是一个常被人提及的命题，关于这一命题，马克思是这样阐述的："双方对对方的对象物的需要，使每一个私有者都意识到，他同物除了有私有权关系以外，还有另一种本质的关系，即他并不是他自认的那种特殊的存在物，而是一个总体的存在（totals Wesen）。"② 理解这一命题的关键是特殊与普遍（总体）的辩证关系。人之所以是一个"总体的存在"，首先是因为他是一个特殊的、不能自足的、有缺陷的存在，正因为他"缺"，所以他才需要"全"，他才除了对自然物的所有关系以外，"还有另一种**本质的**关系"，即依赖他人补充的社会关系。在这个意义上，说人是一个"总体的存在"毋宁说人是一种靠彼此的交往才能生存的特殊的、有缺陷的存在。

"总体的存在"命题背后是黑格尔的市民社会理论。我们虽然拿不出绝对的文献学证据，但是，"他并不是他自认的那种特殊的存在物，而是一个**总体的**存在"，这句话很自然地让人联想起黑格尔《法哲学原理》里的"需要的体系"。在"需要的体系"中，私人是一个利己的排他的存在，他所遵循的是一个以自己为目的的特殊性原理，但是，如果

---

① 参照〔日〕望月清司：《马克思历史理论的研究》，岩波书店1973年版，第121—122页。

② 《1844年经济学哲学手稿》（单行本），北京：人民出版社2000年版，第173页。

他不同别人发生关系，就不能达到全部目的，在这个意义上，私人还必须"成为一种**为他人的存在**"，在为自己生产和享受的同时，还必须为他人的享受而生产，因此私人还是一种普遍性存在，遵循着普遍性原理。① 所谓私人就是这两种原理的统一。马克思的"总体的存在"基本上是在黑格尔"特殊和普遍的不可分性"的意义上讲的。如果剥掉市民社会中人的异化的外衣，"总体性存在"就是指，人是独立的个体同时又是拥有共同性的社会存在。

其次，是马克思提出了属于自己的社会概念。《第一手稿》的异化劳动片段，马克思的理论关心主要集中在异化劳动上，其逻辑起点是孤立的劳动者，"社会"是不需要登场的。而到《穆勒评注》，由于马克思将研究重心已经转移到交往异化，在逻辑上必须要设定一个由复数主体组成的市民社会。马克思《穆勒评注》中的市民社会认识主要来源于黑格尔和斯密。关于黑格尔对马克思的影响，我们从上面马克思对人的本质的规定中就可见一斑，他几乎跟黑格尔一样把市民社会理解为"需要的体系"。至于斯密，马克思在《穆勒评注》中不仅直接引用了亚当·斯密的"社会是一个商业社会"的著名论断，而且与斯密一样，把市民社会理解为一个分工和交换的体系。在《第三手稿》的"分工"片断的开头，马克思写道："在国民经济学家看来，社会是市民社会，在这里任何个人都是各种需要的整体，并且就人人互为手段而言，个人只为别人而存在，别人也只为他而存在。"② 这一理解几乎就是黑格尔和斯密的混合体。关于《穆勒评注》中的市民社会认识，我曾在前面提到的"《德意志意识形态》中的市民社会概念（上）"一文中做过专门的讨论，就不再一一赘述了。这里只想指出一点，马克思此时的市民社会认识同《德法年鉴》时期相比已经有了长足的进步，此时他已经能够客观地看待市民社会对人类历史的意义。

理解这一点是至关重要的，因为市民社会是马克思社会概念的原

---

① 参照黑格尔：《法哲学原理》，范扬、张启泰译，北京：商务印书馆，第182—199页。
② 《马克思恩格斯文集》第1卷，北京：人民出版社2009年版，第236页。

型。我们知道,马克思的"社会"概念是突然地出现在《第三手稿》的"私有财产和共产主义"的片段中的,在那里马克思开始大段大段地讨论"社会"。我们试举一例:

"社会的活动和社会的享受决**不仅仅**存在于**直接**共同的活动和直接**共同**的享受这种形式中,虽然**共同**的活动和共同的享受,即直接在同别人的**现实的社会联系**(wirklicher Gesellschaft)中表现出来和得到确证的那种活动和享受,在社会性的上述**直接**表现以这种活动的内容的本质为根据并且符合其本性的地方都会出现。"①

从这段话来看,马克思并没有对社会的内涵做出具体规定,而只是从功能性角度将社会设定为人类的理想形态,其实《第三手稿》中有关社会概念的讨论大多都是如此。为什么不对这一至关重要的概念下一个定义呢?一个可能的猜测是马克思在《第三手稿》之前已经做过规定,这里只不过是将其省略了而已。当我们遵循这一思路来重新审视上面这段引文时,我们会发现:"社会的活动和社会的享受"的说法其实在《穆勒评注》中也曾出现过,只不过当时是在货币和交换的语境中被阐发的;它们"**决不仅仅**存在于**直接**共同的活动和直接**共同的**享受这种形式中",这不正是意识到《穆勒评注》中市民社会内容的结果吗?因为在市民社会中,"社会的活动和社会的享受"是要经由中介(货币等私有财产)才能实现的,而非直接的共同活动和共同享受。由此看来,市民社会是社会的异化形态。《第三手稿》中的社会概念是以《穆勒评注》市民社会概念的基本构架为前提的,是在扬弃市民社会的基础上建立起来的。认识到这一点十分重要,因为只有这样,我们才能说马克思的社会概念不等于费尔巴哈的"类",也不等于赫斯的"共同体",尽管他们两人也曾在人本主义角度大谈类、共同体、社会等概念,甚至也将这些东西设定为人类的理想。如果说马克思以前的社会认识还残存着黑格尔左派,特别是费尔巴哈与赫斯的痕迹的话,那么经过《穆勒评

---

① 《马克思恩格斯全集》第3卷,北京:人民出版社2002年版,第301页。

注》中市民社会概念的洗礼，此时的他已经接近获得那个属于自己的社会概念。

社会概念的提出是马克思思想发展史上的一个里程碑。如果说马克思在《第一手稿》中的主题是异化劳动，作为对异化劳动的批判，需要把人的本质理解为"自由自觉的活动"；那么，《穆勒评注》的主题则就是市民社会（交往异化的体系），同样，作为对市民社会的批判，需要把人的本质理解为"真正的共同存在性"、"总体的存在"；而在《第三手稿》中，马克思所面临的课题是要扬弃异化劳动和市民社会，去掉"异化"和"市民"这两个形容词，实现对劳动和社会的综合，这时人的本质将必然是"自由自觉的活动"和"社会存在"的统一。马克思的思维进程颇似黑格尔"正反合"的三段论。如果用一个图来表示的话，这一进程可以表示如下：《第一手稿》（劳动——"自由自觉的活动"）→《穆勒评注》（市民社会——"总体的存在"）→《第三手稿》（劳动与社会的结合——"自由自觉的活动"与"社会存在"）①。当马克思完成这一进程时，他已经无限地接近了《关于费尔巴哈的提纲》中的"实践"（第一条）和"社会关系的总和"（第六条）的思想，也无限地接近了《德意志意识形态》中的"生产"和"市民社会"的历史观。如果说《关于费尔巴哈的提纲》和《德意志意识形态》是唯物史观诞生地的话，能接近这些概念表明马克思离创立唯物史观已经不远了，或者毋宁说已经跨出了这不寻常的一步。

总之，《穆勒评注》是马克思思想发展史中的一次重大飞跃，其实质不仅在于马克思从人本主义异化劳动逻辑的脱退，开始用交往异化来说明社会历史的真实结构；而且在于马克思的基本视角开始从**孤立人**转向**社会关系**。正是在这一意义上，我们才说《穆勒评注》中的交往异化理论是马克思思想的一个转折点。

---

① 从整个《巴黎手稿》来看，马克思的确经历了"异化劳动→市民社会→劳动和社会"这一思考过程。这一方面表明，马克思是逐渐地接近唯物史观的；另一方面也表明，拉宾、罗扬和日本学者有关《巴黎手稿》写作顺序的文献学推测，即"《第一手稿》→《穆勒评注》→《第二手稿》和《第三手稿》"是可行的。

三 《穆勒评注》与赫斯

细心的读者可能已经发现,在前面的讨论中我实际上已经在表明和论证这样一个基本观点:交往异化在思想水平上要高于劳动异化,《穆勒评注》在理论上比《第一手稿》成熟。但这并不是一个被我国学界广泛认同的结论,毋宁说正好相反,恐怕还属于"异端",因为在我国学界占主导地位的观点是《第一手稿》在理论上比《穆勒评注》成熟,异化劳动高于交往异化。当然,从本文开头所介绍的《巴黎手稿》的文献学考证成果来看,这种观点显然是站不住脚的。但在这里,我不想仅仅从文献学事实出发来直接否定这种观点,而是像在前面两节所做的那样,从理论逻辑和思想发展的角度再对《穆勒评注》的理论水平以及与此相关的对赫斯的评价问题作些补充论证,不求去驳倒和取代主流见解,只求自己的观点也能够被学界所接受、认同。

1. 《第一手稿》与《穆勒评注》孰高孰低?

在回答这一问题之前,我想先提及一个马克思主义经济学史上的基本事实,这就是在马克思成熟时期的著作《资本论》中,作为科学叙述逻辑起点的并不是资本对雇佣劳动的关系,或者干脆说资本,而是商品。马克思是从对商品关系的分析出发,推出货币、价值以及商品拜物教和货币拜物教,然后才进入劳动过程和剩余价值的生产过程,对资本进行分析的。换句话说,马克思的分析存在着一个从市民社会到资本主义社会这样一个顺序。将这一事实与《巴黎手稿》相对照,我们会发现,在《资本论》中马克思并没有按照《巴黎手稿》中的写作顺序,即《第一手稿》的异化劳动(资本和雇佣劳动的关系)→《穆勒评注》的交往异化(商品和货币分析)来写的;而恰恰相反,是按照交往异化(商品和货币分析)→异化劳动(资本和雇佣劳动的关系)的顺序来写的。如果说《资本论》的写作循序是一种科学逻辑顺序,那么马克思何时认识到分析商品和货币的基础意义则是判定他思想成熟的一个重要指标。而《穆勒评注》尽管在经济学的成熟度上还无法与《资本论》相媲美,但其所表述的基本上属于商品、货币、分工和交换等内容，实际上相当于《资本论》的"商品章"。

与此问题相关，如果以人本主义色彩的减少作为马克思思想成熟标志的话，那么《穆勒评注》显然要比《第一手稿》的人本主义色彩更少。对这一判断，我们可以从多种角度作出论证，因篇幅所限，这里我只想将异化劳动片段和《穆勒评注》中的两段话作一个简单的对比，让读者来亲自感受一下两者的区别。在异化劳动片段，马克思在定义异化劳动的第一个规定时曾写下这样一段论述：

"劳动为富人生产了奇迹般的东西，但是为工人生产了赤贫。劳动生产了宫殿，但是给工人生产了棚舍。劳动生产了美，但是使工人变成畸形。劳动用机器代替了手工劳动，但是使一部分人工人回到野蛮的劳动，并使人变成了机器。劳动生产了智慧，但是给工人生产了愚钝和痴呆。"①

这完全是一种对异化劳动的人道主义批判。这段文字所描绘的雇佣工人的非人状态足以使读者在生理上产生愤怒的情感。而《穆勒评注》则显然要比异化劳动缺少这种色彩，以前面引用过的一段话为例："不论是生产本身内部的人的活动的交换，还是人的产品的相互交换，都相当于类的活动和类的享受——它们的现实的、有意识的、真正的存在是社会的活动和社会的享受。因为人的本质是人的真正的共同存在，所以人在积极实现自己本质的过程中创造、生产人的共同本质、社会本质。"在阅读这段话时，读者除了佩服马克思的分析深刻而又独到以外，恐怕很难像阅读"异化劳动"片断时那样，同马克思的人道主义关怀产生共鸣，在生理上产生愤怒的情感。当然，我在这里所罗列的是两个极端的事例，由于劳动异化和交往异化都是异化，自然都包含着人道主义要素，二者的人道主义只是程度上的差别。实际上更需要注意的是二者在分析对象和研究方法上的差别，异化劳动研究的是雇佣工人受剥削的状态，其研究方法主要是对费尔巴哈人本主义宗教异化逻辑的应用；而

---

① 《马克思恩格斯文集》第 1 卷，北京：人民出版社 2009 年版，第 158 页。

《穆勒评注》研究的是复数的私有者在市民社会中的状态,虽然它也包括了对交往关系异化的批判和揭露,但更主要的是对市民社会冷静的科学分析,其基本方法已经很接近《政治经济学批判大纲》(1857年—1858年政治经济学手稿)"货币章"和《资本论》"商品章"。

也许是画蛇添足,这里还想指出,并非是对资本主义非人状态的批判越猛烈、越激进就说明马克思的思想越成熟,《论犹太人问题》、"《黑格尔法哲学批判》导言"以及《第一手稿》,这些早期文献对资本主义的批判不可谓不激进、不猛烈,但是光靠无产阶级的阶级义愤和愤世嫉俗的理想主义并不能建立科学的逻辑,科学的逻辑还必须建立在用国民经济学的知识冷静地解剖市民社会的基础之上。这也就是为什么说从孤立人的异化劳动转向对交往异化社会关系的分析是一种理论进步,或者借用广松的说法"从异化论转向物象化论"是一种理论飞跃的原因。

但是,现在我国流行的却是《穆勒评注》在前《第一手稿》在后的解读方式。我不知道这一解读方式是不是受到了旧《马克思恩格斯全集》第42卷的排列顺序,即《穆勒评注》在前《手稿》在后的影响,或者是受到了前苏联早期马克思专家卢森贝《十九世纪四十年代马克思恩格斯经济学说发展概论》一书的影响,因为该书是按照《经济学笔记》→《手稿》的顺序来解读《巴黎手稿》的[①]。当然,这些只是猜测,对于我们研究这种解读方式的原因,不具有实际的意义。具有实际意义的,恐怕是与支持这一解读方式的一个背景,即学界夸大了赫斯对马克思的影响不无关系。尽管提出这一说法也许会让人颇感突兀和意外,但我以为客观地评价马克思与赫斯的关系绝对是一个解决问题的关键。

因为,大多数主张《穆勒评注》在前《第一手稿》在后的论者都把马克思的《巴黎手稿》尤其是《穆勒评注》看作是受赫斯《论货币

---

① 卢森贝:《十九世纪四十年代马克思恩格斯经济学说发展概论》,方钢、杨慧廉、郭从周译,北京:生活·读书·新知三联书店1958年版。

的本质》影响的作品，而《论货币的本质》又与马克思《德法年鉴》上的两篇论文基本上处于同一个水平，因此如果把《穆勒评注》降低到赫斯的《论货币的本质》的水平就等于把《穆勒评注》定位于《德法年鉴》也即《手稿》之前的作品，这样一来，主张《第一手稿》比《穆勒评注》成熟，异化劳动高于交往异化也就顺理成章了。但问题是《论货币的本质》和《穆勒评注》真的是同一水平的作品吗？

2. 赫斯与马克思孰高孰低？

我们知道，赫斯和马克思到 19 世纪 40 年代中期为止一直是志同道合的战友。在早期马克思的研究史上关于赫斯和马克思的关系一直存在着争议，这一争议主要包括两个部分：第一，究竟是谁首先将费尔巴哈的宗教异化论应用到经济领域？或者说，赫斯的《论货币的本质》（Über das Geldwesen）与马克思的《论犹太人问题》究竟是谁先影响了谁？在 1843 至 1844 年之间，赫斯曾在《来自瑞士的二十一印张》中发表了三篇匿名文章（《社会主义和共产主义》、《行动的哲学》和《唯一和完全的自由》）并为《德法年鉴》撰写了《论货币的本质》。其中《论货币的本质》与马克思《德法年鉴》中的《论犹太人问题》不仅在内容上颇为相似，而且在时间上也几乎是同时完成。赫斯在《论货币的本质》中提出正像人把自己的类本质外化给上帝一样，生产者将自己的类本质外化于不属于自己的货币之中，货币是市民社会中真正的神。马克思在《论犹太人问题》中也提出了"金钱是人的劳动和人的存在的同人相异化的本质"[①]的命题，展开了与赫斯类似的货币异化论。从时间上看，《论犹太人问题》最迟完成于 1843 年 12 月，而《论货币的本质》原本也是要在《德法年鉴》上刊登的，可能是因为交稿太迟，结果没能赶上 1845 年 2 月出版的《德法年鉴》。麦克莱伦曾认为是马克思在《论犹太人问题》中"抄录"[②]了赫斯的《论货币的本质》，但从时间上来说，他的说法是不成立的，因为马克思在写作《论犹太人问题》

---

① 《马克思恩格斯文集》第 1 卷，北京：人民出版社 2009 年版，第 52 页。
② 〔英〕戴维·麦克莱伦：《青年黑格尔派与马克思》，北京：商务印书馆 1982 年版，第 163—164 页。

前不可能看到赫斯《论货币的本质》的手稿。我国学者侯才教授曾认为，两篇论文之所以惊人地相似，可能是因为"马克思和赫斯在写作他们的文章前，曾广泛地就有关题目进行过讨论和交换过意见"①。我基本上赞成侯才教授的意见，两者至少可以说是同时完成的，两部作品很难说谁主导了谁。

第二，《论货币的本质》对马克思后来的《巴黎手稿》是不是产生了影响？对此，大部分马克思主义哲学史家，譬如科尔纽和广松涉都给出了肯定的回答，其中广松甚至认为马克思在从《手稿》、《关于费尔巴哈的提纲》到《德意志意识形态》思想发展的过程中，受到了来自赫斯的"压倒性影响"②。侯才教授也对此基本上持肯定态度，但是同时又指出，"这种启示和影响也不能过高地被估价。……和赫斯比较，马克思或者将有的问题的论述推进了，或者在有的问题上纠正了赫斯的片面性，或者在有的问题上引出了与赫斯完全不同的结论。"③ 我赞成侯才教授的意见，不应该过高地评价《论货币的本质》，应该看到马克思《巴黎手稿》与《论货币的本质》的根本区别。赫斯的《论货币的本质》与马克思的《穆勒评注》的区别有很多，从本文的问题意识出发，我认为赫斯与马克思的最根本的区别在于对市民社会的认识上。

赫斯对市民社会的认识有一个决定性的缺陷，这就是他完全从费尔巴哈的人本主义出发，把市民社会看作是一个原子式的、利己主义的非人世界，从而完全在否定意义上来理解市民社会。这一缺陷决定他虽然早于马克思对资本主义进行批判，但是却不能像马克思那样，最终摆脱黑格尔左派固有的抽象的人本主义和愤世嫉俗的理想主义的囹圄，把对市民社会和资本主义社会的批判变成科学。关于赫斯对市民社会彻底否

---

① 侯才：《青年黑格尔派与马克思早期思想发展》，北京：中国社会科学出版社1994年版，第152、157页。另外该书第三章和第四章"马克思与赫斯的社会主义（上、下）"详细讨论了赫斯与费尔巴哈、赫斯与马克思的关系，是我国研究赫斯与马克思关系的重要文献。

② 参阅〔日〕广松涉：《马克思主义的成立过程》，至诚堂1968年版；《广松涉著作集》岩波书店版，第299页。

③ 侯才：《青年黑格尔派与马克思早期思想的发展》，北京：中国社会科学出版社1994年版，第177页。

定的态度，下面这段引文是绝好的说明。

> "小贩世界是实际的假象和谎言的世界。——在绝对独立的假象下面是绝对的贫困；在最活跃的交往假象下面，是把每一个人同他的全体同胞死一般地隔绝；在保证每个人享有不可侵犯的财产的假象下面，实际上是剥夺了他们的全部财产；在最普遍的自由的假象下面是最普遍的奴隶制。"①

"小贩世界"，这无疑是一个歧视性用语，从赫斯以此来称呼市民社会就足见他对市民社会的鄙夷态度。在他看来，市民社会中的人是失去了社会联系的孤立的人，是"实践着利己主义"的个人，由这些个人所组成的世界是"非人的世界"、"普遍的奴隶制"、"社会动物的世界"，在那里存在的是"人对人是狼"和"一切人反对一切人的战争"。因此，眼前的"小贩世界"甚至连古代和中世纪都不如，因为"不仅古代，甚至连中世纪也还是合乎人性的"。与赫斯一样，当时的恩格斯在《国民经济学大纲》中也表达了同样的市民社会认识。日本学者山之内靖曾对此有过一个精彩的概括："在对市民社会的认识上，赫斯和恩格斯的共同缺陷在于，他们都把市民社会仅仅理解为由孤立的利己的个人组成的肮脏的世界。在这一原子论的世界里，人把他人仅仅当作满足自己欲望和目的的手段。他们把商业看作是欺诈，把货币看作是社会的非人性的象征，市民社会在现实中是一种伦理上颓废的非人世界，因此需要以人性为基础，建构一个道德性的世界，这就是社会主义和共产主义。"②

那么，马克思又如何呢？前面说过，马克思的《论犹太人问题》和赫斯的《论货币的本质》处于同一个水平上。之所以这样说，其中一个理由就是他们当时对市民社会的认识相似。在《论犹太人问题》中，马克思也是把市民社会描绘成一个利己主义的、利欲熏心的、尔虞

---

① 〔德〕赫斯：《论货币的本质》，北京：人民出版社1982年版，第201页。
② 〔日〕山之内靖：《受苦者的目光》，青土社2004年版，第260页。

我诈的、犹太商人的世界，是"扯断人的一切类联系，代之以利己主义和自私自利的需要，使人的世界分解为原子式的相互敌对的个人的世界"①，并由此来推出消灭私有制和实现人的解放的结论的。在这个意义上，马克思的《论犹太人问题》、赫斯的《论货币的本质》和恩格斯的《国民经济学批判大纲》虽各有千秋，但基本上处于同一个水平，他们都有一个共同的缺陷，即对市民社会还缺少客观的和辩证的认识，没能认识到市民社会在历史发展中的积极意义。

之所以对市民社会缺少客观的、辩证的认识，跟当时他们还没有真正理解、吸收斯密和黑格尔的市民社会理论有关。我们知道，自从卢卡奇发表其大作《青年黑格尔》②以来，黑格尔与斯密的关系以及马克思与黑格尔的关系一直成为早期马克思研究的一个焦点问题。黑格尔在何种程度上吸收了斯密的市民社会理论与马克思在何种程度上理解黑格尔的市民社会概念有着密切的关系。特别是马克思对黑格尔市民社会概念看法的改变是我们判定马克思市民社会认识水平的关键。作为一个事实，黑格尔在法兰克福和耶拿时期曾认真地研究过斯图亚特的《政治经济学原理》和斯密的《国富论》，并将其研究成果纳入到自己的哲学体系当中。而斯密对市民社会的一个根本认识，就是将其理解为一个在分工和交换基础上的"商业社会"（commercial society）或"文明社会"（civil society）。黑格尔在《法哲学原理》中有关"市民社会"的论述明显受到了斯密的影响。他是从两个角度来把握市民社会的：一个是所谓的特殊性原理贯彻的世界，即"人对人是狼"的"原子论的体系"；另一个是普遍性原理贯彻的世界，人们通过交往而实现相互补充，形成普遍依赖的"需要的体系"。如果说特殊性原理是"正题"，普遍性原理是"反题"，而两者的统一就是"合题"。这一合题是黑格尔市民社

---

① 《马克思恩格斯文集》第1卷，北京：人民出版社2009年版，第54页。
② Georg Lukucs, *Der junge hegel*, Europa Verlag, 1948。卢卡奇的《青年黑格尔》是一部鸿篇巨制，由于篇幅过大，日译本是将其分为上、下两卷（《卢卡奇著作集》第10—11页，生松敬三、元浜清海译，白水社，1969年）出版的，而目前中国还没有一个完整的中译本，王玖兴先生曾出版过一个节译本（商务印书馆，1963年），但译文还不足原书的七分之一。

会概念的原型。

在《德法年鉴》阶段，马克思对黑格尔市民社会的认识基本上还停留在特殊性原理，即"人对人是狼"的"原子论的体系"的水平上，而没有注意到普遍性原理。但是，到了1844年夏天，马克思通过对斯密、萨伊、斯卡尔培克、李嘉图、穆勒等人的国民经济学研究，批判地吸收了他们有关分工与交换的理论，重新发现了普遍性原理的意义，特别是在《穆勒评注》和《第三手稿》的"分工"片断中，马克思开始突破了黑格尔左派的局限，对市民社会给予了一定的正面评价，或者说开始采取"合题"即否定之否定的态度，在这个意义上，我们可以说马克思是通过斯密来重新认识到黑格尔市民社会概念的。事实上，能够认识到市民社会概念的两重性（"合题"）是青年马克思与赫斯和恩格斯的根本区别。在1844年，当别人都在把黑格尔贬得一无是处、纷纷成为费尔巴哈的拥护者时，马克思却悄悄地回到黑格尔，在"对黑格尔的辩证法和整个哲学的批判"中对费尔巴哈给予了高度评价的同时，也毫不犹豫地接受了黑格尔的辩证法。

总之，《巴黎手稿》中的马克思与赫斯同时也是与《德法年鉴》时期的马克思的根本区别在于对市民社会"合题"式的辩证理解。通过这一辩证理解，马克思不仅看到市民社会转化为资产阶级社会的否定性，同时又从市民社会中看到了历史发展的必然规律。赫斯虽然早于或者几乎与马克思同时讨论了实践、活动、私人所有、货币、交往、共同本质、社会等概念，但是由于他没有认真地吸收黑格尔和国民经济学的成果，几乎从头至尾一直处在费尔巴哈人本主义的笼罩之下。其中，在《论货币的本质》的结尾，他提出要回归"爱情中联合"就是一个佐证。而马克思在《穆勒评注》中讨论上述概念时，则已经不再是简单地将费尔巴哈的异化论应用到经济领域，而是运用黑格尔的方法和国民经济学的概念，重构了一个属于自己的交往异化理论和市民社会概念。总之，马克思与赫斯是貌似而神不似，《穆勒评注》显然已经超越了《论货币的本质》。

结论：交往异化理论的意义

最后，我想再强调一下交往异化理论的意义来作为本文的总结。

（1）交往异化理论为解读《巴黎手稿》提供了一个新视角。交往异化是以往《手稿》研究所忽略的一个重要视角。它不仅与异化劳动视角不同，而且还要高于异化劳动视角。它不但解决了马克思在《第一手稿》中的理论困境，而且将马克思的理论视野提高到一个前所未有的水平。运用这一新视角将极大地深化和丰富我们对《巴黎手稿》的研究。

（2）交往异化理论为马克思社会概念的形成奠定了基础。在《巴黎手稿》中，马克思为什么在异化劳动之后，又去构建了交往异化理论？其根本原因在于光靠异化劳动无法解释复杂的社会关系。正是通过对交往异化理论的建构，马克思才进入到了对市民社会的深层分析，从而为他获得"社会"概念以及创立唯物史观奠定了基础。

（3）交往异化理论是马克思思想的转折点。广松曾提出过一个著名命题："从异化论到物象化论"是马克思思想发展中的一个飞跃，并认为这一飞跃发生在《德意志意识形态》。但是，由于物象化论本质上是对人与人社会关系颠倒状况的说明，而交往异化所表达的恰恰是这一内容。因此，我们可以认为物象化论已经出现在《穆勒评注》当中。在这个意义上，如果说"从异化论到物象化论"这一命题本身没有问题的话，那么所谓的"飞跃"（广松）或者说"断裂"（阿尔都塞）应该发生在《巴黎手稿》的写作过程当中，具体说来就是在《穆勒评注》当中。

附录 II 延伸阅读书目

一 中文参考文献

著作类

1. 陈岱逊：《从英国古典经济学到马克思》，上海：上海人民出版社 1981 年版。
2. 陈东英：《赫斯与马克思早期思想关系研究》，北京：人民出版社 2011 年版。
3. 冯景源：《马克思异化理论研究》，北京：中国人民大学出版社 1987 年版。
4. 顾海良：《马克思"不惑之年"的思考》，北京：中国人民大学出版社 1993 年版。
5. 侯才：《青年黑格尔派与马克思早期思想的发展》，北京：中国社会科学出版社 1994 年版。
6. 黄楠森：《马克思主义哲学史》，第 1—8 卷，北京：北京出版社 1991—1997 年版。
7. 金隆德：《金隆德文集》，北京：当代中国出版社 1995 年版。
8. 李中和：《马克思与青年黑格尔派》，武汉：武汉出版社 1993 年版。
9. 聂锦芳：《清理与超越——重读马克思文本的意旨、基础与方法》，北京：北京大学出版社 2005 年版。
10. 沈志求：《马克思劳动价值论形成过程研究》，郑州：河南人民出版社 1983 年版。

11. 宋祖良：《青年黑格尔的哲学思想》，长沙：湖南教育出版社 1989 年版。

12. 孙伯鍨：《探索者道路的探索》，合肥：安徽人民出版社 1985 年版。

13. 唐正东：《斯密到马克思——经济哲学方法的历史性诠释》，南京：南京大学出版社 2002 年版。

14. 吴仁平：《对马克思早期哲学著作的理解》，北京：中共中央党校出版社 2008 年版。

15. 吴易风：《英国古典经济理论》，北京：商务印书馆 1988 年版。

16. 熊子云、张向东：《历史唯物主义形成史》，重庆：重庆出版社 1988 年版。

17. 许俊达：《超越人本主义：青年马克思与人本主义哲学》，北京：中国人民大学出版社 2000 年版。

18. 张一兵：《马克思历史辩证法的主体向度》，南京：南京大学出版社 2002 年版。

19. 张一兵：《回到马克思——经济学语境中的哲学话语》，南京：江苏人民出版社 2005 年版。

期刊类

1. 陈立新：《异化劳动理论的存在论取向》，《马克思主义哲学研究》2007 年版。

2. 杜英：《青年马克思的思想发展》，载《贵州师范大学学报（社会科学版）》1995 年第 2 期。

3. 段忠桥：《马克思的异化概念与历史唯物主义——与俞吾金教授商榷》，载《江海学刊》2009 年第 3 期。

4. 郭国勋、魏中军：《对马克思异化思想发展的考察——〈手稿〉、〈形态〉和〈资本论〉中异化思想的内在联系》，载《社会科学辑刊》1982 年第 3 期。

5. 韩立新：《〈巴黎手稿〉的文献学研究及其意义》，载《马克思主义与现实》2007 年第 1 期。

6. 韩立新：《〈穆勒评注〉中的交往异化：马克思的转折点——马克思〈詹姆斯·穆勒《政治经济学原理》一书摘要〉研究》，载《现代哲学》2007 年第 5 期。

7. 韩立新：《〈穆勒评注〉中"交往异化"的准确内容及其思想史地位》，《中国哲学年鉴》2009 年版。

8. 韩立新：《〈巴黎手稿〉研究的新阶段：〈穆勒评注〉是过渡到〈手稿〉的中介》，《中国哲学年鉴》2009 年版。

9. 韩立新：《马克思历史理论的新解释——关于望月清司〈马克思历史理论的研究〉的译者解说》，载《现代哲学》2009 年第 4 期。

10. 韩立新：《"日本马克思主义"：一个新的学术范畴》，载《学术月刊》2009 年第 9 期。

11. 韩立新：《评日本的"早期马克思论争"——兼论〈穆勒评注〉对重构马克思异化论的意义》，载《哲学研究》2010 年第 9 期。

12. 姜海波：《私有财产的起源与外化劳动》，载《马克思主义与现实》2008 年第 1 期。

13. 姜海波：《私有财产的外化与交往异化——解读〈詹姆斯·穆勒《政治经济学原理》一书摘要〉》，载《现代哲学》2008 年第 3 期。

14. 李淑梅：《人的类本质与对生产、交换异化的批判——重读马克思的〈詹姆斯·穆勒《政治经济学原理》一书摘要〉》，载《社会科学辑刊》2011 年第 4 期。

15. 刘秀萍：《〈穆勒评注〉再探究》，载《马克思主义与现实》2011 年第 2 期。

16. 刘秀萍：《从"劳动异化论"到"社会关系异化论"——"巴黎时期"马克思异化观的发展》，载《教学与研究》2011 年第 10 期。

17. 刘钊：《〈巴黎笔记〉时期青年马克思是如何看待李嘉图学说的？》，载《南京社会科学》2011 年第 4 期。

18. 鲁克俭：《"陶伯特说"与"罗扬说"：我们该采信哪个？》，《中国哲学年鉴》2009 年版。

19. 马文：《青年马克思转向历史唯物主义的标志》，载《学理论》2009 年第 9 期。

20. 唐正东：《〈穆勒评注〉中"交往异化"的准确内容及其思想史地位》，载《现代哲学》2008 年第 4 期。

21. 唐正东：《马克思〈穆勒评注〉的思想史地位》，载《河北学刊》2010 年第 5 期。

22. 魏小萍：《马克思与国民经济学家：起始于前经济学的分歧——读〈詹姆斯·穆勒《政治经济学原理》一书摘要〉》，载《马克思主义与现实》2010 年第 4 期。

23. 颜鹏飞：《论詹姆斯·穆勒的政治经济学四分法》，载《武汉大学学报（社会科学版）》1986 年第 4 期。

24. 颜岩：《〈穆勒摘要〉与〈1844 年手稿〉逻辑关系的再考证——与张一兵先生商榷》，载《内蒙古社会科学（汉文版）》2005 年第 2 期。

25. 姚顺良：《从"异化劳动"到"谋生劳动"：青年马克思人本主义范式解构的开始——兼与张一兵教授的"穆勒笔记"解读商榷》，载《马克思主义研究》2010 年第 7 期。

26. 张盾：《交往的异化：马克思〈穆勒评注〉中的"承认"问题》，载《现代哲学》2007 年第 5 期。

27. 张戎：《关于马克思〈穆勒评注〉的研究综述》，载《福建论坛（人文社会科学版）》2009 年第 4 期。

28. 张一兵：《人本学的青年马克思：一个过去了的神话（上）——关于 1843—1844 年的马克思思想变体的一点史考》，载《求索》1996 年第 1 期。

29. 张一兵：《人本学的青年马克思：一个过去了的神话（下）——关

于 1843—1844 年的马克思思想变体的一点史考》，载《求索》1996 年第 2 期。

30. 张一兵：《青年马克思经济学研究中的哲学转变》，载《哲学研究》1997 年第 11 期。

31. 张一兵：《经济学批判中的人本学话语——青年马克思的〈穆勒评注〉解读》，载《马克思主义与现实》1998 年第 3 期。

32. 张一兵：《〈穆勒评注〉过渡到〈手稿〉的中介》，《中国哲学年鉴》2009 年版。

33. 周秋明：《青年马克思于〈穆勒摘要〉的思想方位重辨——兼论〈1844 年手稿〉的内部哲学嬗变》，载《南京航空航天大学学报（社会科学版）》2007 年第 3 期。

34. 朱志勇：《"人的需要"与需要异化——马克思〈巴黎手稿〉需要理论探析》，载《河北学刊》2008 年 11 月第 28 卷第 6 期。

二 译文参考文献

著作类

1. 〔美〕奥尔曼：《异化：马克思论资本主义社会中人的概念》，王贵贤译，北京：北京师范大学出版社 2011 年版。

2. 〔日〕城塚登：《青年马克思的思想——社会主义思想的创立》，尚晶晶、李成鼎等译校，北京：求实出版社 1988 年版。

3. 〔英〕大卫·李嘉图：《政治经济学和赋税原理》，郭大力、王亚南译，南京：译林出版社 2011 年版。

4. 〔英〕戴维·麦克莱伦：《青年黑格尔派与马克思》，北京：商务印书馆 1982 年版。

5. 〔英〕戴维·麦克莱伦：《马克思传（插图本）》，王珍译，北京：中国人民大学出版社 2006 年版。

6. 〔英〕戴维·麦克莱伦：《马克思思想导论（第 3 版）》，郑一明、陈喜贵译，北京：中国人民大学出版社 2008 年版。

7. 〔德〕弗·梅林：《马克思传》，罗稷南译，北京：生活·读书·新知三联书店 1962 年版。

8. 〔日〕服部文男：《马克思主义的形成》，日本青木书店 1984 年版。

9. 〔英〕G. A. 柯亨：《马克思的历史理论》，岳长龄译，重庆：重庆出版社 1989 年版。

10. 〔苏〕格·阿·巴加图利亚，维·索·维戈茨基：《马克思的经济学遗产》，张钟朴、马健行等译，贵州：贵州人民出版社 1981 年版。

11. 〔日〕广松涉：《物象化论的构图》，彭曦译，南京：南京大学出版社 2002 年版。

12. 〔日〕广松涉：《文献学语境中的〈德意志意识形态〉》，南京：南京大学出版社 2005 年版。

13. 〔日〕广松涉：《唯物史观的原像》，邓习议译，南京：南京大学出版社 2009 年版。

14. 〔美〕赫伯特·马尔库塞：《单向度的人》，刘继译，上海：上海译文出版社 1989 年版。

15. 〔德〕黑格尔：《法哲学原理》，范杨、张启泰译，北京：商务印书馆 1979 年版。

16. 〔德〕黑格尔：《精神现象学》，北京：商务印书馆 2011 年版。

17. 〔意〕理查德·贝洛菲尔、罗伯特·芬奇：《重读马克思：历史考证版之后的新视野》，徐素华译，北京：东方出版社 2010 年版。

18. 〔苏〕卢森贝：《十九世纪四十年代马克思恩格斯经济学说发展概论》，方钢、杨慧廉、郭从周等译，北京：生活·读书·新知三联书店 1958 年版。

19. 〔苏〕卢森贝：《政治经济学史》，第 1—3 卷，翟松年等译，北京：生活·读书·新知三联书店 1958—1960 年版。

20. 〔法〕路易·阿尔都塞：《保卫马克思》，顾良译，北京：商务印书馆 2010 年版。

21. 北京图书馆马列著作研究室编：《马恩列斯研究资料汇编（1980年)》，北京：书目文献出版社 1982 年版。

22. 北京图书馆马列著作研究室编：《马恩列斯研究资料汇编（1981年)》，北京：书目文献出版社 1985 年版。

23. 〔德〕马克思：《1844 年经济学哲学手稿》，刘丕坤译，北京：人民出版社，1979 年版。

24. 〔德〕马克思：《1844 年经济学哲学手稿》，中央编译局译，北京：人民出版社 2000 年版。

25. 《马克思恩格斯全集》，中央编译局编译，第 1、3、26、30、31、32、42 卷，北京：人民出版社。

26. 《马克思恩格斯文集》，中央编译局编译，第 1、2、5、8 卷，北京：人民出版社 2009 年版。

27. 中央编译局马克思恩格斯研究室编译：《马克思恩格斯研究》，第 1—24 期。

28. 中央编译局编：《马克思主义研究资料》，第 1—58 期，北京：人民出版社 1978—1990 年版。

29. 〔苏〕尼·拉宾：《论西方对青年马克思思想的研究》，马哲译，北京：人民出版社 1981 年版。

30. 〔苏〕尼·拉宾：《马克思的青年时代》，南京大学外文系俄罗斯语言文学教研室翻译组译，北京：生活·读书·新知三联书店 1982 年版。

31. 〔美〕诺曼·莱文：《不同的路径：马克思主义与恩格斯主义中的黑格尔》，臧峰宇译，北京：北京师范大学出版社 2009 年版。

32. 〔美〕乔恩·埃尔斯特：《理解马克思》，何怀远译，北京：中国人民大学出版社 2008 年版。

33. 〔法〕萨伊：《政治经济学概论》，陈福生、陈振骅译，北京：商务印书馆 1975 年版。

34. 〔日〕山之内靖：《受苦者的目光：早期马克思的复兴》，彭曦、汪丽影译，北京：北京师范大学出版社 2011 年版。

35. 〔日〕山中隆次编著：《巴黎手稿——经济学、哲学、社会主义》，日本御茶水书房 2005 年版。

36. 〔美〕特雷尔·卡弗：《马克思与恩格斯：学术思想关系》，姜海波译，北京：中国人民大学出版社 2008 年版。

37. 〔日〕望月清司：《马克思历史理论的研究》，韩立新译，北京：北京师范大学出版社 2009 年版。

38. 〔日〕细见英：《马克思与恩格斯——经济学批判与辩证法》，载日本经济学史学会编《资本论的成立》，日本岩波书店 1967 年版。

39. 〔英〕亚当·斯密：《国民财富的性质和原因的研究（上卷）》，郭大力、王亚南译，北京：商务印书馆 1972 年版。

40. 〔英〕亚当·斯密：《国民财富的性质和原因的研究（下卷）》，郭大力、王亚南译，北京：商务印书馆 1974 年版。

41. 〔英〕约·雷·麦克库洛赫：《政治经济学原理》，郭家麟译，北京：商务印书馆 1975 年版。

42. 〔英〕詹姆斯·穆勒：《政治经济学要义》，吴良健译，北京：商务印书馆 1993 年版。

期刊类

1. 〔日〕重田晃一：《关于早期马克思的一个研究——以作为经济学批判的开端的〈穆勒评注〉为中心》，载日本关西大学《经济论集》1959 年第 8 卷第 6 号。

2. 〔苏〕尼·拉宾：《关于马克思〈经济学哲学手稿〉中收入的三个源泉的对比分析》，载《思想》杂志 1971 年 3 月号。

3. 〔日〕涩谷正：《关于〈经济学哲学手稿〉与〈巴黎笔记〉的问题》，载日本《经济》杂志 1983 年 8 月号。

4. 〔日〕山中隆次：《〈经济学哲学手稿〉与〈经济学笔记〉的关系——关于拉宾论文》，载日本《思想》杂志 1971 年 11 月号。

5. 〔日〕细见英:《马克思对 J. 穆勒〈政治经济学原理〉的批评性评注——马克思最早的经济学研究》,立命馆经济学第 10 卷,1961 年 10 月号。

6. 〔日〕细见英:《译者前言》,载日本《思想》杂志 1971 年 3 月号。

7. 〔日〕中川弘:《〈经济学哲学手稿〉与〈穆勒评注〉》,载日本《商学论集》第 37 卷第 2 号,1968 年 10 月。

8. 〔日〕中野英夫:《谈谈马克思〈詹姆斯·穆勒《政治经济学原理》一书摘要〉的研究进展》,载《马克思主义研究》1987 年第 4 期。

三 外文参考文献

1. Alexander Bain, *The Life of James Mill. Mind.* Vol. 1, No. 4 (Oct., 1876), pp. 509 – 531, Oxford University Press on behalf of the Mind Association.

2. N. I. Lapin, *Der junge Marx*, Dietz, 1974.

3. Karl Marx, *Comments on James Mill*, *Éléments D'économie Politique*, Marx-Engels-Gesamtausgabe, Erste Abteilung, Band 3, Berlin, 1932.

4. Karl Marx, Frederick Engels, *Marx and Engels colleted works 1844 – 1845*, International Publishers, 1975.

5. Karl Marx, *Aus den Exzerpthefen*, *James Mill*, *Elements d'éconnomie politique*, Paris, 1823.

6. Karl – Erik Wäneryd, "Economics and psychology: Economic psychology according to James Mill and John Stuart Mill", *Journal of Economic Psychology* 29. 2008.

7. Michael Evans, "Karl Marx's first confrontation with political economy: the 1844 manuscripts", *Economy and Society*, Taylor and Francis Ltd., 1983.

后 记

本书是中央编译局的马克思主义经典著作研究项目的一部分。本书的写作历时一年之久，期间得到了众多专家的指导，同时借鉴了他们大量的研究成果，如张一兵老师、韩立新老师、唐正东老师、张盾老师，还有我的朋友姜海波等，没有他们的前期成果的积淀，本书将很难成稿。另外，中央编译局的李惠斌老师、江洋和史清竹，他们的帮助都让作者受益匪浅、难以忘怀。在此，送上诚挚的祝福和真诚的感谢！

图书在版编目（CIP）数据

马克思《詹姆斯·穆勒〈政治经济学原理〉一书摘要》研究读本／吕梁山，潘瑞编著．—北京：中央编译出版社，2013.6
（马克思主义经典著作研究读本／杨金海，李惠斌主编）

ISBN 978-7-5117-1790-0

Ⅰ．①马…　Ⅱ．①吕…　Ⅲ．①政治经济学-马克思著作研究　Ⅳ．①A811.66

中国版本图书馆 CIP 数据核字（2013）第 228649 号

马克思《詹姆斯·穆勒〈政治经济学原理〉一书摘要》研究读本

出 版 人：刘明清
责任编辑：苗永姝
责任印制：刘　慧
出版发行：中央编译出版社
地　　址：北京西城区车公庄大街乙 5 号鸿儒大厦 B 座（100044）
电　　话：（010）52612345（总编室）　　（010）52612335（编辑室）
　　　　　（010）52612316（发行部）　　（010）52612317（网络销售）
　　　　　（010）52612346（馆配部）　　（010）55626985（读者服务部）
传　　真：（010）66515838
经　　销：全国新华书店
印　　刷：北京文昌阁彩色印刷有限责任公司
开　　本：710 毫米×1000 毫米　1/16
字　　数：285 千字
印　　张：20
版　　次：2013 年 6 月第 1 版
印　　次：2018 年 6 月第 2 次印刷
定　　价：75.00 元

网　　址：www.cctphome.com　　邮　　箱：cctp@cctphome.com
新浪微博：@中央编译出版社　　微　　信：中央编译出版社（ID：cctphome）
淘宝店铺：中央编译出版社直销店（http：//shop108367160.taobao.com）　　（010）52612349

本社常年法律顾问：北京市吴栾赵阎律师事务所律师　闫军　梁勤
凡有印装质量问题，本社负责调换。电话：（010）55626985